Winand von Petersdorff und Patrick Bernau
Denkfehler, die uns Geld kosten

Winand von Petersdorff
und Patrick Bernau

DENK
FEHLER,
DIE UNS
GELD
KOSTEN

Warum wir immer das
Falsche tun und andere
sich ins Fäustchen lachen

LÜBBE

Papier: holzfrei Schleipen – Werkdruck,
der Cordier Spezialpapier GmbH

Dieser Titel ist auch als E-Book erschienen

Originalausgabe

Copyright © 2013 by Bastei Lübbe AG, Köln

Textredaktion: Dr. Ute Gräber-Seißinger, Lektoratsbüro SatzReif
Umschlaggestaltung: © Andrea Barth, Guter Punkt
unter Verwendung einer Illustration von Markus Weber
Satz: Dörlemann Satz, Lemförde
Gesetzt aus der Weiss Antiqua und Arial
Druck und Einband: CPI books Ebner & Spiegel, Ulm

Printed in Germany
ISBN 978-3-431-03880-4

5   4   3   2   1

Sie finden uns im Internet unter: www.luebbe.de
Bitte beachten Sie auch: www.lesejury.de

INHALT

WIR SIND EGOZENTRISCH

WIR SIND UNZUVERLÄSSIG

WIR SIND LEICHTGLÄUBIG

WIR SIND ÜBERSCHWÄNGLICH

WIR SIND DUMM

WIR LERNEN

DIE AUTOREN

WARUM SIE DIESES BUCH KAUFEN SOLLTEN

Stehen Sie gerade im Buchladen und überlegen sich, ob dieses Buch etwas für Sie ist? Oder blättern Sie im Onlineshop in das Buch hinein und denken darüber nach, ob Sie es auf Ihren E-Book-Reader laden sollten?

Denken Sie nicht zu lange nach. Das macht Sie nur unglücklich. Hören Sie also sofort auf damit! Nehmen Sie das Buch und gehen Sie zur Kasse. Kaufen Sie es einfach. Denn es erklärt Ihnen, wie Sie besser einkaufen.

Das sagen wir nicht aus Eigennutz, zumindest nicht nur. Sondern wir haben auch gelernt, wie man richtig einkauft. Traditionell heißt es ja: Informieren Sie sich gut, lesen Sie weiter in dieses Buch hinein. Am besten wäre es, Sie würden eine Liste der Vor- und Nachteile der verschiedenen Bücher anlegen, denn so können Sie sich nach reiflicher Überlegung für das passende entscheiden. Selbst wenn diese Auswahl keinen Spaß macht: Es ist am besten, wenn Sie Ihre Entscheidung erst treffen, nachdem Sie sich so gut wie nur möglich informiert haben. Heute allerdings würde das ein guter Psychologe kaum noch empfehlen. Wer diesem Muster folgt, der gibt nämlich viel Geld aus, investiert Zeit und wird trotzdem nicht glücklich.

Besser ist der Weg, den der Mensch intuitiv wählt. Viele lassen sich vom Verkäufer ein Buch empfehlen, und für die meisten Leute ist das gar keine schlechte Methode. (Natürlich sollte man sich nie allein auf den Verkäufer verlassen. Auch dazu erklärt dieses Buch mehr.) In Amerika haben der Psychologe Timothy Wilson und sein Kollege Jonathan Schooler herausgefunden: Wer sich schneller entscheidet, der ist nicht nur früher fertig, sondern er ist mit seiner Entscheidung auch glücklicher als andere, die ewig zwischen Wahlmöglichkeiten abwägen.

Zu diesem Ergebnis gelangten die beiden Forscher, indem sie ihren Studenten unterschiedliche Poster zur Auswahl gaben. Die Hälfte der Versuchspersonen sollte sich Zeit nehmen, um nachzudenken, alle Argumente für und gegen die einzelnen Poster aufzählen und dann abwägen. Erst danach sollten sie sich für eines der Poster entscheiden. Die übrigen wurden aufgefordert, spontan zuzugreifen. Alle durften das ausgewählte Poster mit nach Hause nehmen und dort aufhängen. Die spannende Frage lautete: Wer fuhr mit seiner Entscheidung besser?

Einige Wochen später überprüften die beiden Psychologen die Zufriedenheit der Testgruppe. Sie stellten fest, dass diejenigen Studenten, die ihr Poster nach reiflicher Überlegung ausgesucht hatten, es schon ein paar Wochen später nicht mehr sehen konnten. Wer dagegen sein Bild spontan ausgewählt hatte, der war deutlich glücklicher damit und ließ es länger an der Wand hängen.

Dieses Muster gilt nicht nur für Kunst. Wilson und Schooler haben einen ähnlichen Zusammenhang auch bei Entscheidungen über so unterschiedliche Arten von Gütern wie Marmelade, Autos, Ikea-Sessel und sogar Wohnungen beobachtet. Die Menschen scheinen ähnlich zu ticken wie Hans im Glück. Der dachte beim Tauschen nicht viel nach und wurde rein rechnerisch von Mal zu Mal ärmer, aber er war dabei immer froh. Dass solche einfachen Entscheidungen besser sind, hat einen bestimmten Grund, glauben die Psychologen: Wer sich lange mit dem Für und Wider beschäftigt hat, der kennt die Nachteile seiner eigenen Wahl. Und er weiß, was er verpasst hat.

Solche und andere Denkfehler hat die *Frankfurter Allgemeine Sonntagszeitung* ein Jahr lang in einer Serie vorgestellt, die Sie – ergänzt durch einige neue Beiträge zum Thema – in diesem Buch finden. All diese Denkfehler haben eines gemeinsam: Sie kosten uns Geld, manche sogar ein ganzes Vermögen. Wir machen diese Fehler, wenn wir Geld verdienen, es anlegen und ausgeben. Doch wir müssen nicht alle Fehler hinnehmen. Wenn wir sie kennen, können wir gegensteuern. Manchmal.

Im Schatten der klassischen Wirtschaftslehre hat sich in den letzten zwanzig Jahren eine neue Disziplin entwickelt, die Verhaltensökonomik. Sie setzt ein bestimmtes ökonomisches Verhalten der handelnden Personen nicht einfach voraus, sondern ergründet das Verhalten anhand von Beobachtungen der Wirklichkeit. Wie verhalten sich Menschen in wirtschaftlichen Entscheidungssituationen, warum verhalten sie sich so, wie sie sich verhalten, und welche Logik steckt hinter ihrer gelegentlichen Unvernunft?

Warum zum Beispiel beschäftigt die Menschen ein Verlust von 10 Euro genauso sehr wie ein Gewinn von 25 Euro? Die Antwort auf diese Frage ist zugleich eine der ältesten Erkenntnisse einer jungen Disziplin. Erst 2002 vergab eine Jury aus Wirtschaftsforschern dafür einen Nobelpreis. Inzwischen ist das Wissen gewachsen. Forscher haben Thesen getestet und wieder verworfen, alte Ideen präzisiert und ergänzt. Jetzt ist es an der Zeit, eine erste Zwischenbilanz zu ziehen. Jetzt können Verbraucher und Anleger aus der Forschung richtig brauchbare Dinge lernen, auch wenn die große Linie für manche Beobachtung noch fehlt. Es gibt noch viele Regeln mit Ausnahmen.

Zum Beispiel die mit den Bauchentscheidungen. Nicht jede davon ist tatsächlich vorteilhaft. Es gibt genügend Denkfehler, die viel Geld kosten.

Ein wichtiger Denkfehler ist das sogenannte *anchoring* oder Verankern. Es erlaubt Verkäufern, uns viel mehr Geld aus der Tasche zu ziehen, als wir ursprünglich, bevor wir den Laden betraten, ausgeben wollten. Zum Beispiel beim Elektrohändler, wenn wir ein Fernsehgerät kaufen wollen. Der Verkäufer muss uns nur am Anfang des Gesprächs ein besonders teures Gerät zeigen. Unwillkürlich misst unser Gehirn später alle anderen Preise an dem des zuerst betrachteten Geräts. Und plötzlich erscheinen uns selbst mittelmäßig günstige Geräte wie sensationelle Sonderangebote des Jahres.

Zum Glück gibt es ein Mittel, um sich vor diesem Trick zu schützen. Wie es funktioniert, das erklären wir gleich im ersten Kapitel.

Patrick Bernau
Winand von Petersdorff

WIR SIND VERFÜHRBAR

DER TRICK MIT DEM HOHEN PREIS

Lassen Sie uns gemeinsam ein kleines Experiment machen: Nehmen Sie sich einen Zettel, und schreiben Sie die letzten fünf Ziffern Ihrer Kontonummer auf. Wenn Sie keinen Zettel greifbar haben, tut es auch der Rand der Seite oder der Taschenrechner im Handy, in das Sie die Zahl eintippen.

Erledigt? Dann kommt noch eine zweite Aufgabe: Bitte schätzen Sie, wie viele Ärzte es in New York gibt. Und schreiben Sie Ihre Schätzung unter die fünf Ziffern Ihrer Kontonummer.

Endet Ihre Kontonummer mit fünf hohen Ziffern? Dann haben Sie wahrscheinlich die Zahl der Ärzte in New York überschätzt. Endet sie mit fünf niedrigen Ziffern? Dann haben Sie die Zahl der Ärzte wahrscheinlich unterschätzt. Tatsächlich beträgt sie 65 000.

Jetzt fragen Sie sich vielleicht, was Ihre Kontonummer mit der Zahl der Ärzte in New York zu tun hat. Richtig: gar nichts. Trotzdem hat Ihre Kontonummer einen messbaren Einfluss darauf, wie Sie die Ärztezahl schätzen. Und zwar nicht nur bei Ihnen, sondern bei den meisten Menschen.

Der Psychologe Timothy Wilson hat zusammen mit drei Kollegen diesen Zusammenhang getestet. Sie stellten Wilsons Studenten genau die gleiche Aufgabe, die wir Ihnen gerade gestellt haben. Allerdings benutzten sie anstelle der Kontonummer die Sozialversicherungsnummer, die jeder

Amerikaner ständig braucht, um sich auszuweisen. Das Ergebnis war deutlich: Je höher die Endziffern der Sozialversicherungsnummer waren, desto höher schätzten die Leute die Zahl der Ärzte.

Wenn Menschen schon Kontonummern und Ärztezahlen so durcheinanderbringen, wie verhalten sie sich dann erst in Situationen, in denen sie es mit Zahlen zu tun haben, die sich der Sache nach vergleichen lassen? Psychologen bezeichnen diese Denkfalle als Verankerungseffekt. Sie lauert vor allem im Laden, dort, wo es um Preise geht.

Wer das noch nicht glaubt, findet den Beweis bei Drazen Prelec. Der Wirtschaftspsychologe hat das Experiment mit der Sozialversicherungsnummer wiederholt. Allerdings ließ er seine Studenten nicht die Zahl der Ärzte in New York schätzen. Stattdessen stellte er auf sein Pult drei Gegenstände: eine Flasche teuren französischen Rotwein, eine Funktastatur und eine Packung Neuhaus-Pralinen. Dann bat er seine Studenten zu notieren, wie viel Geld sie für jedes dieser Dinge ausgeben würden.

Prelecs Versuchspersonen waren schlaue Wirtschaftsstudenten am Massachusetts Institute of Technology, der Eliteuniversität von Cambridge, USA. Sie machten gerade ihren Master, hatten also schon einige Jahre studiert, und brachten zum Teil auch schon Berufserfahrung mit. Doch auch sie konnten sich dem Anker, den ihre Sozialversicherungsnummer bildete, nicht entziehen. Je höher die notierten Ziffern waren, desto mehr Geld waren sie geneigt auszugeben.

Geschulte Verkäufer wissen genau, wie sie den Verankerungseffekt ausnutzen können. Zum Beispiel die Verkäufer im Elektromarkt, auf die Kunden treffen, wenn sie einen neuen Fernseher kaufen und sich zuvor beraten lassen wollen.

Verkäufer, die ihren Job gut machen, zeigen Ihnen zuerst ein teures Gerät, am besten ein gutes Stück über dem von Ihnen genannten Budget, gerne mit dem Satz: »Den will ich Ihnen gar nicht anbieten. Ich zeige Ihnen nur mal, was es alles gibt.« Wenn Sie sich dann zusammen mit dem Verkäufer nach und nach zu günstigeren Geräten vorarbeiten, erscheinen Ihnen diese unwillkürlich schon ziemlich billig, auch wenn es noch längst nicht die billigsten sind. Am Ende geben Sie mehr Geld aus, als Sie wollten – oder zumindest mehr, als Sie ohne den vom Verkäufer ausgeworfenen Anker ausgegeben hätten.

Unternehmensberater sind oft wahre Meister in dieser Kunst. Überliefert ist der Verhandlungseinstieg eines Beraters, der Kunden, die er neu gewinnen wollte, gerne sagte: »Nur, damit Sie nicht erschrecken: Ein ähnliches Projekt haben wir mal für 5 Millionen Euro gemacht.« Oder er nannte eine andere passende Zahl, jedenfalls einen Betrag deutlich über den Kosten, die er tatsächlich erwartete.

Lassen sich solche Anker wieder lichten? Kaum. Da hilft alles Mitdenken nichts. Schließlich weiß jeder sowieso schon im Schlaf, dass Kontonummern nicht das Geringste mit der Ärztezahl in New York zu tun haben. Trotzdem fallen die meisten Menschen auf diesen simplen Trick herein.

Die beste Lösung ist deshalb, den Anker selbst auszuwerfen, und zwar genau dort, wo es einem selbst am besten passt. In unserem Beispiel des Elektromarkts bedeutet das: Wer sich schon vor der Beratung darüber informiert hat, was billige Fernsehgeräte kosten, ist im entscheidenden Moment gut verankert. Der teure Fernseher, den der Verkäufer später zeigt, beeindruckt dann nicht mehr so stark. Und wer ganz raffiniert ist, der kann sich den Verankerungseffekt auch selbst zunutze machen. Stellen Sie sich beispielsweise vor, Sie würden um Ihr Gehalt verhandeln. Gehen Sie entweder mit einer Mondforderung ins Rennen, oder sprechen Sie beim Händeschütteln mit Ihrem Chef über die Investmentbanker, die

200000 Euro im Jahr verdienen – auch wenn deren Metier mit Ihrer Arbeit nichts zu tun hat. Ihrem Chef setzen Sie so in jedem Fall einen guten Anker. Dieser Richtwert wird seine Einstellung zu Ihren Gunsten beeinflussen, ohne dass er es merkt.

Der Verankerungseffekt

Der Fehler: Wenn wir eine Zahl aufnehmen, messen wir unwillkürlich die folgenden Zahlen an dieser ersten. Dabei ist es gleichgültig, ob der Maßstab sinnvoll ist oder nicht.

Die Gefahr: Verkäufer im Laden zeigen zuerst den Gegenstand mit dem höchsten Preis und arbeiten sich anschließend schrittweise nach unten vor. So kaufen wir teurer ein, als wir es anfänglich wollten.

Die Abhilfe: Setzen Sie sich Ihren Anker selbst. Bevor Sie mit dem Verkäufer sprechen, informieren Sie sich über die Preise.

Patrick Bernau

KLEINE GESCHENKE MACHEN
UNS SPENDABEL

Wer kennt ihn nicht, den Grundsatz »Wie du mir, so ich dir«? Wer nach diesem Prinzip lebt, wird Menschen, die ihm wohlgesinnt sind, freundlich behandeln und Zeitgenossen, die unfreundlich daherkommen, die Zähne zeigen. Verhaltensökonomen nennen das Reziprozität oder Wechselseitigkeit, und sie haben entdeckt, dass dieser Grundsatz für Menschen eine wichtige Rolle spielt.

Ihre Entdeckung beruht vor allem auf Experimenten. Diese zeigen beispielsweise, dass Menschen freiwillig mehr arbeiten, wenn sie höhere Löhne angeboten bekommen. Eine Hand wäscht die andere, oder wie die Verhaltensökonomen sagen: Es werden Geschenke getauscht.

Wenn es tatsächlich so ist, dass Menschen gerne Geschenke tauschen, dann liegt der Gedanke nahe, zu versuchen, diese menschliche Eigenschaft auszubeuten. Beispielsweise könnte man sie sich beim Einsammeln von Spenden zunutze machen. Wenn man jemanden dazu bringen will zu spenden, bedeutet das ja nichts anderes, als dass man ihn darum bittet, etwas herzuschenken. Dazu wird er eher bereit sein, wenn er zunächst selbst ein Geschenk erhält.

Armin Falk von der Universität Bonn hat in einem Feldversuch getestet, ob das funktioniert. Im Kanton Zürich wurden dazu von einer gemeinnützigen Organisation etwa

10 000 Bettelbriefe versendet, in denen um Spenden für eine Schule in Dhaka gebeten wurde. Ein Drittel der Briefe enthielt kein Geschenk, ein Drittel enthielt eine Postkarte nebst Umschlag, ein Drittel wurde zusammen mit vier Postkarten versendet. Der Effekt war eindeutig. Im Fall der Briefe mit Postkarte stieg die Häufigkeit der Spenden von 12 Prozent (ohne Geschenk) auf 14 Prozent an. Lagen dem Brief vier Postkarten bei, so hob dies die Spendenfreudigkeit auf 21 Prozent an.

Amerikanische Forscher kamen zu ganz ähnlichen Ergebnissen. In ihrem Feldexperiment wurden Spenden an der Tür gesammelt – in den Vereinigten Staaten durchaus ein gängiges Verfahren. Das Geschenk, das dabei in Aussicht gestellt wurde, bestand in der Teilnahme an einer Lotterie, bei der man 1000 Dollar gewinnen konnte. Der Effekt: Ohne Lotterie spendeten etwa 25 Prozent der Befragten, mit Lotterie waren es 45 Prozent. In dem Feldversuch hätten die Spendensammler ab etwa 3000 Haushalten, die sie an der Tür in ein Gespräch verwickelten, mit der Lotterie ein höheres Spendenaufkommen erzielt als ohne sie.

Der Appell an die Reziprozität der Menschen lässt sich aber auch rein kommerziell ausnutzen. Allerdings muss man dazu deutlich trickreicher vorgehen.

Ein Instrument, das man dabei einsetzen kann, ist das sogenannte Pay-what-you-want-Verfahren. Hierbei wird es dem Kaufinteressenten freigestellt, den Preis zu zahlen, den er oder sie für richtig hält. Wie dieses Verfahren funktioniert, zeigt ein Feldversuch aus einem amerikanischen Freizeitpark. An einem Fahrgeschäft wurden Souvenirfotos angeboten, die von allen Fahrgästen aufgenommen wurden. Der reguläre Preis für ein Foto betrug 12,95 Dollar.

Zu diesem Preis kaufte unter 200 Gästen lediglich ein einziger ein Foto. Das entspricht einer Quote von 0,5 Prozent. Mit der Ankündigung, dass die Hälfte des Preises an eine wohltätige Organisation gespendet würde, stieg der Anteil der Käufer auf 0,59 Prozent, also nur wenig. Es reichte aber, um den Gewinn zu steigern. Im dritten Versuchsteil durften die Gäste selbst entscheiden, wie viel sie zahlen wollten. Prompt nahmen mehr als 8 Prozent der Gäste ein Bild mit, aber sie zahlten eher wenig, und der Gewinn fiel drastisch. Aber die Kombination von *Pay what you want* mit der Ankündigung, dass die Hälfte des freiwillig gezahlten Preises gespendet würde, wuchs sich zu einem durchschlagenden Erfolg aus. Der gezahlte Preis stieg um das Fünffache, und der Gewinn verdreifachte sich gegenüber der Variante, bei der ein fester Preis zu entrichten war.

Das Ganze funktioniert auch ohne eine Spende als Lockmittel. In einem Frankfurter Restaurant durften Gäste für ein Büfett zahlen, was sie wollten. Der reguläre Preis betrug 7,99 Euro. Zwar zahlten die Gäste im Durchschnitt etwas weniger (6,44 Euro), dafür stieg die Nachfrage um über 60 Prozent und der Gewinn um über 30 Prozent.

Eine ganz andere Möglichkeit, die Neigung zum Geschenketausch auszunutzen, bietet das Internet. Für viele Betreiber von Internetplattformen wäre es ausgesprochen vorteilhaft, wenn sie mehr über ihre Besucher wüssten. Internetnutzer sind aber zurückhaltend, wenn es um die Preisgabe persönlicher Daten geht. Wie also überzeugt man sie davon, dass es in ihrem eigenen Interesse liegt, diese Daten bereitzustellen?

Forscher der Technischen Universität München haben zwei Möglichkeiten geprüft. Bei der ersten wird darauf hingewiesen, dass die Nutzer passendere Werbung gezeigt bekommen, wenn sie Informationen über sich preisgeben. Die zweite Möglichkeit besteht darin, an unseren Hang zum Tausch von Geschenken zu appellieren: »Wir können Ihnen diese Seite kostenlos zur Verfügung stellen, wenn wir

Ihre Daten bekommen.« Auch hier war das Ergebnis eindeutig. An die Reziprozität zu appellieren, wirkte viel stärker als der Verweis auf den persönlichen Nutzen durch individualisierte Werbung.

Kleine Geschenke erhalten die Freundschaft, sagt man. Da ist etwas dran, aber sie haben auch eine Schattenseite. Sie sind oft geeignet, uns gefügig zu machen und uns zu Handlungen zu bewegen, die wir im Grunde nicht wollen. Auch die kleinen Geschenke werden eben häufig nicht ohne Hintergedanken verteilt. Deshalb sollten wir uns überlegen, ob wir sie annehmen. Echte Geschenke werden gemacht, ohne eine Gegenleistung zu erwarten. Vielleicht sollten wir jedem Schenkenden erst einmal grundsätzlich unterstellen, dass er uns ein echtes Geschenk machen will, und erst ein anderes Mal darüber nachdenken, ob wir uns revanchieren. Dann ist unsere reziproke Ader weniger leicht auszubeuten.

Der Hang zur Wechselseitigkeit

Der Fehler: Unser Hang zur Wechselseitigkeit führt dazu, dass auch kleine Geschenke in uns den Drang auslösen, uns durch ein Gegengeschenk zu revanchieren.

Die Gefahr: Durch kleine Geschenke werden wir zu Gegengeschenken verführt, die wir im Grunde nicht machen wollen.

Die Abhilfe: Sehen Sie jedes Geschenk als eines an, das ohne die Erwartung einer Gegenleistung gemacht wurde.

Joachim Weimann

LIEBER NICHT VERGLEICHEN

Einer der beliebtesten Ratgeber-Tipps ist jener, man möge Angebote sorgsam vergleichen, bevor man sich entscheidet. Dieser Ratschlag ist ebenso schlicht wie falsch. Vergleiche können nämlich der Wahrheitsfindung schaden. Denn beim Einkaufen entscheiden wir in einer künstlichen Situation: Kleinen Unterschieden zwischen den Waren verleihen wir ein zu großes Gewicht.

Die Verhaltensökonomen Christopher Zsee und Jiao Zhang von der Universität Chicago haben dieses Phänomen herausgearbeitet und nennen aufschlussreiche Beispiele. Ein Bewerber auf Jobsuche bekommt zwei Angebote: eine langweilige Arbeitsstelle für 70000 Dollar im Jahr und eine interessante für 60000 Dollar. Welche Stelle wählt der Bewerber?

Zweites Beispiel: Ein Mensch lebt mit seiner Familie in einem für amerikanische Verhältnisse knapp überdurchschnittlich großen Haus mit 280 Quadratmetern, von dem aus er zu Fuß zur Arbeit gehen kann. Er könnte für dieselbe Miete in ein Haus umziehen, das 370 Quadratmeter groß ist, dessen Lage aber eine Stunde Fahrtzeit zur Arbeit verlangt. Zieht der Mensch um?

Experimente zeigen, dass die Menschen in solchen Entscheidungssituationen eher dazu neigen, den besser bezahlten Job und das größere Haus zu wählen. Sie bewerten die offensichtlichen Unterschiede, zum Beispiel diejenigen, die sich in nackten Zahlen ausdrücken lassen, stärker als die schwer greifbaren. Sie überschätzen die Glücksgefühle, die mehr Lohn und mehr Platz stiften.

Warum ist das so? Die Entdecker des hier behandelten Denkfehlers liefern als Erklärung den sogenannten *distinction bias*, das heißt die verzerrende Wirkung des Vergleichs. Sie beweisen, dass der Vergleich zwischen verschiedenen Angeboten in die Irre führen kann. Bei einem Job rückt, sobald man ihn angetreten hat, das Einkommen in den Hintergrund, und man ärgert sich stattdessen mit dem Arbeitsalltag herum, der im Beispiel deutlich ermüdender ist, als es der schlechter bezahlte gewesen wäre.

Die Last einer unerquicklichen Arbeit spürt jeder täglich, der Nutzen eines guten Gehalts dagegen schwächt sich in der Wahrnehmung ab. Man stellt den Vergleich gar nicht oder nur selten an. Wer also den besser entlohnten Langweilerjob genommen hat, könnte sich vergriffen haben. Der Vergleich selbst unterstreicht gewisse Unterschiede von Angeboten, die vor allem deshalb unwichtig sind, weil man die Angebote später im Alltag nicht mehr gegeneinander abwägt.

Es gibt andere Deutungsmöglichkeiten: Die Menschen in unseren Beispielen könnten dazu neigen, harten Fakten ein zu großes Gewicht beizumessen, jenen Merkmalen eines Angebots also, die sich leicht messen und rational einschätzen lassen. Gleichzeitig spielen sie weiche Faktoren, also Merkmale, die sie eher gefühlsmäßig beurteilen, herunter. Die Wissenschaft spricht hier vom sogenannten *Lay rationalism, dem Rationalismus der Laien.* 10 000 Dollar mehr Gehalt klingen handfest, vergleichen wir diese Summe mit den möglichen Glücksfühlen, die ein abwechslungsreicher Job bietet. Eine weitere Interpretation lautet folgendermaßen: Die Entscheidung fällt für den konkret fassbaren, unmittelbaren Nutzen und vernachlässigt spätere Nachteile. Salopp gesagt: Erst mal das Geld nehmen und dann schauen (*medium maximization*).

Oft wirken die drei Entscheidungsverfahren zusammen: Wer den besser bezahlten Langweilerjob wählt, der tut dies, weil er das Ergebnis des Gehaltsvergleichs überschätzt, weil er dem Gehaltsunterschied als hartes Faktum ein zu großes Gewicht beimisst und weil er erst mal das Geld nimmt. Und jedes Mal ist es falsch.

Der Unterschied zwischen den Entscheidungsverfahren ist folgender: Der *distinction bias* ist die Folge einer Fehlprognose, die es uns verwehrt zu erkennen, was uns tatsächlich glücklich macht. Der *Lay rationalism* und die *medium maximization* sind dagegen Methoden der vereinfachten Erkenntnisgewinnung und Entscheidungsfindung, die gar nicht auf individuellen Glücksprognosen fußen.

Die besondere Rolle der verzerrenden Wirkung von Vergleichen wird durch ein anderes Beispiel deutlich. Ein Kunde interessiert sich bei einem Spezialisten für High-End-Lautsprecherboxen für zwei gleich teure Angebote. Das erste der beiden Boxenpaare hat den Vorteil, vorzüglich zu seinen Möbeln im Wohnzimmer zu passen, wo es auch aufgestellt werden soll. Das zweite empfindet der Käufer als eher hässlich und unpassend.

Der eifrige Verkäufer schlägt dem Kunden einen besonderen Hörtest in einem schallisolierten Raum vor. Dort nimmt der Kunde tatsächlich kleine, aber doch spürbare Unterschiede in der Klangqualität der Boxen wahr: Die hässlichen Boxen erzeugen einen besseren Klang. Der Kunde entscheidet sich aufgrund dessen für die hässlichen Boxen. Zu Hause ärgert er sich bald über die Wahl, weil die Boxen sein Wohnzimmer verschandeln. Er verbannt sie in den Keller.

Der Käufer hat verglichen und sich für diejenige Variante

entschieden, die ihm letztlich weniger Glücksgefühle gestiftet hat. Er wäre mit etwas schlechter klingenden, dafür aber gut aussehenden Boxen glücklicher gewesen als mit den hässlichen, aber gut klingenden Boxen.

Um seine Entscheidung zu begründen, hat der Käufer einen Vergleich herangezogen, dessen Ergebnis ihn zur falschen Wahl bewogen hat. Der Vergleich war irreführend, weil man später im Alltag eben die Boxen, die man besitzt, nicht mehr mit der Klangqualität anderer Boxen vergleicht. Dies ist ein klassisches Beispiel für die verzerrende Kraft des Vergleichs.

Heißt das, dass man vor Kaufentscheidungen grundsätzlich auf Vergleiche verzichten sollte? Nein. Man sollte sich überlegen, ob die Wertschätzung, die bei der Auswahl den Ausschlag gibt, auch beim Konsum des Produkts entscheidend ist. Wer ein Kleid für eine Party kauft, ist geradezu genötigt, die Angebote zu vergleichen. Denn sie wird es auch später permanent tun. Und wer für sich entscheidet, dass sie sich mit ihrem Kleid gut sehen lassen kann, ist glücklicher.

Dem Autorenduo Zsee und Zhang zufolge liefern ihre Ergebnisse neue Erklärungsansätze für die Glücksforschung. Diese hat, grob gesagt, zwei Erkenntnisse gewonnen. Erstens: Die Leute haben lieber mehr als weniger Geld. Zweitens: Das individuelle Einkommen ist in den letzten Jahrzehnten gestiegen, die Menschen sind aber nicht nennenswert besser gelaunt. Wer gefragt wird, ob er lieber arm oder reich sei, vergleicht Szenarien und kann eine klare Antwort geben. Wer dagegen nach seinem Vermögen und Lebensglück gefragt wird, vergleicht sich gerade nicht mit dem Vermögensstatus der Generation vor ihm. Er vernachlässigt also den Zuwachs an Reichtum.

Die verzerrende Wirkung des Vergleichs

Die Falle: Bei Entscheidungen für einen Job, ein Haus oder ein neues Fernsehgerät vergleichen wir. Dabei entdecken wir Unterschiede zwischen den Angeboten.

Die Gefahr: Wir neigen dazu, diesen Unterschieden ein hohes Gewicht beizumessen, obwohl sie auf unser Glück keinen dauerhaften Einfluss haben.

Die Abhilfe: Prüfen Sie, ob der Unterschied, der sich bei einem Vergleich von Dingen herausschält, tatsächlich auch später noch von Bedeutung sein wird. Haarschnitt und Mode sollten auch später dem Vergleich standhalten, bei vielen anderen Dingen ist dieser Gesichtspunkt unbedeutend.

Winand von Petersdorff

VERDAMMT GROSSE ZAHLEN

Für ihre blanke Theorie arbeiten Ökonomen immer noch gerne mit der Vorstellung von Akteuren, die über unendlich große Möglichkeiten verfügen, riesige Berge von Informationen zu verarbeiten. Das ist aber eine arge Vereinfachung der Wirklichkeit, und das wissen die Ökonomen auch schon lange. Vor allem der Psychologie verdanken sie die Erkenntnis, dass die Menschen dann, wenn sie mit vielen Informationen konfrontiert sind, zu gedanklichen Abkürzungen neigen, sprich, nur einen Teil davon verarbeiten.

Sie wählen und verarbeiten Informationen mithilfe von vereinfachenden Faustregeln. Diese mögen sich zwar im Grundsatz bewähren, führen aber häufig zu systematischen Fehlern, die teuer werden können.

Einer der bekanntesten ist der sogenannte *left digit bias*: Wir neigen dazu, der linken Ziffer einer Zahlenfolge ein unangemessen hohes Gewicht zu geben. Dabei liegt die Betonung auf dem Wort unangemessen. Denn es ist in der Regel selbstverständlich und richtig, dass etwa bei einem Kaufpreis die Ziffer auf der ersten Stelle auch die wichtigste ist. Kostet eine Stereoanlage beispielsweise 1000 Euro, so sagt – neben der Anzahl der Ziffern – die Eins außen links am meisten über die Höhe der Summe aus.

Beim *left digit bias* geht es um die Übergewichtung. Ein beeindruckendes Beispiel für die Überbetonung der ersten

Stelle einer Zahl liefert der Gebrauchtwagenmarkt. Ausgangspunkt ist die naheliegende Überlegung, dass Vielfahrerautos aus zweiter Hand billiger sein müssten als Autos, die nur wenige Kilometer absolviert haben.

Abgesehen von anderen Abnutzungsfaktoren ist es aber eigentlich egal, ob der Kilometerstand eines Autos die Zahl 99 999 anzeigt oder die Zahl 100 001. Viel bedeutsamer ist das Vergleichspaar 90 000 Kilometer und 99 999 Kilometer. Grob gesagt zeigt sich, dass Kaufinteressenten von Gebrauchtautos den winzigen Unterschied von 2 Kilometern genauso schwernehmen wie den Unterschied zwischen 90 000 und 99 999 Kilometer, der immerhin 9 999 Kilometer beträgt. Nicola Lacetera, einer der Autoren der Gebrauchtwagenstudie, stellte in einem Artikel seinen Lesern die folgende Frage: »Ihnen werden zwei Autos angeboten, ein drei Jahre alter Honda Accord mit 42 187 Meilen auf dem Tachometer und ein fünf Jahre alter Toyota Camry mit 67 812 Meilen. Schließen Sie nun die Augen und versuchen Sie, sich an die genauen Meilenzahlen zu erinnern.« Nach Laceteras Erkenntnis erinnern sich die meisten unvollständig und messen dem Honda 42 000 Meilen zu und dem Toyota 67 000, obwohl dieser deutlich näher bei 68 000 abgefahrenen Meilen liegt. *Left digit bias* heißt, dass man den auf der rechten Seite angeordneten Ziffern einer Zahl keine Aufmerksamkeit schenkt, sie schlicht nicht verarbeitet.

Für die Studie wurde in den Vereinigten Staaten Daten aus 22 Millionen Verkäufen von Gebrauchtwagen Folgendes untersucht. Das Ergebnis: Fahrzeuge, deren Tachometer eine Fahrleistung von zwischen 79 900 und 79 999 Kilometern auswiesen, wurden im Durchschnitt zu einem um 210 Dollar höheren Preis verkauft als Autos mit einer Tachoanzeige zwischen 80 000 und 80 100 Kilometer. Doch gleichzeitig wurden die Fahrzeuge der zuerst genannten Gruppe für nur

10 Dollar weniger verkauft als Autos, die zwischen 79 800 und 79 899 Kilometer gefahren waren.

Derartige Preissprünge traten an jeder 10 000er-Schwelle auf. Jedes Mal waren die Autos mit einer Kilometerleistung von knapp jenseits der 10 000er-Schwelle um 150 bis 200 Dollar günstiger als die Autos unter der 10 000er-Schwelle. Irrationale Preissprünge traten auch an den 1000er-Schwellen auf.

Der *left digit bias* beeinflusst nicht nur die Preise, er strahlt auch auf das Angebot aus. Professionelle Verkäufer, die sich dieses Effekts bewusst sind, haben einen echten Antrieb, nur Autos auf den Markt zu bringen, die knapp vor einer 10 000er-Kilometerschwelle stehen. Und genau das konnten die Autoren zeigen: Auf dem Markt gab es unverhältnismäßig viele Gebrauchtwagen mit Kilometerständen unterhalb der Schwellenwerte.

Das Verblüffende an dem irrationalen Verhalten der Käufer ist, dass die Preise für Gebrauchtwagen bekannt waren. Man hätte annehmen können, dass solch wichtige Kaufentscheidungen wie der Erwerb eines Autos die Leute dazu veranlasst, gründlich nachzudenken und sorgfältig abzuwägen. Man hätte auch vermuten können, dass der Gebrauchtwagenmarkt so hart umkämpft ist, dass er Ungereimtheiten der Preisverhältnisse beseitigt. Aber all das passierte nicht.

Womöglich noch verblüffender ist die Erkenntnis der Wissenschaftler, dass der *left digit bias* ein Phänomen ist, das nur für Endkunden gilt. Es erwies sich nämlich, dass Händler, die Fahrzeuge aus zweiter Hand von anderen Händlern erwerben, nicht dazu neigen – oder nach jahrelanger Übung nicht mehr.

Die Frage ist, ob der *left digit bias* eher ein exotischer Zusammenhang ist, der sich auf wenige Märkte beschränkt. Lacetera und Co. vermuten, dass er vor allem dort wirkt, wo die Qualität in Zahlen ausgedrückt wird, wie etwa im Fall von

Gebrauchtwagen durch absolvierte Kilometer. Bei börsennotierten Unternehmen könnten dies Quartalsberichte sein, im Speziellen Umsatzergebnisse.

In gewisser Weise widersprechen die Erkenntnisse der Gebrauchtwagenstudie der Alltagserfahrung. Täglich begegnen den Konsumenten sogenannte gebrochene Preise: 1,99 Euro, 49,99 Euro oder 9,99 Euro. Die meisten Käufer nehmen für sich in Anspruch, die Tricks zu durchschauen. Studien ergeben allerdings ein gemischtes Bild. In manchen Fällen greifen Leute schneller zu, wenn das Preisschild 9,99 Euro statt 10,00 Euro ausweist, in anderen nicht.

Einen echten Praxistest hat schon vor achtzig Jahren ein amerikanischer Katalogversender unternommen. Er druckte in einer Saison zwei Kataloge, einen mit gebrochenen Preisen und einen, der die Waren mit runden, glatten Summen wie 4 Dollar oder 50 Dollar anpries. Der Händler erlebte eine Überraschung. Aus beiden Katalogen wurde gleich viel bestellt.

Wie passt das alles zusammen? Es gibt Anzeichen dafür, dass Erfahrung den Denkfehler zu killen vermag. Aus Schaden wird man klug, wie das alte Sprichwort sagt. Die Leute lernen aus dem täglichen Einkauf, dass 1,99 Euro und 2 Euro sich genauso unerheblich unterscheiden wie 1,98 Euro und 1,99 Euro.

Wie passt das alles zusammen? Es gibt Anzeichen dafür, dass Erfahrung den Denkfehler zu killen vermag. Aus Schaden wird man klug, wie das alte Sprichwort sagt. Mit Autos funktioniert das für die meisten Privatleute nicht so gut, weil sie nicht ständig Autos kaufen und nicht ständig auf die Kilometer achten. Händler lernen das dagegen mit der Zeit. Und auch Privatleute lernen aus dem täglichen Einkauf, dass 1,99 Euro und 2 Euro sich genauso unerheblich unterscheiden wie 1,98 Euro und 1,99 Euro.

Die linke Seite sticht

Die Falle: Bei großen Zahlen stoßen Menschen an die Grenzen der Informationsverarbeitung. Deshalb verwenden sie Faustformeln. So verleihen sie der linken Ziffer einer mehrstelligen Zahl ein zu hohes Gewicht und vernachlässigen Ziffern, die weiter rechts stehen.

Die Gefahr: Die an sich effiziente Regel führt zu Fehlern, die ins Gewicht fallen, wenn es um Wichtiges geht und wenn sich Anbieter darauf einstellen. Gebrauchtwagenhändler wissen, dass Autos knapp unter einer 10 000er-Schwelle bezüglich ihrer Kilometerleistung überbezahlt werden, und bieten deshalb besonders häufig genau solche Autos an.

Die Abhilfe: Allein die Erfahrung hilft – und die Empfehlung, jeder Ziffernfolge zu misstrauen, in der die Neun oft vertreten ist.

Winand von Petersdorff

WER NACH DEN STARS GIERT, VERLIERT

Im Jahr 2012 erzielte die Pastellzeichnung *Der Schrei* von Edvard Munch bei Sotheby's in New York einen Preis von 119,9 Millionen Dollar. Das ist für solche Auktionen Weltrekord. Spitzenreiter bis dato war Picassos Bild *Nackte, grüne Blätter und Büste (Nu au Plateau de Sculpteur)*; es hatte zwei Jahre vorher beim Konkurrenten Christie's in New York 109 Millionen Dollar eingebracht. Und 124 Millionen Dollar erhielt der amerikanische Sammler John Jay Whitney im Jahr 2004 für Picassos *Mann mit Pfeife* von einem unbekannten Käufer ausgezahlt.

Dasselbe Bild, gemalt von dem damals 24-jährigen Picasso im Jahr 1905, hatte Whitney im Jahr 1950 zu 50 000 Dollar gekauft. Das ergibt über 54 Jahre eine jährliche Rendite von 15,5 Prozent. So viel hätte Whitney mit Aktien nicht verdient. Auch van Goghs *Iris im Garten*, im Jahr 1948 für 84 000 Dollar gekauft und im Jahr 1987 für 54 Millionen Dollar versteigert, brachte ihrem zwischenzeitlichen Besitzer noch eine jährliche Rendite von mehr als 12 Prozent.

Ist also der Markt richtig lukrativ? Leider nein. Denn solche Ausreißer kaschieren nur ein ansonsten eher tristes Bild. Zwar erregen Rekordpreise auf Auktionen regelmäßig großes Aufsehen. Doch das Durchschnittswerk bringt kaum Gewinn. Der Ökonom William J. Baumol von der Universität New York hat einmal den Markt für alte Meister über mehr als 300 Jahre, von 1652 bis 1961, untersucht. Er errechnete auf der Grundlage bekannter Verkaufspreise eine jährliche Rendite von weniger als 1 Prozent. Mit englischen Staatsanleihen hätte man in derselben Zeit das Doppelte verdient. Nicht viel besser war das Fazit der Schweizer Ökonomen Bruno S. Frey und Werner Pommerehne. Die beiden ermittelten aufgrund von 2396 Verkäufen in den Jahren 1645 bis 1987 eine jährliche Rendite für Gemälde alter Meister von 1,5 Prozent. Bei all den angegebenen Renditen handelt es sich übrigens um reale Werte, das heißt um Werte unter Ausschluss von Schwankungen des Preisniveaus.

Nicht besser verhält es sich mit moderner Kunst. Im Jahr 1993 stellte der Ökonom James E. Pesando von der Universität Toronto in der renommierten Fachzeitschrift *American Economic Review* eine Untersuchung der Preisentwicklung von Drucken bekannter Künstler vor. Seit dem Jahr 1978 werden sämtliche bei großen Auktionen des Vorjahres erzielten Preise in *Gordon's Print Price Annual* notiert. Für die Jahre 1977 bis 1992 errechnete Pesando eine reale jährliche Rendite von 1,5 Prozent. Beschränkt man sich auf Drucke von Picasso, so steigt die mittlere Rendite auf 2,1 Prozent, aber das ist immer noch weniger als die mittlere jährliche Rendite von 2,5 Prozent, die man über den gleichen Zeitraum mit risikolosen amerikanischen Schatzbriefen hätte erzielen können.

Auch die späteren Jahre haben dieses Bild nicht wesentlich aufgehellt. Lediglich bis zum Ende des Jahres 2008 erlebte speziell die moderne Kunst einen vorübergehenden Aufschwung speziell für moderne Kunst, diese Gewinne sind aber inzwischen wieder abgeschmolzen.

Wieso dann finden die Kunstfonds, die es inzwischen weltweit gibt, immer noch Kunden, die ihnen ihr Geld anvertrauen?

Zum einen gilt es zu bedenken, dass von den lauthals verkündeten, bei Auktionen und sonstigen Verkäufen in bare Münze umgesetzten Wertsteigerungen beträchtliche Kosten abzuziehen sind. Bei dem Exemplar des *Schrei* von Edvard Munch etwa, das 2012 den Besitzer wechselte, waren es stolze 12,9 Millionen Dollar – mehr als zehn Prozent des Verkaufserlöses. Vor allem aber sind die Werte vieler Kunstportfolios oft eher aus der Luft gegriffen. Wird bei einer Auktion ein Bacon, Hockney oder Richter für einen Rekordpreis von soundso vielen Millionen Euro oder Dollar losgeschlagen, so wird dieser oder ein ähnlicher Preis auch allen anderen im Depot befindlichen Werken dieser Künstler zugerechnet. Ob sich der dann wirklich eines Tages erzielen lässt, steht auf einem ganz anderen Blatt.

Das ist zugleich auch der Grund, warum ein oft gehörter Ratschlag dem Anleger nichts nützt: Kaufe immer nur Kunst von Spitzenqualität. Denn was ist Spitzenqualität? In der Fachwelt sind das Werke, die bei Auktionen und anderen Verkäufen Spitzenpreise erzielen. Solange es noch kein Maß für den inneren künstlerischen Tiefgang eines Kunstwerks gibt – und das wird es wohl nie geben –, ist und bleibt das der Maßstab aller Dinge. Aber dann ist dieser Rat genauso viel wert wie die Empfehlung an einen Aktienkäufer: Kaufe zu Beginn des Jahres immer nur die Aktien, die im nächsten Jahr am stärksten steigen.

Die periodisch immer wieder ausbrechende Euphorie auf dem Kunstmarkt ist also im Wesentlichen das Ergebnis einer notorischen Rosinenpickerei: Nur die Erfolgsgeschichten gehen in die Berichterstattung und in die Preisstatistik ein, die Ladenhüter bleiben außen vor. In solchen Statistiken erscheint dann durchaus van Goghs *Landschaft mit aufgehender Sonne*, gekauft 1984 für 9,9 Millionen Dollar, verkauft für 50 Millionen Dollar im Jahr 1989. Doch das seinerzeit für 20 000 D-Mark sensationell günstig erstandene, heute unverkäufliche Frühwerk *Tintenklecks auf Betttuch* aus der paranoiden Periode eines inzwischen vergessenen modernen Wundermalers wird total verleugnet. Diese Fehlinvestitionen gehen nicht mit einem Verlust von 20 000 D-Mark, sondern überhaupt nicht in den Durchschnittspreis ein.

Anleger konzentrieren sich nur allzu gern auf die Erfolgsgeschichten. Die großen Versteigerungserlöse einzelner Werke und die dadurch erzielten hohen Renditen verstellen den Blick auf die Preisentwicklung der großen Masse an Kunstwerken, die bescheiden ist. Die Stichprobe ist verzerrt, wie die Experten sagen. Teure Fehlkäufe sind die Folge. Das passiert nicht nur auf dem Kunstmarkt, sondern auch bei anderen Versteigerungen, etwa von Uhren, Schmuck, Briefmarken oder Oldtimern. Dort gibt es besondere Fallen, die wir im nächsten Kapitel noch kennen lernen.

Aber nicht nur Auktionen werden teuer, wenn die Menschen nach den Stars gieren. Das Problem taucht auch bei ganz normalen Käufen auf: Es gibt Anleger, die sich in einen Immobilienfonds einkaufen, nachdem sie nur die besten Objekte dieses Fonds betrachtet haben.

Für die Kunst gilt: Kaufen Sie sie, wenn sie Ihnen gefällt und wenn Sie das nötige Geld dafür haben. Oder wenn Sie dem Künstler etwas Gutes tun wollen. So wie ein bekannter Mathematikkollege von mir, der in den frühen Sechzigerjahren in Hamburg eine Ausstellung für einen unbekannten amerikanischen Grafiker organisiert hatte, der sehen wollte, wie seine Werke in Europa ankamen. Sie kamen überhaupt nicht an. Zum Trost kaufte mein Bekannter für wenig Geld einige der ausgestellten Werke selbst. Der Künstler hieß Andy Warhol und der Käufer Gunter Sachs.

Verzerrte Stichprobe

Die Falle: Anleger ziehen aus Spitzenpreisen und hohen Renditen etwa auf Auktionen den falschen Rückschluss, dass auch die Durchschnittspreise der Objekte viel Spielraum nach oben haben. Sie orientieren sich an den falschen Daten, ihre Stichprobe ist verzerrt.

Die Gefahr: Der Anleger bleibt auf unverkäuflichen Kunstwerken sitzen oder erzielt bestenfalls nur eine magere Rendite.

Die Abhilfe: Kaufen Sie Kunst nicht, um damit Geld zu verdienen. Das geht zu oft schief. Kaufen Sie das, was Ihnen gefällt.

Walter Krämer

DREI, ZWEI, EINS, MEINS

Versteigerungen führen die Menschen in Versuchung. Sie bieten oft zu viel, weil sie unbedingt gewinnen wollen. Diese Beobachtung hört auf den schönen Namen »Fluch des Siegers« *(winner's curse)*. Die Wissenschaft beschreibt sie mit den folgenden Worten: Ist bei einer Auktion den Teilnehmern der Wert des zur Versteigerung stehenden Gegenstands nicht genau bekannt, so gibt der Gewinner in aller Regel ein Gebot ab, das über dem wahren Wert des Gegenstands liegt.

Eine beliebte experimentelle Anordnung, mit der man den Fluch des Siegers nachweisen kann, sieht so aus: Man versteigert ein großes Glas, das bis zum Rand mit 10-Cent-Münzen gefüllt ist. Wie viel Geld genau in dem Glas ist, kann man nur feststellen, wenn man es zählt. Das aber dürfen die Bieter nicht. Sie müssen schätzen und geben danach ein Gebot ab. Das Resultat fällt stets wie folgt aus: Das höchste Gebot, also das des Gewinners der Auktion, ist höher als der Betrag, der sich in dem Glas befindet.

Nun werden in der Realität keine Gläser voller Geld versteigert. Aber es kommt doch sehr häufig vor, dass man nicht genau weiß, wie viel ein bestimmter Gegenstand wert ist. In solch einem Fall müssen die Bieter den Wert schätzen, und oft trifft sie dann der Fluch des Siegers. Denn am Ende gewinnt nun einmal derjenige, der den Wert am kräftigsten überschätzt. Vermeiden ließe sich dieses Resultat nur dann, wenn alle Bieter den Wert tatsächlich unterschätzen würden. Das allerdings ist sehr unwahrscheinlich, ebenso wie der Fall, dass alle Gebote abgeben, die sehr weit unter dem geschätzten Wert liegen.

Unsicherheit über den tatsächlichen Wert ist geradezu typisch für Beschaffungsauktionen, bei denen Unternehmen um einen Auftrag wetteifern. Die Unsicherheit besteht dabei darin, dass häufig nicht klar ist, wie hoch die Kosten sein werden, die der Firma entstehen, wenn sie den Auftrag bekommt und ausführen muss. Schlägt auch hier der Fluch des Siegers zu, weil dasjenige Unternehmen den Zuschlag bekommt, das seine Kosten am weitesten unterschätzt, so kann dies zu empfindlichen Verlusten führen.

Können sich Einkäufer, die Aufträge ausschreiben, auf den Fluch des Siegers verlassen? Das wäre für sie nicht schlecht. Denn dann könnten sie sicher sein, dass sie bei Beschaffungsauktionen sehr günstig einkaufen können. Allzu große Hoffnungen sollten sie sich allerdings nicht machen. Die Forschung hat gezeigt, dass Unternehmen, die wiederholt an Beschaffungsauktionen teilnehmen, ziemlich schnell lernen, dass die Gefahr besteht, zu billig anzubieten. Sie sichern sich deshalb durch Aufschläge auf die geschätzten Kosten ab.

Interessant ist aber die folgende Beobachtung: Manager, die in der Baubranche beschäftigt sind und dort dem Fluch des Siegers ausweichen, fallen im Experiment – wenn es um die Versteigerung von Einmachgläsern voller Geld geht – genauso oft darauf herein wie unerfahrene Studenten. Offensichtlich braucht man in einem bestimmten Feld Erfahrung und Routine, um dem Fluch des Siegers zu entkommen.

Hinzu kommt: Auktionen sind purer Wettbewerb. Sie sind Auseinandersetzungen zwischen Menschen, bei denen es immer nur einen Gewinner geben kann. Normalerweise kennen wir solche intensiven Wettbewerbe nur noch aus dem Sport und aus Castingshows.

Allerdings gibt es einen ganz erheblichen Unterschied. Für einen Sportler ist entscheidend, dass er den Wettbewerb gewinnt. Der Bieter versucht dagegen, ein Gut zu kaufen. Gibt es andere Bieter, die bereit sind, einen höheren Preis zu zahlen als er selbst, so sollte er diesen freiwillig den Vortritt lassen, auch dann, wenn er dadurch die Auktion gewissermaßen »verliert«. Siegen um des Sieges willen sollte bei Auktionen eigentlich keine Rolle spielen. Tut es aber doch.

Schon die alten Römer kannten das Bietfieber und nannten es *calor licitantis*. Die »Erhitzung des Bietenden« kann dazu führen, dass dieser ein Gebot abgibt, das höher als seine eigentliche Zahlungsbereitschaft ist, nur allein um die Nase vorn zu haben. Dass dies tatsächlich bei Auktionen geschieht, wurde in zwei sehr aufschlussreichen Arbeiten nachgewiesen.

Der amerikanische Ökonom Matthew Jones hat auf eBay Versteigerungen von Gutscheinen beobachtet, die gleichzeitig zu einem festen Preis angeboten wurden. Ein erheblicher Teil der Auktionen endete mit Geboten, die über dem Festpreis lagen. Seine Kollegen Young Han Lee und Ulrike Malmendier beobachteten Auktionen, auf denen ein populäres Brettspiel auf eBay versteigert wurde, das man durch Wahl der Möglichkeit »Sofort kaufen« auch zu einem festen Preis erwerben konnte. Das Ergebnis war frappierend: 42 Prozent der Auktionen endeten mit Preisen, die über dem Festpreis lagen. Wenn man außerdem berücksichtigt, dass bei den Auktionen auch höhere Versandkosten entstanden als beim Verkauf zum Festpreis, kauften sogar 73 Prozent der Käufer das Spiel zu einem höheren als dem festen Preis.

Grundsätzlich kommen für ein solches Verhalten zwei mögliche Erklärungen infrage. Entweder die Bieter ziehen einen Extranutzen daraus, eine Auktion zu gewinnen. Oder sie sind ganz einfach unaufmerksam und übersehen, dass sie mehr bieten als den Festpreis.

Vermutlich wird beides eine Rolle spielen. Die Lust am Wettbewerb und den Willen zum Sieg ausgerechnet auf Auktionen auszuleben, ist deshalb vermutlich keine vernünftige Entscheidung. Stattdessen muss solches Handeln wohl der *calor licitantis* zugeschrieben werden, die schon die Römer für gefährlich hielten.

Bietfieber

Die Falle: Bei Versteigerungen überschätzen wir den Wert von Gegenständen, für die wir bieten. Nehmen wir an einer Beschaffungsauktion teil, um einen Auftrag zu ersteigern, so unterschätzen wir die Kosten, die uns durch den Auftrag entstehen. In beiden Fällen können wir in ein Bietfieber geraten und bieten dann nur noch, um zu gewinnen.

Die Gefahr: Wir zahlen mehr, als wir eigentlich wollen. Und wir ersteigern Güter, die weniger wert sind, als wir für sie bezahlen. Bei Beschaffungsauktionen gewinnen wir Aufträge, die uns Verluste einbringen.

Die Abhilfe: Legen Sie vor Beginn einer Versteigerung eine Obergrenze für das eigene Gebot fest. Wird diese im Verlauf der Auktion überboten, so steigen Sie aus. Legen Sie nicht nach. Ist zudem der Wert eines Versteigerungsgegenstandes nicht klar, so sollten Sie ihn schätzen und anschließend einen Sicherheitsabschlag einrechnen.

Joachim Weimann

DAS ELEND MIT DEN ARMEN

Wir in den Industrieländern verstehen Leute wie Oucha Mbarbk oft nicht. Er ist ein armer, hungriger Mann aus einem marokkanischen Dorf, und Forscher aus Amerika kamen vorbei, um zu lernen, wie sie ihm helfen können. Sie fragten, was er mit zusätzlichem Geld tun würde, und Mbarbk antwortete: »Ich würde mehr Essen kaufen.« Was würde er mit noch mehr Geld tun? »Ich würde besseres Essen kaufen.« Da fiel der Blick der Forscher auf eine Ecke im Zimmer, in der ein Fernsehgerät und ein DVD-Spieler standen. Sie wunderten sich. Hatte der gute Mann seine Ausgaben nicht im Griff? Aber Mbarbk bot ihnen eine einfache Erklärung: »Fernsehen ist wichtiger als Essen.«

Dieses Beispiel der Forscher Esther Duflo und Abhijit Banerjee zeigt: Arme Leute benehmen sich oft so, dass sie ihr Elend noch vergrößern. Sie spielen in Lotterien, sparen zu wenig Geld und leihen zu viel davon. Manchmal kaufen sie unnötig erscheinende Konsumgüter wie Fernsehgeräte, anstatt Reis oder Getreide zu beschaffen und für regelmäßig wiederkehrende Phasen des Hungers zu lagern. Sie geben überdies einen erstaunlich großen Anteil ihres spärlichen Einkommens für Zigaretten, Bier und Schnaps aus. Und gelegentlich geben sie Familienfeste, die sie finanziell regelrecht aus der Bahn werfen.

Kurz: Sie denken falsch, sprich, zu wenig vorausschauend. Oder? Diesmal könnte der Denkfehler bei den professionellen Betrachtern der globalen Armut liegen, die einfach nicht die Logik begreifen, die dahintersteckt, wenn ein Hungriger einen Fernseher kauft.

Seit einiger Zeit gibt es Forscher, die den besonderen Kaufmotiven armer Menschen auf der Spur sind. Ein Ansatz beschäftigt sich mit der Frage, wie der Mangel an Mitteln die Entscheidungen Armer beeinflusst. Die Wissenschaftler Anuj Shah, Sendhil Mullainathan und Eldar Shafir haben ihren Blick auf die Art und Weise gelenkt, wie Leute ihre Ausgaben steuern. Leben die Leute in Hamburg-Blankenese, dem Frankfurter Westend oder dem Speckgürtel um Berlin, so darf man unterstellen, dass sie reichlich Geld haben, um ihre Grundbedürfnisse zu befriedigen. Sie erledigen ihre Lebensmitteleinkäufe mit leichter Hand und unterschreiben Daueraufträge für Miete oder Hypothekenzinsen, den Stromlieferanten und den Kindergarten, ohne dass sie lange darüber nachdenken müssen. Und der Schulbesuch ist ja ohnehin verpflichtend und zugleich frei.

Ganz anders stellt sich die Welt der Armen dar. Jede Konsumentscheidung wird plötzlich dringend, der Lebensmitteleinkauf wird zu einer großen Sache, die Mietzahlung ebenso. Was für die Leute aus dem reichen Norden kleine Alltagsentscheidungen sind, wird für die Armen im Süden im schlimmsten Fall zu einer Frage von Leben und Gesundheit, deren Lösung viel Hinwendung und Aufmerksamkeit verlangt. Das kostet Kraft.

Daraus folgern die Forscher, dass es den Armen an Kraft und Aufmerksamkeit für andere Entscheidungen fehlt. Sie verausgaben sich bei den Lebensmitteleinkäufen und verdrängen zum Beispiel, dass in wenigen Tagen die Miete ansteht. Sie vergessen, das Trinkwasser zu desinfizieren, wenn es ihnen zu unbequem gemacht wird. Sie nehmen einen Kredit zu hohen Zinsen auf, der sie in der Zukunft vor noch größere Probleme stellt. Sie lösen ein drängendes Problem und schaffen zugleich ein größeres in der Zukunft, zumal sie oft keinen Zugang zu klassischen Banken haben.

Der Entwicklungsökonom Abhijit Banerjee sagt: »Wir übersehen leicht, wie bequem uns in den reichen Ländern die Versorgung mit dem Nötigsten gemacht wird. Die Gesundheitsversorgung, der Schulbesuch, das saubere Trinkwasser sind selbstverständliche Aspekte unseres Lebens.« Den Armen wird viel mehr an Kraft und Selbstdisziplin abverlangt, nur um zurechtzukommen, als den Reichen.

In der Feldforschung findet die Theorie Bestätigung. Untersuchungen haben gezeigt, dass Arme auf Preiserhöhungen in Supermärkten deutlich empfindlicher reagieren. Auch versteckte Kosten wichtiger Grundnahrungsmittel finden die Armen offenbar schnell heraus. Gleichzeitig versäumen sie die rechtzeitige Zahlung an den Stromanbieter, der dann Verspätungszuschläge erhebt.

Auch aus Labortests schöpfen die Forscher. Sie haben Versuchspersonen eine Variante des Spieles *Angry Birds* spielen lassen. Die Armen hatten ein Fünftel der Munition der Reichen. Das Ergebnis war, dass die Armen sorgfältiger schossen und besser trafen. Die Reichen hingegen vergeudeten Munition, denn schließlich hatten sie reichlich davon.

Spannender wurde das Spiel dank der Möglichkeit, sich Munition zulasten späterer Runden zu leihen. Die Armen liehen sich mehr Munition als die Reichen. Bei den reichen Spielern hatte die Möglichkeit, sich Geld leihen zu können, keine Auswirkungen auf ihre Leistung. Die Armen dagegen zeigten deutlich bessere Leistungen beim Abschuss der zornigen Vögel, wenn sie kein Geld leihen konnten.

Die These, Arme seien erzwungenermaßen zu beansprucht oder zu sehr auf wenige Entscheidungssituationen wie den täglichen Einkauf konzentriert und vernachlässigten deshalb andere Entscheidungen, scheint durch Labortests und Feldstudien gut fundiert. Allerdings gibt es auch Untersuchungen, die scheinbar irrationalem oder wenig zukunftsorientiertem Verhalten eine Logik abgewinnen.

Zur bitteren Realität der Armut gehört auch, dass man den Umständen stärker ausgeliefert ist. Wenn eine ausbleibende Ernte zur Katastrophe zu werden droht, die Arme aus eigener Kraft nicht bewältigen können, mag es für sie sinnvoll sein, in den Tag hinein zu leben.

Aber selbst hier ist es nötig, die Dinge ins Verhältnis zu setzen. Arme Menschen geben überdurchschnittlich viel Geld für Familien- und Nachbarschaftsfeste aus. Häufig verschulden sie sich dafür. Diese Feste sind aber nicht nur als Ausdruck einer Partylust zu verstehen, die alle Gedanken an die Zukunft verdrängen soll. Auch die gegenteilige Deutung ist möglich: Feste spielen eine große Rolle für die Armen, sie fördern die Solidarität der Nachbarn und Verwandten. Damit wirken sie wie Versicherungen für schlechte Zeiten. Sie sind, wie die Wissenschaftler sagen, Investitionen in das soziale Kapital der armen Familien, die sich auszahlen.

Um schließlich auf den Flachbildfernseher zurückzukommen: Auch Arme müssen Positives erleben, um Hoffnung und Energie zu wahren. Kein Mensch kann alle Belohnungen in die Zukunft verschieben. Das raubt jeden Antrieb. Zudem: Das Leben ist für Arme oft besonders eintönig und frei von belebenden Ideen. Fernsehen ist der einfachste Ausweg daraus.

Fest steht, dass Arme ein ziemlich anstrengendes Leben führen, das ihnen außergewöhnliche Selbstdisziplin abverlangt. Damit die Entwicklungspolitik bei ihnen Erfolg hat, darf sie ihnen das Leben nicht zu schwer machen.

Der Entwicklungspolitik-Bias Der Fehlschluss von sich auf andere

Die Falle: Wir glauben, Arme dächten bei ihren Kaufentscheidungen oft nicht langfristig.

Die Folge: Um drängende Tagesprobleme zu lösen, bewerten sie Probleme der Zukunft kleiner. Sie leihen zum Beispiel Geld bei Wucherern.

Die Lösung: Den Armen das Leben leichter machen. Manchmal ist es besser, ihnen einen Fernseher zu schenken als Reis.

Winand von Petersdorff

BLOSS NICHT ÄPFEL MIT ÄPFELN VERGLEICHEN

Wer angeln geht, sollte eine große Auswahl an Ködern dabeihaben. Aus der Sicht der Fische bedeutet das, dass sie gut daran tun, zu erkennen, was ein Köder ist und einen Haken hat und wonach sie gefahrlos schnappen können. Der Wettbewerb zwischen Angler und Fisch wird über den Köder entschieden. Wer ist besser? Der Angler darin, echte Beute vorzugaukeln, oder der Fisch darin, einen echten Hering von einem solchen aus Stahl oder Plastik zu unterscheiden? Ganz ähnlich spielt sich der Wettbewerb zwischen der Marketingabteilung und dem Kunden ab.

Viele Köder, die uns die Marketingfachleute präsentieren, sind sehr leicht als solche zu erkennen. Die junge Frau, die sich mehr oder weniger bekleidet auf die Kühlerhaube eines Autos setzt, soll unseren Blick einfangen und hat darüber hinaus ganz offensichtlich nichts mit dem Auto zu tun. Der strahlende Ehemann, der es im Fernsehspot fertigbekommt, ein Fertiggericht fachgerecht zu erhitzen und seiner Familie unfallfrei vorzusetzen, informiert uns auch nicht über die Qualität der Speise, und sein strahlendes Lächeln sollte für unsere Kaufentscheidung genauso wenig bedeutsam sein wie die Frau auf der Kühlerhaube. Wenn wir auf solche Köder hereinfallen, sind wir selbst schuld. Bevor wir ein Auto kaufen, sollten wir auf den Benzinverbrauch achten, die Leistung, die CO_2-Emission und den Wiederverkaufswert. Und nicht auf die Beine eines Models. Und bei einem Fertiggericht kommt es auf den Preis, die Qualität der Zutaten und den Geschmack an, nicht auf die Zufriedenheit von Fernsehspotfamilien.

Aber es gibt Köder, die nicht leicht zu erkennen sind, weil sie auf sehr indirekte und nicht leicht zu durchschauende Weise wirken. Ein besonders heimtückisches Exemplar ist der sogenannte Decoy-Effekt. Eigentlich ist der Name irreführend, denn Decoy bedeutet im Deutschen Köder oder Lockvogel und sollte deshalb für ein ganzes Arsenal an Marketinginstrumenten stehen. Tatsächlich ist allerdings nur ein ganz spezieller Lockvogel gemeint.

Was verbirgt sich dahinter? Einen ersten Hinweis bietet die deutsche Bezeichnung »asymmetrischer Dominanzeffekt«. Richtig verstehen kann man diese Bezeichnung aber erst, wenn man den Decoy-Effekt an einem Beispiel studiert hat.

Nehmen wir an, Sie wollen sich ein neues Auto kaufen. Und Sie haben aus unserem früheren Kapitel schon gelernt, dass Sie kleine Unterschiede leicht überschätzen, das heißt der verzerrenden Kraft des Vergleichs auf den Leim gehen. Aber Sie sind sich trotzdem sicher, dass zwei Eigenschaften für Sie wichtig sind: Motorleistung und Verbrauch. Sie haben zwei Modelle in die engere Wahl gezogen. Der Alfa Giulia hat 120 PS und ist damit leistungsstärker als der General Oplus, der es auf 100 PS bringt. Aber Letzterer verbraucht nur 7 Liter, während der Alfa Giulia für 100 Kilometer 9 Liter verlangt. Da Sie ein Auto haben wollen, das möglichst stark ist und möglichst sparsam, ist nicht klar, welches Modell Sie nehmen sollen.

Da greifen die Alfa-Giulia-Manager zum Decoy-Trick. Der bringt Ihre gedankliche Ordnung mindestens ebenso in

Gefahr wie der irreführende Vergleich, funktioniert aber anders. Die Alfa-Giulia-Manager präsentieren in ihrer Werbung neben den beiden Autos noch ein drittes Fahrzeug, den Jeeprover, der 110 PS leistet und dabei 10 Liter verbraucht.

Im Vergleich mit diesem Modell ist der Alfa Giulia in allen Belangen überlegen, das heißt, es dominiert den Jeeprover. Nicht so der General Oplus. Der verbraucht zwar weniger als der Jeeprover, hat aber weniger PS unter der Haube. Der entscheidende Punkt ist, dass wir uns davon blenden lassen, dass eine der beiden Alternativen im Verhältnis zu einer dritten, die tatsächlich überhaupt nicht infrage kommt, dominant ist und die andere nicht. Die Dominanz des Alfa Giulia, die dem Rivalen General Oplus fehlt, macht den Alfa Giulia so attraktiv, dass wir bereit sind, ihn zu kaufen. Hätten die Verkäufer des General Oplus eine dritte Alternative präsentiert, die 90 PS hat, aber 8 Liter verbraucht, so hätte dies den gleichen Effekt gehabt – dieses Mal allerdings zugunsten des General Oplus.

Wenn man zwischen zwei Alternativen wählen muss, dann sollte nur der Vergleich zwischen diesen beiden Alternativen zählen. Vergleiche mit Alternativen ohne wirkliche Bedeutung, die niemals in die engere Wahl kommen, sollten keine Rolle spielen.

Leider neigen Menschen dazu, diese Regel zu missachten. Es ist nicht schwierig, sich vorzustellen, dass auch die Verkäufer von Finanzprodukten sich den Decoy-Effekt zunutze machen können. Wenn sich zwei Anlageformen nach den Merkmalen Rendite und Risiko unterscheiden, dann ist es ein Leichtes, Alternativen zu finden, die von der einen oder der anderen Anlage geschlagen werden, und schon stellt man den gewünschten Effekt her.

Mit der Warnung vor dem Decoy-Effekt soll nicht gesagt sein, dass Überlegenheit kein geeigneter Gesichtspunkt bei der Auswahl unter mehreren Möglichkeiten ist. Ganz im Gegenteil. Aber man muss sorgsam mit ihr umgehen. Auf der sicheren Seite ist man, wenn man nach der folgenden einfachen Regel verfährt: Eine Alternative, der eine andere Alternative eindeutig überlegen ist, wird nicht weiter beachtet.

Für unser Autobeispiel bedeutet das, dass Sie an den Jeeprover keinen Gedanken zu verschwenden brauchen. Verfahren Sie so, dann verschwindet auch der Decoy-Effekt, denn dann bleibt nur der Vergleich zwischen Autos, von denen keines dem anderen klar überlegen ist. Eine einfache Entscheidung lässt sich aber nur dann treffen, wenn eine Möglichkeit zur Wahl steht, die in jeder Hinsicht besser ist als jede andere Möglichkeit. Nur in diesem Fall spricht man davon, dass es eine dominante Alternative gibt. Existiert eine solche, dann sollte man sie wählen.

Aber auch dann, wenn es keinen eindeutig überlegenen Kandidaten gibt, kann die schrittweise Aussonderung von schwächeren Alternativen helfen. Manchmal werden dadurch, dass eine Alternative gestrichen wird, die Kräfteverhältnisse klarer, sodass weitere Alternativen ausgeschlossen werden können – und wenn man Glück hat, bleibt am Ende nur noch eine Alternative übrig. Aber Vorsicht! Bei diesem Verfahren kann es eine Rolle spielen, in welcher Reihenfolge Alternativen abgewählt werden. Das Verfahren garantiert nicht, dass das Ergebnis »pfadunabhängig« ist, wie die Experten sagen würden. Will man also die perfekte Lösung, so kommt man nicht umhin, alle möglichen Pfade durchzuspielen.

Wenn Ihnen Ihr Anlageberater also demnächst eine Auswahl möglicher Vermögensanlagen vorlegt, dann prüfen Sie, ob eindeutig unterlegene Vorschläge darunter sind. Werden Sie fündig, so streichen Sie diese Vorschläge und schimpfen mit Ihrem Berater, denn dominierte Alternativen vorzuschlagen ist entweder dumm oder ein plumper Versuch, den Decoy-Effekt auszunutzen. So oder so wäre es ein guter Grund, entweder die Provision zu kürzen oder den Berater zu wechseln.

Der Ködereffekt

Die Falle: Wenn eine Alternative C eine Alternative B dominiert, das heißt, wenn sie in jeder Hinsicht besser ist als B, dann neigen wir dazu, dies als eine besondere Eigenschaft von C zu sehen. Wir bewerten dann C gegenüber einer anderen Alternative A höher, auch wenn C diese andere Alternative nicht dominiert.

Die Gefahr: Der Effekt kann von Verkäufern ausgenutzt werden. Verkäufer könnten bewusst Alternativen präsentieren, die gar nicht infrage kommen, die aber von ihrem eigenen Angebot dominiert werden.

Die Abhilfe: Lassen Sie sich von dominierten Alternativen nicht ablenken. Beachten Sie sie nicht weiter. Damit setzen Sie auch den Ködereffekt außer Kraft.

Joachim Weimann

WIR SIND GIERIG

WER WEISS SCHON, WAS IN FÜNFZIG JAHREN IST

Es ist paradox: Zwölf Jahre nach der Rentenreform, die vor allem die private Vorsorge fördern sollte, sparen die Deutschen immer weniger fürs Alter. Zu dieser beunruhigenden Erkenntnis kommt seit Jahren regelmäßig wieder eine Umfrage des Instituts für Demoskopie Allensbach im Auftrag der Postbank. Die Befragten gaben an, im Durchschnitt 185 Euro im Monat fürs Alter zurückzulegen, ein Negativrekord in den Aufzeichnungen des Instituts. Im Jahr 2005 waren es immerhin noch 204 Euro pro Monat gewesen. Die Befragten selbst gaben an, sie sparten vermutlich zu wenig.

Zumindest einige junge Leute scheinen beim Thema Altersvorsorge schlichtweg resigniert zu haben. Von der regulären Rente erhoffen sich viele ohnehin wenig, die Riester-Rente wird auch immer mehr kritisiert. In der Finanzkrise mussten die Leute zudem erleben, wie übel Aktienkurse einbrechen können und wie unsicher Banken sind. Die Frage drängte sich auf: Welche Finanzinstitutionen wird es überhaupt noch in fünfzig Jahren geben, wenn ich alt bin? Zudem sind seither die Zinsen oft so niedrig, dass die Inflation sie gänzlich auffrisst. Ist es da verwunderlich, dass einige sich fragen, ob man überhaupt noch sinnvoll fürs Alter vorsorgen kann?

Verhaltensökonomen haben allerdings herausgefunden,

dass es offenbar auch einen im Menschen selbst angelegten Grund dafür gibt, dass junge Leute tendenziell zu wenig
fürs Alter sparen. »Zeitinkonsistenz« ist der Fachbegriff dafür, oder auch »hyperbolisches Diskontieren«. Was versteht
man darunter? Lange Zeit waren die Ökonomen davon ausgegangen, dass Menschen lieber heute konsumieren als morgen. Dass also jemand lieber heute ein Auto kauft als morgen und dass man ihn dafür entschädigen muss, wenn er den
Kauf aufschiebt, und zwar indem man ihm Zinsen zahlt.
Außerdem nahmen sie an, dass Menschen sich rational verhalten und dass der Zinssatz, den sie dafür verlangen, dass sie
ihren Konsum in die Zukunft verschieben, stets mehr oder
weniger derselbe ist.

In neueren Untersuchungen haben hingegen Verhaltensökonomen wie Richard Thaler von der Universität Chicago
gezeigt, dass dies nicht immer und überall so ist. Um herauszufinden, inwieweit sich die Vorlieben der Menschen von
Zeit zu Zeit verändern, wurden Leute in Experimenten gebeten, zu vergleichen, welche Beträge sie zu welchem Zeitpunkt als Geschenk vorziehen würden. Ob ihnen beispielsweise 1000 Euro in zwölf Monaten lieber wären als 1010 Euro
in dreizehn Monaten. Die zweite Option würde bedeuten,
dass sie für einen Monat des Wartens 1 Prozent Zinsen erhielten. Wer sich für die zweite Möglichkeit entscheidet, so
sollte man meinen, der müsste sich zwölf Monate später,
wenn er abermals befragt wird, ob er lieber 1000 Euro sofort
oder 1010 Euro in einem Monat will, erneut für die zweite
Lösung entscheiden.

Wie die Experimente zeigten, erfüllt sich diese Erwartung
oftmals nicht: Je näher der Zeitpunkt der Auszahlung rückte,
desto höher musste der Zinssatz ausfallen, für den die Menschen sich noch etwas gedulden wollten. Wer Geld sofort haben kann, der lässt es sich offenbar doch viel lieber sofort ge-

ben, als noch einen Monat zu warten. Der Grund dafür mag sein, dass er oder sie befürchtet, dass noch etwas dazwischenkommen könnte oder dass sich das Angebot als schlechter Scherz herausstellt. Wie auch immer: Auf jeden Fall gibt es anscheinend eine sehr starke Vorliebe für den Augenblick. Die wiederum könnte mit einem der Vernunft spottenden Gefühl der Ungeduld zusammenhängen, nach dem Motto: Was man hat, das hat man.

Auf die Altersvorsorge übertragen bedeutet das: Wenn Menschen sich auf diese Weise verhalten – wenn ihnen also die Zeit mal zu lang, mal zu kurz wird –, dann ziehen sie unter Umständen heute den unmittelbaren Konsum der Altersvorsorge vor. Später hingegen, wenn sie feststellen, dass sie für ihr Leben im Alter zu wenig Geld haben, bedauern sie ihre Entscheidung. Sie sagen sich dann vielleicht, dass es besser gewesen wäre, während ihres Berufslebens weniger auszugeben und mehr zu sparen. In ihnen schwelt also gleichsam ein Verteilungskonflikt zwischen ihrem heutigen und ihrem zukünftigen Ich, und dieser Konflikt wird nicht vernünftig gelöst.

Das kennt man aus eigener Erfahrung oder dem Freundeskreis: Fast wie bei guten Vorsätzen an Silvester nehmen sich Menschen vor, mehr Geld fürs Alter zu sparen, und tun es dann doch nicht. Oder sie sparen ein wenig, werden aber schnell wieder weich, wenn sie vor der Frage stehen, ob sie das zurückgelegte Geld abheben und für einen schönen Urlaub ausgeben sollten. Oder sie legen etwas mehr zurück, merken dann aber nach einiger Zeit, dass ihr Konto ständig überzogen ist und dass sie Dispozinsen sparen, wenn sie zumindest einen Teil der Ersparnisse zugunsten ihres Girokontos auflösen.

Ein Trick, um dieses Problem zu lösen, lautet: auf Abstand gehen. Die sogenannte Zeitinkonsistenz tritt nämlich vor allem dann auf, wenn Entscheidungen unter dem Eindruck momentaner Gefühle getroffen werden. Die Verhaltensökonomen Richard Thaler und Shlomo Benartzi haben in ihrem Buch *Save more tomorrow* (New York 2012, auf Deutsch: *Morgen für morgen sparen*) folgenden Vorschlag gemacht: Die Menschen sollen festlegen, welchen Betrag sie jeden Monat fürs Alter zurücklegen wollen. Zugleich damit sollen sie entscheiden, um wie viel dieser Betrag mit jeder Gehaltserhöhung steigen soll.

Mit diesem kleinen Rippenstoß soll die Unstimmigkeit in der Wahrnehmung von Zeit überlistet werden. Die Menschen sollen ihre Entscheidungen in Ruhe und mit Weitsicht treffen und sich dann binden, anstatt immer wieder neu zu überlegen. So sollen sie ihr Sparen automatisieren. Und sie sollen einen zeitlichen Abstand zwischen ihrer Entscheidung und deren Umsetzung schaffen, sodass die übertriebene Vorliebe für sofortigen Konsum ausgehebelt wird.

Allerdings bleiben viele Fragen offen. Was ist, wenn junge Menschen sich überhaupt nicht mit dem Alter beschäftigen wollen? Schließlich hat das Thema auch etwas mit dem Tod zu tun – dem großen Tabu. Außerdem weiß niemand, wie alt er tatsächlich wird und wie viel Geld er somit wirklich fürs Alter braucht. Kann man da nicht auch pokern? Zumindest theoretisch kann es vernünftig sein, das Geld in jungen Jahren auf den Kopf zu hauen und darauf zu vertrauen, dass man im Alter von der Allgemeinheit nicht fallengelassen wird. Ökonomen sprechen in solchen Fällen von Trittbrettfahrerverhalten oder *moral hazard*. Ein solches Verhalten ist nicht gerade vorbildlich, und es birgt das Risiko, im Alter von einer ungewissen Grundsicherung leben zu müssen. Kaum jemand dürfte sich in Wirklichkeit als Trittbrettfahrer outen wollen. Aber eine gewisse Rolle mögen solche Gedanken bei Menschen, die zu wenig fürs Alter sparen, dennoch spielen.

Die launische Wahrnehmung der Zeit

Der Fehler: Die Einstellung der Menschen zu der Frage, wie viel Geld sie sparen wollen, ist unbeständig. Wir mögen die besten Vorsätze haben, mehr Geld fürs Alter zurückzulegen, aber wir sind ständig in Gefahr, gegen sie zu verstoßen, sobald es ernst wird.

Die Gefahr: Junge Menschen sparen zu wenig fürs Alter und ärgern sich später über ihre Kurzsichtigkeit.

Die Abhilfe: Ihre Entscheidung über den Betrag, den Sie fürs Alter zurücklegen wollen, sollten Sie nach nüchterner Berechnung treffen. Anschließend sollten Sie sich an Ihren Beschluss binden. Zugleich sollten Sie festlegen, um wie viel der Betrag bei jeder Gehaltserhöhung steigen soll.

Christian Siedenbiedel

WARUM HANDYS NICHTS KOSTEN UND TROTZDEM TEUER SIND

Eingefleischte Betriebswirte berechnen nicht nur die Rendite ihrer Altersvorsorge unter Einschluss des Zinses, sondern alles Mögliche. Diese spezielle Gruppe Menschen ist darauf trainiert. Viele von ihnen sind erstaunlich gut darin, auf Anhieb im Kopf auszurechnen, wie viel Geld man heute zurücklegen muss, um in zehn Jahren ein bestimmtes Vermögen angesammelt zu haben, mit Zins und Zinseszins, versteht sich.

Diese Art zu denken hat lange die Vorstellung der Ökonomen von den Vorlieben der Menschen geprägt. Lange dachte die Wissenschaft nämlich so: Ob ein Mensch lieber 100 Euro heute haben will oder 200 Euro in einem Jahr, hängt von dem Zinssatz ab, den er verwendet, wenn er die beiden Beträge miteinander vergleicht. Überdies nahm sie an, dass dieser Zinssatz in überschaubaren Zeiträumen recht stabil ist.

Wie wir allerdings im vorangegangenen Kapitel gesehen haben, denken Menschen oft nicht vernünftig. Dass sie sich heute mit 3 Prozent Zinsen begnügen, während ihnen vielleicht zwei Monate später 6 Prozent nicht mehr genug sind, macht sich aber nicht nur bei der Sparentscheidung als Störfaktor bemerkbar. Es verzerrt auch den Blick auf Kaufentscheidungen, vor allem dann, wenn es darum geht, Produkte mit einem hohen Anschaffungspreis und niedrigen Folgekosten mit anderen zu vergleichen, deren Anschaffungspreis niedrig ist, die aber hohe Folgekosten mit sich bringen. Weil Menschen Geldbeträge manchmal mit hohen Abschlägen versehen, manchmal mit niedrigen, bewerten sie regelmäßig den Anschaffungspreis zu hoch, während sie die Folgekosten unterschätzen.

Ein Beispiel: Wer sich zum ersten Mal ein Auto kauft, der entschließt sich meist recht schnell. Oft kauft der Führer-schein-Neuling kein neues Auto, sondern ein gebrauchtes. In der Halle des Gebrauchtwagenhändlers tappt er dann in die Falle: Der uralte Dreier-BMW sieht nicht nur cooler aus als der scheckheftgepflegte Polo-Jahreswagen. Er scheint auch viel billiger zu sein. Doch das Preisschild gibt nur Auskunft über die Anschaffungskosten, nicht jedoch über die Kosten, die nach dem Kauf schätzungsweise noch folgen werden. Außerdem neigt der Käufer dazu, dem Anschaffungspreis ge-genüber den künftigen Kosten ein übermäßiges Gewicht zu-zuordnen. Hingegen geraten das Mehr an Reparaturen, Sprit und Ersatzteilen und nicht zuletzt die Ersatzbeschaffung, die bei einem älteren Auto aller Wahrscheinlichkeit nach früher ansteht als bei einem neueren, leicht aus dem Blick.

Der Neuling sagt sich dann: Es wird schon nicht so schlimm werden. Wenn ihn aber niemand warnt, dann kauft er womöglich ein Auto, das ihn später teuer zu stehen kommt. Aber Studien zeigen, dass selbst erfahrene Autofahrer regel-mäßig die Folgekosten ihrer Karossen unterschätzen.

Bei Handyverträgen taucht dieser Denkfehler ebenfalls auf. Von den Marketing- und Vertriebsstrategen wird er so-gar regelmäßig ausgenutzt. Viele Leute, die ein Handy kau-fen, achten in erster Linie darauf, wie viel das Gerät selbst kostet. Die Frage nach den Folgekosten tritt demgegenüber in den Hintergrund.

Deshalb gibt es Handys, die fast nichts kosten, ihren Be-sitzer aber mit hohen Gebühren für Gespräche, SMS und

Internetsurfen belasten. Will der Käufer herausfinden, welches Modell tatsächlich für ihn selbst auf Dauer die billigste Lösung ist, so braucht er oft die Hilfe von Experten.

Gerade Jugendliche geraten schnell in die Folgekostenfalle. Viele, die eben erst bei den Eltern ausgezogen sind, häufen sogleich hohe Schulden an. Das zeigen Erhebungen des Statistischen Bundesamts. Im Jahr 2011 waren knapp 74 000 verschuldete Menschen in Deutschland bei Beratungsstellen aktenkundig. Mehr als 5000 davon waren jünger als 25 Jahre. Gerade Handyrechnungen dürften für diese Gruppe eine nicht unerhebliche Rolle spielen.

Was ist der Ausweg? Wie in allen Fällen, in denen Denkfehler entstehen, weil unser Gehirn uns bei einer spontanen Einschätzung einen Streich spielt, hilft nur Reflexion: nüchtern nachdenken, möglichst viele Informationen einholen und dann rechnen. Notfalls ganz wie ein Betriebswirt.

Der Hang zur Überbewertung des Heute

Die Falle: Die Bewertung von heutigen und künftigen Ausgaben ist oft verzerrt. Künftige Kosten werden unterschätzt beziehungsweise mit zu starken Abschlägen versehen, gegenwärtige werden hingegen überbewertet.

Die Gefahr: Folgekosten etwa für die Unterhaltung eines Autos oder die Nutzung eines Handys werden im Verhältnis zum Anschaffungspreis nicht wichtig genug genommen.

Die Abhilfe: Das Problem tritt vor allem dann auf, wenn wir uns beim Abschätzen und Abwägen auf unser Gefühl verlassen. Also: rechnen!

Christian Siedenbiedel

LAUTER ENTGANGENE CHANCEN

Mit der ökonomischen Vernunft ist das so eine Sache. Theoretisch ist es ganz einfach, ihr zu folgen. Sie gebietet jedem Einzelnen, bei seinen Entscheidungen Kosten und Erträge gegeneinander abzuwägen und sich dann für diejenige Alternative zu entscheiden, bei der die Erträge die Kosten am weitesten übersteigen. Bei Unternehmen nennt man das Gewinnmaximierung. Beim Einkauf auf dem Wochenmarkt läuft das Gleiche ab. Auch der Konsument wägt den Vorteil, den er aus dem Kauf von Spargel, Erdbeeren und Kartoffeln schöpft, gegen die Preise ab, die dafür verlangt werden.

Es ist also gleichgültig, worin der Ertrag besteht – Nahrungsmittel oder Geldeinkommen – und um welche Art von Kosten es sich handelt. Das Prinzip ist immer das Gleiche, und wir alle versuchen, ihm zu folgen. In der Praxis aber stehen einem ökonomisch vernünftigen Verhalten diverse Hindernisse im Weg. Eines davon besteht darin, dass man erst einmal erkennen muss, welche Kosten man überhaupt berücksichtigen sollte.

Ein einfaches Beispiel: Nehmen wir an, ein Energieberater besucht ein Unternehmen und rechnet dem Management vor, dass sich die Investition in eine Maschine lohnt, die weniger Energie verbraucht. Auf den ersten Blick ist die Rechnung überzeugend: Der Berater demonstriert dem Unternehmen, dass es durch die Maschine so viel Energie einsparen kann, dass es deren Anschaffungskosten in zehn Jahren wieder hereingeholt haben wird. Da die Maschine aber eine Lebensdauer von zwanzig Jahren hat, bleibt am Ende ein satter Gewinn.

Häufig allerdings muss der Berater frustriert von dannen ziehen. Trotz seiner überzeugenden Rechnung ist das Unternehmen nicht bereit, die neue Maschine zu kaufen. Aus der Sicht des Beraters ist das unvernünftig – aber nur deshalb, weil er in seiner Rechnung die falschen Kosten berücksichtigt. Das Unternehmen hat einen häufigen Denkfehler vermieden, der Menschen übermäßig gierig macht.

In seiner Kalkulation ist der Berater von dem Preisschild ausgegangen, das an der neuen Maschine klebt. Das ist zwar der richtige Ausgangspunkt, aber er muss noch einen Schritt weiter gehen. Die Kosten, die er in seiner Rechnung ansetzen muss, sind nämlich nicht die Anschaffungskosten, sondern die sogenannten Opportunitätskosten. Diese entstehen, wenn das Unternehmen Kapital in die neue Maschine investiert. Um diese Art der Kosten sichtbar zu machen, muss er sich überlegen, welche anderen Verwendungen das Unternehmen für sein knappes Kapital in Betracht ziehen könnte.

Nehmen wir an, das Unternehmen hätte die Möglichkeit, mit dem Betrag, den es für den Kauf der Maschine aufwenden müsste, eine Bundesanleihe zu kaufen, die eine Rendite von 2 Prozent jährlich erbringt. Die wahren Kosten des Kaufs der Maschine wären dann die Erträge, die dem Unternehmen dadurch entgehen, dass es sein Kapital nicht in die Bundesanleihe investieren kann.

Anders ausgedrückt: Das Unternehmen wird dem Berater nur dann folgen, wenn es für sein Kapital keine bessere Verwendung findet. Hat es eine Verwendung mit einer höheren Rendite, als sie die neue Maschine erbringt, so sind die Opportunitätskosten höher als die Erträge der Investition. In diesem Fall lohnt sich die neue Maschine also nicht.

Diese Überlegung erklärt, warum viele auf den ersten Blick sinnvolle Investitionen unterbleiben. Die ökonomische Vernunft gebietet es, dass man für knappe Mittel immer diejenige Verwendung wählt, die die höchsten Überschüsse erbringt. Eine Investition ist also nicht schon allein deshalb vorteilhaft, weil sie dem Unternehmen einen Überschuss verschafft. Weil das so ist, sind Ökonomen so glühende Anhänger des Konzepts der Opportunitätskosten.

Vereinfacht ausgedrückt lässt sich das Konzept folgendermaßen beschreiben: Die Opportunitätskosten bestehen in den Erträgen, die uns entgehen, wenn wir auf eine andere mögliche Verwendung unserer knappen Mittel verzichten. Ein weiteres Beispiel: Die Opportunitätskosten der Zeit, die jemand in seinem Garten verbringt, entsprechen dem Gehalt, das er erzielen könnte, wenn er stattdessen arbeiten würde. Umgekehrt entsprechen die Opportunitätskosten der Arbeit dem entgangenen Nutzen aus dem Genuss von Freizeit.

Wenn man ihre Opportunitätskosten betrachtet, dann werden viele Dinge teurer, als sie auf den ersten Blick erscheinen. Manchmal ist es aber auch genau andersherum. Häufig betrachten Menschen Ausgaben als Kosten, die sie ausklammern sollten, weil sie nicht (mehr) Bestandteil der Opportunitätskosten sind. Gemeint sind die sogenannten versunkenen Kosten.

Nehmen wir an, ein Unternehmen steckt viel Geld in ein Forschungsvorhaben. Nach zwei Jahren steckt es seine Erwartungen bezüglich des Erfolgs des Vorhabens zurück, weil sich der ersehnte Durchbruch einfach nicht einstellen will. Nun stellt es sich die Frage, ob es weiter investieren oder das Projekt abbrechen soll. Dabei darf es die bis dahin angefallenen Kosten nicht mehr berücksichtigen, denn diese lassen sich nicht mehr rückgängig machen. Für die Abwägung, ob es das Projekt fortsetzen sollte, darf das Unternehmen nur diejenigen Kosten ansetzen, die in Zukunft noch entstehen werden. Die in der Vergangenheit aufgebrachten Gelder sind unwiederbringlich verloren. Sie können kein weiteres Mal mobilisiert werden, egal was das Unternehmen auch tut. Deshalb sollten sie die Entscheidung über die Zukunft des Projekts nicht beeinflussen. Das ist die Theorie. In der Praxis wird jedoch häufig weitergeforscht mit der Begründung: »Jetzt haben wir schon so viel hineingesteckt, da machen wir weiter.«

Beide Fehler sind häufig. Menschen neigen dazu, die Preisschilder bei einem Einkauf mit den wahren Kosten zu verwechseln, die eine Verwendung ihres knappen Einkommens hat. Und sie neigen auch dazu, versunkene Kosten in ihren Rechnungen mitzuschleppen, obwohl sie das besser nicht täten. Diese Fehler begehen nicht nur Unternehmen bei ihren Investitionsentscheidungen. Vielmehr ist jeder Einzelne, wenn er oder sie über die eigenen knappen Mittel entscheidet, anfällig dafür.

Wie viele Studenten quälen sich durch eine Ausbildung, für die sie nicht geeignet sind, weil sich das Studium doch am Ende auszahlen muss! Wie viele Paare fahren in den lange geplanten Urlaub, obwohl sich inzwischen eine viel bessere Verwendung für die freie Zeit ergeben hat.

Und wie viele Hausbesitzer tappen in die Kostenfalle. Wie oft wird uns beispielsweise vorgerechnet, dass es sich lohnt, unsere Häuser zu dämmen. Tatsächlich lässt sich nach vielen Jahren ein Überschuss erzielen. Trotzdem wären die meisten Hausbesitzer sehr viel besser gefahren, wenn sie das Geld am Kapitalmarkt angelegt hätten – selbst unter den schwierigen Bedingungen, die dort heute herrschen.

Falsch angesetzte Kosten

Der Fehler: Wir übersehen, dass die wahren Kosten einer bestimmten Verwendung von knappen Mitteln wie Geld oder Zeit nicht in den Beträgen bestehen, die wir ausgeben oder einnehmen. Vielmehr entsprechen sie den Erträgen, die wir erzielen können, wenn wir die Mittel auf andere Weise einsetzen.

Die Gefahr: Die Opportunitätskosten – die Kosten der entgangenen Gelegenheit – können höher oder niedriger sein als das, was beim Einkauf auf dem Preisschild als Kosten ausgewiesen wird.

Die Abhilfe: Nachrechnen! Was würden Sie gewinnen, wenn Sie Ihr Geld anders einsetzen oder Ihre Zeit anders verwenden würden? Dabei gilt es zu beachten: Ausgaben, die in der Vergangenheit angefallen sind und nicht zurückgewonnen werden können, zählen nicht zu den Opportunitätskosten.

Joachim Weimann

DIE QUAL DER MARMELADENWAHL

Einkaufen kann furchtbar anstrengend sein: Früher, so erzählt der amerikanische Psychologe Barry Schwartz, sei er einfach in den Laden gegangen und hätte sich eine von drei verschiedenen Jeans gekauft. Heute habe er vor den Regalen die Wahl zwischen den Schnitten Slim Fit, Easy Fit, Relaxed Fit, Baggy und Extra Baggy. Zudem gebe es jeden Schnitt in stonewashed, acidwashed und im Used-Look. Mit Knöpfen und mit Reißverschluss. Wer sich viel Zeit nimmt, der läuft am Ende mit perfekt um die Hüfte sitzender Hose aus dem Laden. »Bevor es diese Auswahlmöglichkeiten gab«, so Schwartz, »musste sich der Käufer mit einem unvollkommenen Sitz der Hose abfinden, dafür war der Jeanskauf eine Fünf-Minuten-Angelegenheit. Jetzt ist er eine komplexe Entscheidung.«

Die Vielfalt fasziniert uns, wir lassen uns gerne davon einfangen. Die Riesen-Supermärkte auf der grünen Wiese wissen ganz genau, womit sie uns locken. Vielfalt schadet nie, glauben wir. Dann kaufen wir Fahrräder mit 21 Gängen statt mit sechs und überladen unsere Schuhschränke mit hundert unterschiedlichen Paaren. Selbst die Wirtschaftswissenschaftler waren sich darüber lange einig: Eine große Auswahl kann nicht schlecht sein. Wer mehr Möglichkeiten zur Auswahl hat, der profitiert entweder davon, oder er ignoriert die für ihn unbedeutenden Alternativen.

Doch immer deutlicher zeigt sich: Auswahl hat auch ihre Nachteile. Ständiges Entscheiden und Filtern sei anstrengend, sagen Psychologen. Irgendwann, wenn immer mehr Möglichkeiten zur Wahl stehen, wird es zu mühselig, und der zusätzliche Nutzen wiegt die Kosten nicht mehr auf.

Wie sich Kunden tatsächlich entscheiden, haben die beiden amerikanischen Forscher Sheena Iyengar und Mark Lepper in einer Feldstudie untersucht: Sie bauten in einem Delikatessengeschäft in Kalifornien gewöhnliche Probiertische auf. Dort konnten sich Kunden kleine Toastbrote nehmen und verschiedene Marmeladensorten probieren. In einer Versuchsanordnung präsentierten die Forscher den vorbeigehenden Kunden sechs verschiedene Sorten zum Probieren, in einer anderen 24.

Das Ergebnis war verblüffend: Von den Kunden, die an dem Tisch mit der großen Auswahl vorbeischlenderten, probierten 60 Prozent mindestens eine Sorte, aber noch nicht einmal 2 Prozent der Passanten kaufte letztlich ein Glas. Die kleine Auswahl lockte zwar nur 40 Prozent der Vorbeigehenden zum Probieren, doch am Ende nahmen 12 Prozent der Passanten ein Glas mit zur Kasse – deutlich mehr als beim großen Probiertisch.

Für die Läden mag ein großes Sortiment dennoch sinnvoll sein, denn schließlich schätzen wir die Auswahl so sehr, dass wir die Läden mit der großen Auswahl häufiger besuchen. Dann kaufen wir vielleicht keine Marmelade, dafür nehmen wir am nächsten Regal ein Glas Nutella mit.

Aber was ist los mit uns? Wir haben zwar mehr Auswahl als früher, doch das macht uns nicht zufriedener. Barry Schwartz nennt dieses Phänomen das Auswahl-Paradox (*paradox of choice*). Und der Wissenschaftsjournalist Bas Kast schreibt in seinem Buch *Ich weiß nicht, was ich wollen soll* (Frankfurt am Main 2013), chronischer Mangel sei durch ein chronisches Zuviel ersetzt worden: »Wir können immer mehr entscheiden, aber niemand nimmt uns die Entscheidung mehr ab.« Tatsächlich hat uns die größere Auswahl immer freier gemacht, damit sind aber auch einige Schwierigkeiten verbunden.

Für die kleinen Entscheidungen beim Einkauf fällt das noch nicht sonderlich ins Gewicht. Irgendwann lernen wir, dass wir am liebsten Pfirsich-Maracuja-Marmelade essen, auch wenn 25 Sorten im Regal stehen. Schlimmer ist es bei den großen Fragen im Leben, die man nur einmal beantwortet – oder zumindest sehr selten: Welches Studium? Und wo? Welcher Beruf? Welches Haus? Welche Geldanlage? Verglichen mit unseren Urahnen, sind wir viel freier geworden, haben Tausende Möglichkeiten und sind kaum noch an feste Regeln und Traditionen gebunden. Doch diese Auswahl macht uns nicht unbedingt glücklicher.

Denn: Wer sich aus 25 Sorten eine aussucht, entscheidet sich gegen 24 andere. Da ist die Gefahr groß, dass eine der anderen Optionen besser gewesen wäre. Und diese Gefahr wird umso größer, je mehr andere Sorten zur Auswahl standen. Barry Schwartz diagnostiziert, Menschen seien mit den vielen Entscheidungen überfordert. Der Zweifel an der Entscheidung plage sie selbst dann, wenn ihre Wahl im Grunde »nicht die schlechteste« war.

Am Ende ist das Problem ein paradoxes: Je mehr Auswahl wir haben, umso eher trauern wir den verpassten Chancen hinterher. Je mehr Marmelade zur Auswahl steht, desto größer wird unsere Erwartung an die Marmelade der Wahl. Doch das Geheimnis des Glücks liege gerade im Gegenteil, sagt Schwartz: Glücklich wird, wer keine großen Erwartungen hat.

Das Auswahl-Paradox

Der Fehler: Wir denken, mehr Auswahl sei besser. Dabei verwirrt es uns eher, wenn uns sehr viele Möglichkeiten angeboten werden. Vielfalt fasziniert zwar, macht das Leben aber nicht immer einfacher.

Die Gefahr: Perfektionismus auf der Suche nach der richtigen Entscheidung. Die Erwartungen steigen ins Unermessliche. Umso unzufriedener sind wir hinterher mit der getroffenen Wahl. Wir wissen ja, was wir verpassen.

Die Abhilfe: Oft hilft es, die eigenen Auswahlmöglichkeiten freiwillig zu beschränken und dann dem eigenen Instinkt zu vertrauen.

Tillmann Neuscheler

VERFÜHRT DURCH DIE FLATRATE

Wir bleiben beim Essen, schauen jetzt aber auf die »All you can eat«-Büfetts beim Asiaten im Einkaufszentrum. Teenys und Familien, die sich dort die Bäuche vollschlagen, wundern sich gelegentlich: dass der daran nicht zugrunde geht!

Dass er es nicht tut, hat einen einfachen Grund: Menschen mögen Pauschaltarife. Einmal zahlen, alles essen – das finden sie wunderbar. So toll, dass sie unversehens mehr zahlen, als das Essen wert wäre. Die Verhaltensforscher sprechen von einer *flatrate bias*. Dieser unwiderstehliche Drang zur Flatrate wirkt nicht nur beim Essen.

Handy, Internet, Videothek: Die Flatrate hat sich in vielen Branchen durchgesetzt. Denn meistens ist sie ein gutes Geschäft für den Anbieter, der mehr Geld verlangen kann als in der Einzelabrechnung. Zwischen 2 und 12 Prozent zu viel zahlen Handynutzer durchschnittlich für ihre Rechnung, wenn sie eine Flatrate buchen. Das haben schon vor einigen Jahren Anja Lambrecht und Bernd Skiera an der Universität Frankfurt am Main ausgerechnet.

Doch damit ist der Drang zur Flatrate noch nicht unbedingt ein Denkfehler. Viele Leute mögen die Flatrate schließlich. Sie mögen das Gefühl, dass sie so viel surfen, telefonieren und essen können, wie sie wollen, ohne dass es sie mehr Geld als die gebuchte Flatrate kostet. Das wäre vollkommen rational. Doch hier ist noch nicht das Ende der Überlegung, wie die Untersuchung von Lambrecht und Skiera zeigt. Sie haben erfragt, warum Kunden Flatrates so sehr schätzen, und haben drei Gründe gefunden.

Der erste Grund ist der Versicherungseffekt. Menschen haben etwas gegen Unsicherheit, zum Beispiel gegen die Unsicherheit, wie hoch die Rechnung am Monatsende ausfällt. Dank Flatrates haben sie auch etwas Wirksames gegen diese Unsicherheit – und sie entscheiden sich oft mit voller Absicht für die Mehrkosten. Der Versicherungseffekt ist also sicher kein Denkfehler.

Der zweite Grund für den Drang zur Flatrate ist der sogenannte Taxametereffekt: Menschen verlieren den Spaß an einer Sache, wenn sie dabei den Kostenzähler ticken hören. So wie mancher im Taxi mit jedem weiteren Euro unruhig wird, so genießen auch viele Leute ein Telefonat nicht richtig, solange es Minute für Minute mehr Geld kostet. Erst wenn die Kosten fix sind, sind sie entspannt. Das ist zwar schade, aber auch noch kein Denkfehler. Im Gegenteil: Es kann sich durchaus lohnen, für die Entspannung Geld auszugeben.

Doch es gibt noch einen dritten Grund für den Drang zur Flatrate, und hierbei handelt es sich zweifellos um eine Fehleinschätzung. Viele Kunden gehen davon aus, dass sie ihr Handy oder das Büfett beim Chinesen viel stärker in Anspruch nehmen, als sie es hinterher tatsächlich tun. Manche vergessen vielleicht einfach die Urlaubszeit.

Mit diesen drei Gründen ist völlig klar, dass der Drang zur Flatrate dort besonders ins Gewicht fällt, wo die Selbstüberschätzung groß ist und die laufenden Kosten gering sein müssen: im Fitnessstudio. *Paying Not to Go to the Gym* lautet der Titel einer Studie von Stefano Della Vigna und Ulrike Malmendier, die damals, im Jahr 2006, an den Universitäten Berkeley und Stanford forschten – auf Deutsch: *Zahlen, um nicht ins Fitnessstudio zu gehen.*

Den Titel haben die beiden Forscher mit Bedacht gewählt. Denn sie haben herausgefunden: 17 Dollar zahlten die Mitglieder amerikanischer Studios im Durchschnitt pro Besuch. Hätten sie einzeln abgerechnet, wären sie mit 10 Dollar pro Besuch davongekommen. Aber so denkt ja keiner. Jeder nimmt sich vor, regelmäßig ins Fitnessstudio zu gehen, und bringt die Disziplin dafür hinterher trotzdem nicht auf. Nur: Wenn jeder Besuch im Fitnessstudio Geld kosten würde, würden wir noch seltener zum Training gehen.

Im Fitnessstudio ist die Entscheidung also eindeutig. Wie aber können wir als Handynutzer und Videothek-Kunden richtig entscheiden, ob wir eine Flatrate wollen?

Es gibt tatsächlich eine Lösung. Dabei hilft eine Beobachtung, die Wirtschaftsforscher im Verhaltenslabor gemacht haben, als sie Versuche mit hohen Geldbeträgen ausgestattet haben. In ihrer einfachsten Form leuchtet sie unmittelbar ein: Wenn es um viel Geld geht, ändern sich die Vorlieben der Menschen kaum, aber sie denken länger nach, bevor sie eine Entscheidung treffen. Fragen, bei deren Lösung Nachdenken hilft, finden bessere Antworten. Das könnte auch die Frage sein: Soll ich eine Flatrate nehmen?

Die Praxis zeigt das deutlich. Eine Bahncard 100, die Flatrate für die Deutsche Bahn, kostet etwas mehr als 4000 Euro im Jahr. Die meisten Käufer dieser Karte überlegen sich gut, ob sie wirklich häufig genug fahren, und so mancher stellt nach sorgfältiger Überlegung fest: Er nimmt die Bahncard, obwohl er etwas weniger als 4000 Euro im Jahr verfährt.

Genau so sollte man auch die Entscheidung über andere Flatrates treffen. Das ist gar nicht so schwer: Wir müssen uns nur vor Augen führen, wie viel Geld die Flatrate insgesamt kostet. Eine Handy-Flatrate für 40 Euro im Monat kostet bei 24 Monaten Vertragslaufzeit 960 Euro. Wer sich das bewusst macht, der ist eher geneigt, noch einmal einen Blick auf die alten Rechnungen zu werfen und zu prüfen, ob sich das alles lohnt. Und das Fitnessstudio? Ob wir das kündigen, hängt am Ende sowieso vom Körpergewicht ab.

Der unwiderstehliche Drang zur Flatrate

Der Fehler: Wir wählen zu oft Flatrates. Weil uns Flatrates beruhigen, aber auch weil wir die Kosten überschätzen, die wir ohne Flatrate zu tragen hätten.

Die Wirkung: Wir geben zu viel Geld aus, auch wenn wir den Nutzen der Ruhe berücksichtigen.

Die Abhilfe: Machen Sie sich bewusst, wie viel Geld Sie mit einer Flatrate in den nächsten Jahren ausgeben. Dann können Sie eine bessere Entscheidung treffen.

Patrick Bernau

WIR SIND ÄNGSTLICH

DIE ANGST, EIN VERLIERER ZU SEIN

Lange stand die Wissenschaft vor einem Rätsel. Wenn man die langfristigen Renditen von Aktien und Staatsanleihen vergleicht, dann sind die Unterschiede auffällig: Aktien werfen hohe Erträge ab, Staatsanleihen niedrige. Die traditionelle Erklärung lautete: Der Kurs von Aktien schwankt, während bei den Anleihen ein fester Zins garantiert wird. Letzteres gilt zumindest dann, wenn man die Anleihen bis zu ihrer Fälligkeit hält und der Staat nicht pleitegeht. Für den Unterschied in der Sicherheit beider Anlageformen erwartet der Anleger im Fall von Aktien eine Risikoprämie, die sogenannte Aktienprämie (*equity premium*).

Diese plausible Erklärung wurde 1985 von den Ökonomen Rajnisch Mehra und Edward Prescott über den Haufen geworfen. Sie betrachteten das Phänomen genauer: Für Amerika kamen sie in der Zeit von 1889 bis 1978 auf eine durchschnittliche jährliche Rendite für Staatsanleihen von knapp 1 Prozent und für Aktien auf eine jährliche Rendite von etwa 7 Prozent. Das hätte nach dem traditionellen Modell für die Risikoneigung von Menschen nicht sein dürfen: Der Renditeabstand zwischen beiden Anlageformen hätte nicht rund 6 Prozentpunkte, sondern nur deutlich weniger betragen dürfen, vor allem deshalb, weil sich Aktien im gewählten Untersuchungszeitraum als durchaus nicht übermäßig riskante Anlage erwiesen.

In einer Welt mit ausschließlich rational handelnden Akteuren und perfekten Märkten hätte sich ein solcher Abstand nicht lange halten können. Die Anleger hätten so lange Anleihen verkaufen und Aktien kaufen müssen, bis die Renditen von Aktien gesunken und die Renditen von Anleihen gestiegen wären und sich auf diese Weise bis auf die erwartete Risikoprämie angeglichen hätten.

Das war aber nicht der Fall. In der Folgezeit wurde von verschiedenen Ökonomen untersucht, ob es sich womöglich nur um eine Art statistischen Ausreißer handelte. Die Beobachtung wiederholte sich aber auch bei der Untersuchung anderer Zeitreihen: In Deutschland etwa lag die Aktienprämie zwischen 1978 und 1997 bei 6,6 Prozent. Man nennt dieses Phänomen darum auch das Aktienprämien-Rätsel (*equity premium puzzle*).

Die Verhaltensökonomie fand eine Deutung für diesen Befund, und diese Deutung zu kennen, hilft auch bei grundsätzlichen Fragen der Geldanlage.

Die Verhaltensökonomen Richard Thaler und Shlomo Benartzi umschreiben das zugrunde liegende Verhaltensmuster als kurzsichtige Scheu vor Verlusten (*myopic loss aversion*). In Experimenten hat die Verhaltensökonomie nachgewiesen: Menschen speichern Gewinne und Verluste im Kopf gleichsam auf unterschiedlichen Konten. Sie rechnen sie nicht einfach gegeneinander auf. Das Gegenteil ist der Fall: Sie trennen beides fein säuberlich. Überdies nehmen sie Verluste deutlich stärker wahr als betragsmäßig gleiche Gewinne.

Das funktioniert sowohl bei der Erinnerung als auch bei Kalkülen für die Zukunft: Wer bei einem Spiel zuerst 100 Euro verloren hat und später 100 Euro gewinnt, erinnert sich erstaunlicherweise an die verlorenen 100 Euro deutlicher als an die gewonnenen. Entsprechend verhalten sich Menschen auch mit Blick auf zukünftige Gewinne oder Verluste:

WIR SIND ÄNGSTLICH

Ein zu erwartender Verlust von 100 Euro geht stärker in die gefühlsmäßige Risikokalkulation einer Anlageentscheidung ein als ein zu erwartender Gewinn von 100 Euro.

Die Psychologen Daniel Kahnemann und Amos Tversky haben bereits Ende der Siebzigerjahre festgestellt, was dahintersteckt: Es ist der Schmerz, den Menschen angesichts von Verlusten empfinden. Verlieren gilt als Versagen. Deshalb ist der Schmerz für Menschen, die etwas verlieren, größer als das Vergnügen, wenn sie Gewinne verbuchen. Es trifft sie als Person. Die pure Angst vor dem Schmerz des Verlusts ist deshalb eine Triebkraft, die so stark sein kann, dass sie den Verstand außer Gefecht setzt.

Übertragen auf Aktien und Anleihen bedeutet das: Wenn ein Anleger wöchentlich oder täglich sein Depot sichtet und bewertet, ist das Risiko, einen Verlust notieren zu müssen, bei Aktien relativ hoch. Auf dem Konto in seinem Kopf muss der Anleger gleichsam dauernd Abschreibungen nach unten vornehmen, die in seinem Gedächtnis besser haften bleiben als Aufwertungen, die er zu einem anderen Zeitpunkt registriert. Bei den Staatsanleihen, die er bis zu ihrer Fälligkeit halten will, muss er im Normalfall keine regelmäßigen Verluste verbuchen. Er verzichtet einfach darauf, ihre Wertentwicklung regelmäßig zu beobachten, und registriert lediglich die Zinsen, die er bis zu ihrer Rückzahlung einstreicht.

Aufgrund der ungleichen Gewichtung von Verlusten und Gewinnen verlangen Anleger für das Investment in Aktien eine übertrieben hohe Risikoprämie. Die kurzsichtige Scheu vor Verlusten erklärt nach Benartzi und Thaler das Aktienprämien-Rätsel. Wie so vieles in der Wirtschaftswissenschaft ist allerdings auch diese Deutung umstritten.

Wenn man sich der Auffassung der Verhaltensökonomen anschließt, dann hat das Konsequenzen für die Kapitalanlage. Eine gute Beratung für die langfristige Anlage von Geld müsste die Scheu vor Verlusten entweder überlisten oder offenlegen und gegensteuern. Die übertriebene Wahrnehmung von Verlusten entsteht letztlich durch die wiederholte kurzfristige Betrachtung der Ergebnisse der Kapitalanlage. Nimmt man die langfristige Rendite der verschiedenen Anlageformen in den Blick, so kommt man zu einer stärker ausgewogenen Gewichtung von Gewinnen und Verlusten.

Für die Altersvorsorge beispielsweise erscheinen Aktien unter diesem Gesichtspunkt – zumindest als ein Element im Depot – als eine sinnvolle Anlageform, auch wenn man sich natürlich gegen die Gefahr absichern muss, sie zu einem besonders ungünstigen Zeitpunkt verkaufen zu müssen. Überhaupt neigen Menschen dazu, zu wenig fürs Alter vorzusorgen, weil sie den Verzicht auf Konsum in der Gegenwart im Verhältnis zu den zu erwartenden Auszahlungen in der Zukunft zu hoch bewerten. In allen Fällen ist der Ausweg eine langfristig angelegte, nüchterne Betrachtung von zu erwartenden Gewinnen und Verlusten.

Die kurzsichtige Scheu vor Verlusten

Der Fehler: Menschen neigen gefühlsmäßig dazu, Verluste übertrieben hoch zu bewerten.

Die Gefahr: Anleger lassen sich gute Chancen entgehen, weil sie das Risiko eines kurzfristigen Verlusts stärker gewichten als die langfristigen Gewinnchancen.

Die Abhilfe: Manchmal hilft es, längerfristig zu denken. Beispielsweise bergen Aktien immer die Gefahr in sich, dass ihr Kurs fällt. Langfristig aber ist ihre Rendite höher als etwa die von Tagesgeldkonten.

Christian Siedenbiedel

WAS MAN HAT, DAS HAT MAN

Was wir besitzen, ist uns lieb und teuer. Es zu bewahren und zu mehren, sind wir in aller Regel bestrebt. Diese Denk- und Handlungsstruktur mag unter dem Aspekt der Daseinsvorsorge grundsätzlich sinnvoll und richtig sein. Bei der Geldanlage kann sie aber durchaus zum Problem werden. Hier kann sie im wortwörtlichen Sinne teurer werden, als uns lieb sein kann.

Im Regelfall richtet sich der Preis eines Wertpapiers, zum Beispiel einer Aktie, nach den Erwartungen der Mehrheit der Marktteilnehmer hinsichtlich der zukünftigen Entwicklung des Papiers. Mitunter kann es jedoch passieren, dass wir bei der Beurteilung des Preises oder Wertes von Aktien nicht dem Ergebnis einer sauberen mathematischen Rechnung, sondern anderen Motiven folgen. Das vorherige Kapitel hat gezeigt, warum wir manche Papiere nicht kaufen. Jetzt geht es um Denkfehler, die auftreten können, wenn wir die betreffenden Aktien schon besitzen. Verantwortlich hierfür ist der von Richard Thaler, einem Ökonomen an der Universität Chicago, 1980 beschriebene sogenannte Ausstattungseffekt (*endowment effect*). Gemeint ist, dass Menschen einer Sache allein aufgrund dessen, dass sie ihnen gehört, einen höheren Wert beimessen als gleichwertigen Sachen, die ihnen nicht gehören.

Das bekannteste wissenschaftliche Experiment zu diesem

Verhaltensphänomen haben die Forscher Daniel Kahneman, Jack Knetsch und Richard Thaler Anfang der Neunzigerjahre durchgeführt. Beim sogenannten Kaffeebecher-Experiment erhielten fünfzig von hundert Versuchsteilnehmern jeweils einen Kaffeebecher geschenkt. Anschließend wurden sie gefragt, zu welchem Preis sie bereit wären, die Becher zu verkaufen.

Gleichzeitig wurden die restlichen Probanden als Käufergruppe aufgefordert, den Preis anzugeben, zu dem sie die Becher kaufen würden. Als die Wissenschaftler die genannten Kauf- und Verkaufspreise miteinander verglichen, stellten sie fest, dass diese deutlich auseinanderklafften. Während die Kaffeebecher-Besitzer im Durchschnitt für einen Becher rund 7 Dollar verlangten, boten die Kaufinteressenten mit durchschnittlich rund 2,90 Dollar weniger als die Hälfte des verlangten Betrags. Zugleich waren sie wenig geneigt, die Becher zu kaufen.

Dass der Ausstattungseffekt sich nachweislich negativ auf den Handel auswirkt, zeigte sich auch in nachfolgenden Studien mit unterschiedlichen experimentellen Anordnungen. Gerade bei der Bewertung von Chancen und Risiken in Euro oder Dollar – und darum geht es an der Börse – tritt dieser Effekt in schöner Regelmäßigkeit auf.

Der Marktwert der eigenen börsengehandelten Wertpapiere ist für den Eigentümer stets ablesbar, sodass er seine Verkaufsentscheidung immer auch vor dem Hintergrund dieser objektiven Information trifft. Der Ausstattungseffekt kann nun aber dazu führen, dass der erzielbare Verkaufspreis als unannehmbar niedrig eingeschätzt wird.

Dieser Zusammenhang gilt bei jedem denkbaren Kurs. Allerdings verstärkt er sich bei einer Abwärtsbewegung der Kurse, und umgekehrt schwächt er sich wieder ab, sobald die Kurse steigen. Daraus ergibt sich eine bestimmte Voreinstellung des Verhaltens von Anlegern: An den »Verlierern« halten sie tendenziell länger fest als an den »Gewinnern«.

Dieser sogenannte Dispositionseffekt ist in der Verhaltensökonomie bereits seit Mitte der Achtzigerjahre bekannt. Er hängt eng mit dem Ausstattungseffekt zusammen und wird folgerichtig mit verwandten Erklärungsansätzen begründet. So werten wir die Realisierung von Verlusten als Eingeständnis einer falschen Anlageentscheidung und schieben daher den Verkauf von Aktien, deren Kurs sinkt, gerne auf. Statt zu handeln, hoffen wir, dass sich der Kurs wieder erholt.

Die Psychologie spricht hier von Verlustaversion oder Verlustangst, die den Ausstattungseffekt begründet. Hinzu kommt, dass wir Verluste generell stärker wahrnehmen und gewichten als Gewinne in gleicher Höhe. Und so erstaunt es nicht, dass tatsächliche oder drohende Verluste in unseren Entscheidungen eine größere Rolle spielen als betragsmäßig gleiche Gewinne.

Wie die Ergebnisse psychologischer und neurowissenschaftlicher Forschungen zeigen, beruht das menschliche Besitzstandsdenken offenbar auf der Art, wie unsere Wahrnehmungen über unser Nervensystem an unser Gehirn übermittelt und dort in Erfahrungen übersetzt werden. So hat etwa der Neurowissenschaftler Ben Seymoor vom Wellcome Trust Center for Neuroimaging in London nachgewiesen, dass Verlust- und Schmerzerfahrungen in denselben Hirnarealen verarbeitet und emotional bewertet werden.

Und noch ein weiterer, verwandter Effekt scheint unsere Anlageentscheidungen zu beeinflussen: die sogenannte Status-quo-Verzerrung (*status quo bias*), das heißt die Neigung, den bestehenden Zustand einer Veränderung vorzuziehen. Dies zeigt besonders anschaulich ein Experiment von William Samuelson und Richard Zeckhauser aus dem Jahr 1988. In diesem Experiment wurde die Status-quo-Verzerrung untersucht, die im folgenden Kapitel vorgestellt wird, jedoch von späteren Autoren auch im Lichte des Ausstattungseffekts gedeutet wurde.

Hier traten die Versuchspersonen eine lediglich erdachte Erbschaft an, einmal in Form eines Geldbetrags und einmal in Form eines Wertpapierdepots. Während das Geld neu angelegt werden konnte, stand es den »Erben« des Depots frei, die Anlagen entsprechend ihrer eigenen Vorstellungen und Wünsche umzuschichten.

Das Experiment ergab deutliche Unterschiede in der jeweils gewählten neuen Zusammensetzung des Vermögens. Während das bestehende Depot nur geringfügig verändert wurde, wies das neu zusammengestellte eine völlig andere Zusammensetzung und damit auch ein anderes Verhältnis zwischen Rendite und Risiko auf. Reine Geldbeträge auf einem Konto unterliegen offenbar deutlich weniger dem Ausstattungseffekt, weil sie einen eindeutig ablesbaren Wert darstellen. Sobald sie sich jedoch in ein Gut oder eine Anlage verwandeln und als persönlicher Besitz wahrgenommen werden, entwickelt sich eine Besitzbindung, und wir bewerten den neuen Besitz nicht mehr unvoreingenommen.

Der Ausstattungseffekt

Die Falle: Der Ausstattungseffekt ist ein unbewusst ablaufender Effekt, der sofort mit Beginn des Besitzverhältnisses eintritt und sich mit der Dauer des Besitzes verstärkt, und zwar unabhängig davon, wie viel wirtschaftliches Wissen wir besitzen.

Die Gefahr: Insbesondere in Zeiten sinkender Kurse kann der verkaufswillige Eigentümer eines Wertpapiers den angestrebten Verkaufspreis am Markt nicht erzielen, da seine Bewertung aus der Sicht von Kaufinteressenten überzogen ist. Die Lücke zwischen der Preiserwartung des Eigentümers und der Zahlungsbereitschaft von Kaufinteressenten wird umso größer, je stärker die Kurse am Markt zurückgehen. So kann es passieren, dass sich Kursverluste sehr lange aufbauen, bevor der Eigentümer umdenkt.

Die Abhilfe: Machen Sie sich bewusst, dass der Marktpreis eines Wertpapiers nicht davon abhängt, wem es gehört und zu welchem Kurs Sie selbst es erworben haben. Beugen Sie dem Ausstattungseffekt vor, indem Sie sich vornehmen, das Wertpapier zu verkaufen, wenn es einen bestimmten Kurs unterschreitet. Legen Sie diese Preisschwelle am besten bereits beim Kauf des Wertpapiers fest – also bevor der Effekt wirksam werden kann.

Lutz Johanning
Maximilian Trossbach

WIE ES WAR IM ANFANG, SO AUCH JETZT UND ALLE ZEIT

»Amerikas beste Hausfrau« wird sie bisweilen genannt, und viele Geschichten sind über sie in Umlauf: Jahrelang, so heißt es, habe Martha Stewart, im amerikanischen Fernsehen durch ihre Kochrezepte und Haushaltstipps zur Ikone avancierte Ratgeberin, bei ihrem Weihnachtsschinken die beiden Enden abgeschnitten. Die Begründung: weil schon ihre Mutter das immer so gemacht habe. Eines Tages soll Marthas Tochter ihre Mutter gefragt haben, warum sie das denn tue. Welcher Sinn sich denn hinter diesem Ritual verberge. Die Enden hätten perfekt ausgesehen, sodass es für den Feinschmecker keinen Grund gegeben habe, sie wegzuschneiden.

Verblüfft über die Frage und den Scharfsinn ihrer Tochter, rief Martha ihre eigene Mutter an und fragte sie, warum sie denn eigentlich die Enden des Schinkens immer abgeschnitten habe. Die Antwort der Mutter war ebenfalls verblüffend: Als Martha selbst noch ein kleines Mädchen war, besaß ihre Mutter nur Pfannen, die zu klein waren für den typischen Weihnachtsschinken. Deswegen schnitt sie stets die Enden ab. Nun nennt Amerikas beste Hausfrau ein ganz anderes Arsenal an Pfannen ihr Eigen als ihre Mutter vor vielen Jahren. Sie hatte also keinen sinnvollen Grund, die Enden des Weihnachtsschinkens abzuschneiden.

Psychologen haben längst eine Bezeichnung für dieses Verhalten. Sie sprechen von Status-quo-Verzerrung. Am einfachsten lässt sich dieser Effekt mit dem Satz umschreiben: »Ich will so bleiben, wie ich bin.«. Wir tun in vielen Fällen das, was wir immer tun, ohne uns nach dem Sinn zu fragen. Wenn Menschen wählen können zwischen dem bestehenden Zustand und einer Veränderung, so bevorzugen sie häufig den bestehenden Zustand, den Status quo. Mit Beispielen zu diesem Verhalten kann man ganze Regale mit Büchern füllen: Man wechselt nicht den Mobilfunkanbieter, die Bank oder den Lieferanten von Wasser oder Strom, man nimmt immer denselben Weg zur Arbeit, isst das gleiche Stamm-Menü, wählt die gleiche Freizeitgestaltung oder wechselt nicht den Job. Der Mensch ist ein Gewohnheitstier, er liebt es, dass die Dinge so sind, wie sie sind. Und so wie Martha Stewart hinterfragen wir nicht den Sinn dieser Gewohnheiten.

Das gilt auch für unsere Finanzen: Ihr Erbonkel hat Ihnen ein stattliches Sümmchen hinterlassen? Wie wollen Sie es anlegen, in Aktien, Anleihen oder Immobilien? In Experimenten zeigt sich, dass Menschen die gedachte Erbschaft tendenziell immer in der Anlageform investieren, in der sie ihnen der gedachte Erbonkel hinterlassen hat: Hat er Aktien vererbt, so investiert man das Erbe in Aktien, hat er Anleihen vererbt, so steckt man das Geld in Anleihen. Selbst beim Investieren sind wir die Sklaven unserer Gewohnheiten. Die Folgen für die Brieftasche können drastisch sein: Wir kaufen zu teure Produkte, weil wir sie schon immer gekauft haben, und machen bei der Anlage von Geld immer wieder die gleichen Fehler.

Auch Unternehmen tappen in die Gewohnheitsfalle: Sie halten an einmal getroffenen Fehlentscheidungen fest und richten ihre Geschäftspolitik zu sehr an dem aus, was sie in

der Vergangenheit gemacht haben. Überlässt man Versuchspersonen das Management einer erdachten Firma, so stellt
sich heraus, dass ihre Entscheidungen bezüglich des Einsatzes von finanziellen Mitteln stark von den entsprechenden Entscheidungen der vorausgegangenen Jahre beeinflusst
sind. Oder wie der Chef dann zu sagen pflegt: Das haben wir
schon immer so gemacht.

Über die Ursache dieses Befunds lässt sich streiten, denn
es gibt viele Erklärungsansätze. Zum einen könnte es die
Angst der Menschen vor Verlusten sein; das Bestehende wird
als Besitz empfunden, den man verliert, wenn man ihn gegen
etwas Neues eintauscht. Also bleibt man beim Altbewährten.
Nicht umsonst wird als großer Bruder der Status-quo-Verzerrung der sogenannte Ausstattungseffekt angeführt, der
besagt, dass Menschen Dingen stets einen größeren Wert
beimessen, wenn sie diese Dinge selbst besitzen. Auch dieser
Effekt ist experimentell gut dokumentiert: Der Halter eines
Fahrzeugs beispielsweise schätzt den Wert dieses Fahrzeugs
höher ein, wenn es ihm selbst gehört. Das erschwert es ihm,
das Auto zu verkaufen oder durch ein anderes zu ersetzen.

Eine weitere Erklärungsmöglichkeit wäre die Furcht der
Menschen vor Reue: Wenn man eine Entscheidung trifft, berücksichtigt man die mögliche Reue, die man empfinden
könnte, wenn die Entscheidung sich als falsch entpuppt. Die
Furcht vor dieser Reue führt dazu, dass man lieber nichts tut.
Eng mit dieser Erklärung verbunden ist die Idee, dass Menschen Entscheidungen vor allem dann bereuen, wenn sie
aktives Handeln erfordern. Wenn man nichts tut, so die Illusion, hat man ja eigentlich nichts Schlimmes getan; wer hingegen etwas tut, muss sich für die Konsequenzen verantwor-
ten. Wenn man also 2000 Euro Gewinn verpasst, weil man
seine Aktien nicht verkauft, bereut man das weniger, als wenn
man 2000 Euro Gewinn dadurch verpasst, dass man seine Ak-

tien verkauft hat. Auch diese Idee wurde in Experimenten bereits bestätigt.

Aber es steckt auch ein wenig Weisheit in dem Wunsch, so zu bleiben, wie man ist: Studien zeigen, dass die Vorliebe für den Status quo umso größer wird, je komplexer eine Entscheidungssituation ist. Soll heißen: Je schwieriger eine Entscheidung ist, je unsicherer ihr Ausgang, umso eher greift man auf das zurück, was sich bewährt hat. Erfolgreiche Teams soll man nicht austauschen, sagt der Volksmund dazu. Und in vielen Fällen hat er vielleicht auch recht: Bisweilen ist es zu teuer zu wechseln; die Kosten der Entscheidungsfindung können hoch sein, genauso wie das Risiko, dass man sich falsch entscheidet. Insofern hat die Status-quo-Verzerrung eine bewahrende Funktion, sie sorgt dafür, dass wir nicht beim kleinsten Anlass alles bisher Bewährte über Bord werfen und zu Wendehälsen werden. Es ist also nicht grundsätzlich falsch, ein Gewohnheitstier zu sein – solange unsere Vorliebe für das, was ist, nicht zu sehr überhandnimmt.

Wie aber entkommt man den Fesseln der Gewohnheit? Am einfachsten vielleicht, indem man sich die Veränderung selbst zur Angewohnheit macht: Wer jeden Tag eine Kleinigkeit in seinem Leben anders macht, gewöhnt sich eher an den Gedanken, auch einmal die großen Dinge zu verändern. Also: Man nimmt mal einen anderen Weg zur Arbeit, probiert mal ein anderes Geschäft aus, wechselt mal die Marke oder das Produkt, probiert einmal unbekannte, neue Dinge. Und wer weiß, vielleicht wird aus der neuen Erfahrung auch bald eine neue, bessere Angewohnheit.

Die Status-quo-Verzerrung

Die Falle: Wir wollen so bleiben, wie wir sind, und tun das, was wir schon immer getan haben. Wir prüfen nicht, ob das, was früher sinnvoll war, auch heute noch sinnvoll ist.

Die Gefahr: Wir halten an oftmals teuren und unsinnigen Gewohnheiten fest, verschließen uns zu sehr möglichen Veränderungen und berauben uns damit neuer, besserer Optionen.

Die Abhilfe: Aktiv die Veränderung suchen. Tun Sie jeden Tag etwas Neues, verändern Sie jeden Tag eine Kleinigkeit, ein Detail in Ihrem Leben. Wagen Sie etwas.

Hanno Beck

DIE KONTEN IN MEINEM KOPF

Schnaps ist Schnaps, und Bier ist Bier, sagte mir mein Vater einmal. Ich verstand damals nicht, was er damit meinte. Im Prinzip sagte er aber: Das Leben ist kompliziert. Und es hilft, um den Überblick zu behalten, gewisse Dinge klar voneinander zu trennen. Nun lebe ich ein wohl noch komplizierteres Leben als mein Vater, meide möglichst Schnaps und Bier und mache dennoch gewisse Unterschiede.

Ich habe drei Erfolgsfelder für mich definiert: meine Familie, meinen Beruf und mein Hobby. Ich versuche, diese Felder getrennt voneinander zu bestellen. Also habe ich weder meine Sekretärin geheiratet noch meine Frau als eine solche eingestellt. Deshalb gibt es selten Tage, an denen ich mit beiden gleichzeitig Ärger habe. Zudem habe ich mein Hobby nicht zu meinem Beruf gemacht, was wohl dazu geführt hat, dass ich auch im mittleren Alter noch gut leben kann. Mein Hobby war Fußballspielen, was mir immer noch großen Spaß macht, aber bei meinen mäßigen Fähigkeiten nicht zum Lebensunterhalt gereicht hätte.

Bob Thaler, Professor der renommierten Universität von Chicago, entdeckte unlängst, dass Menschen auch bei finanziellen Entscheidungen klar abgegrenzte Erfolgsfelder benutzen – er nannte sie mentale Konten –, um in der komplexen Finanzwelt den Überblick nicht zu verlieren. Scheint doch eigentlich vernünftig, oder?

Leider nicht, wie das folgende Beispiel zeigt. Sie können aus zwei Lotteriepaaren, den Gewinnlotterien A und B und den Verlustlotterien C und D, je eine Lotterie auswählen. Wobei ihre Endauszahlung sich aus der Kombination der beiden von Ihnen gewählten Lotterien ergibt. Betrachten wir das Ganze näher.

Lotterie A: Sie bekommen mit Sicherheit 2400 Euro.

Lotterie B: Sie haben eine 25-prozentige Chance, 10000 Euro zu gewinnen. In den übrigen 75 Prozent der Fälle gewinnen (und verlieren) Sie nichts.

Lotterie C: Sie verlieren mit Sicherheit 7500 Euro.

Lotterie D: Sie haben eine 75-prozentige Chance, 10000 Euro zu verlieren. In den übrigen 25 Prozent der Fälle gewinnen (und verlieren) Sie nichts.

Nehmen wir an, Sie hätten die bei diesem Beispiel typische Wahl getroffen. Dann haben Sie bei der Auswahl der beiden Gewinnlotterien die Lotterie A der Lotterie B vorgezogen. Lotterie B hat einen nur geringfügig höheren Erwartungswert (2500 Euro) als die sichere Auszahlung von Lotterie A, sodass man wegen der 100 Euro extra nicht riskieren will, leer auszugehen. Zudem haben Sie dann die Lotterie D der Lotterie C vorgezogen, weil Sie nicht gerne mit Sicherheit verlieren, sondern dann lieber noch die Chance haben, aus den beiden Verlustlotterien ganz ohne Verlust herauszukommen.

Scheint doch eigentlich klar, oder? Leider nicht, denn hätten Sie sich genau andersherum entschieden, hätten Sie in jedem Fall 100 Euro mehr erhalten! Die Kombination der Lotterien A und D führt dazu, dass Sie mit einer Wahrscheinlichkeit von 75 Prozent 7600 Euro verlieren und mit einer Wahrscheinlichkeit von 25 Prozent 2400 Euro gewinnen. Demgegenüber bedeutet die Kombination der Lotterien B und C, dass Sie mit einer Wahrscheinlichkeit von 75 Prozent

7500 Euro verlieren und mit einer Wahrscheinlichkeit von 25 Prozent 2500 Euro gewinnen.

Wie konnte Ihnen dieser Fehler unterlaufen? Sie haben wahrscheinlich trotz der unmissverständlichen Beschreibung vergessen, alle möglichen Kombinationen durchzurechnen (es gibt vier mögliche Kombinationen), und der Einfachheit halber die Lotteriepaare voneinander getrennt betrachtet. In den Worten von Bob Thaler: Sie haben ein mentales Konto für die Gewinnlotterien und eines für die Verlustlotterien benutzt und die Wechselwirkungen zwischen den beiden Konten außer Acht gelassen.

Die Frage ist, ob dieser Fall bei unseren Anlageentscheidungen häufig auftritt. Leider ist dem so. Der mentale Unterschied zwischen Gewinnen und Verlusten bestimmt sogar die meisten Anlageentscheidungen. Ein Verlust von 1000 Euro wiegt typischerweise doppelt so schwer wie ein Gewinn von 1000 Euro. Deshalb scheuen wir vor an sich sehr attraktiven Investitionen zurück.

Ein anderer feiner Unterschied, den wir bei Anlageentscheidungen lieber nicht machen sollten, betrifft zwei Typen von Verlusten. Tatsächlich erlittene Verluste schmerzen uns mehr als sogenannte Buchverluste (heute sollte man wohl besser anstelle von Buchverlusten von elektronischen Verlusten sprechen). Stellen Sie sich vor, Sie haben eine Aktie zu 100 Euro gekauft, und nun beträgt der Kurs nur noch 80 Euro. In diesem Fall halten die meisten Anleger die Aktien weiterhin, und zwar mit dem Argument, dass der Verlust von 20 Euro noch nicht in ihren Büchern steht. Es besteht die Hoffnung, dass sich der Kurs erholt. Falls der Kurs allerdings auf 120 Euro gestiegen wäre, so wären die meisten Anleger stark geneigt, die Gewinne zu realisieren. Dass Gewinne häufiger als Verluste realisiert werden, geht klar aus einer Studie des kalifornischen Professors Terrance Odean hervor, welche auf dem Verhalten von Zigtausenden von Privatanlegern beruht.

Leider zeigt sich, dass dieses ungleiche Verhalten gegenüber Gewinnen und Verlusten aus Anlagen nicht sehr ertragreich ist. Gemäß der Studie von Odean wäre es besser gewesen, jeweils anhand des Wurfs einer Münze zu entscheiden, ob eine Aktie verkauft oder behalten wird. Dafür gibt es eine unmittelbar einleuchtende Erklärung: Ob ein Einzelner mit einer Aktie gewinnt oder verliert, ist für den zukünftigen Verlauf des Kurses dieser Aktie bedeutungslos.

Bei wirklich komplizierten Dingen wie Fußballspielen, Heiraten oder der Wahl der Sekretärin ist es also ratsam, an gewissen Unterschieden festzuhalten. Demgegenüber lassen sich die Effekte von Anlageentscheidungen doch relativ gut rechnerisch erfassen – wenn auch meist nur mit Wahrscheinlichkeiten –, sodass man hier ohne mentale Konten bessere Entscheidungen trifft.

Mentale Konten

Die Falle: Wir betrachten Geldanlagen einzeln, obwohl wir unser Depot als Ganzes unter die Lupe nehmen sollten.

Die Gefahr: Wir lassen uns von kurzfristigen Verlusten einzelner Aktien zu sehr beeinflussen und haben zu viel Angst vor riskanten, aber rentablen Geldanlagen.

Die Abhilfe: Vergessen Sie, zu welchem Kurs Sie eine Aktie gekauft haben. Betrachten Sie lieber die Entwicklung des gesamten Depots, das schont die Nerven und bringt bessere Anlageentscheidungen.

Thorsten Hens

WIR SIND ÄNGSTLICH

DIE GROSSE ANGST VOR KLEINEN RISIKEN

Wenn Sie nicht selbst dazugehören, dann haben Sie sicher eine Handvoll Bekannter: Leute, die ihr Geld nur aufs Tagesgeldkonto legen und nirgendwohin sonst, außer vielleicht noch aufs Sparbuch. Da ist das Geld sicher, so haben wir es gelernt, und es kommt immer alles bis auf den letzten Cent zurück – und wenn die Bank pleitegeht, zahlt die Einlagensicherung.

Viel schwerer sind die Leute davon zu überzeugen, dass es sich manchmal lohnt, ein kleines Risiko einzugehen. Schon wer nur einen kleinen Teil seines Geldes für Aktien einsetzt, kann damit seine Gesamtrendite ordentlich aufpeppen. Aber Aktien sind riskant. Von dem kleinen, in Aktien angelegten Teil ihres Geldes könnte ein Teil verloren gehen – und das mögen Menschen gar nicht. Selbst die kleinsten Risiken sind ihnen häufig zu groß. Zufrieden sind sie erst, wenn es überhaupt kein Risiko mehr gibt. Und zwar nicht nur wenn es ums Geld geht, sondern auch in vielen anderen Fragen des Lebens.

Mit der Gesundheit zum Beispiel ist es ähnlich. Das zeigt ein Versuch aus den Vereinigten Staaten, dem Land, dessen Bevölkerung man im Allgemeinen eine besonders große Gelassenheit gegenüber Risiken nachsagt. Mitten in North Carolina, in einer Stadt namens Greensboro, stellten sich Forscher ins Einkaufszentrum und sprachen die Kunden an, die gerade den Baumarkt verließen. Ob sie denn auch manchmal WC-Reiniger kaufen würden, fragten die Forscher. Sie zeigten ihnen eine Flasche und listeten dann die Risiken auf: 15 von 1000 Verbrauchern vergifteten sich an den Gasen, weitere 15 von 1000 bekämen den Reiniger in die Augen und verletzten sich daran.

Anschließend fragten die Forscher, ob die Kunden für einen sichereren WC-Reiniger mehr Geld ausgeben würden, und wenn ja, wie viel mehr. Am Ende erzielten Kip Viscusi von der Northwestern University und seine beiden Kollegen ein deutliches Ergebnis: Um das Verletzungsrisiko auf jeweils 10 von 1000 Verbrauchern zu reduzieren, also um 5 Promillepunkte, wollten die Kunden 65 Cent mehr bezahlen. Für die nächsten 5 Promillepunkte würden sie 19 Cent mehr ausgeben. Aber die letzten 5 Promillepunkte, mit denen das Risiko ganz verschwinden würde, waren den Verbrauchern sogar 83 Cent wert.

Dieses Verhalten bezeichnen Forscher heute als Neigung zum Nullrisiko *(zero-risk bias)*. Diese Neigung hat mindestens zwei Gründe. Der eine liegt in den notorisch schwachen Rechenfähigkeiten der Menschen: Kleine Wahrscheinlichkeiten können sie schlecht einschätzen. Wenn etwas in einem Drittel der Fälle passiert, kriegt dies jeder mit. Das muss keiner ausrechnen, da reicht etwas Erfahrung, dann versteht man alles, ohne viel nachzudenken. Aber wie oft ist »in 15 von 1000 Fällen?« 15 Promille? 1,5 Prozent? Richtig vorstellen kann sich das niemand.

Der andere Grund für die Neigung zum Nullrisiko hat mit unserem begrenzten Denkvermögen zu tun: Solange noch ein Restrisiko übrig ist, sollte man das Thema nicht vergessen. Das aber bindet Kraft und Zeit. Erst wenn wirklich gar kein Risiko mehr besteht, lassen sich die Gefahren guten Gewissens ausblenden oder gedanklich abschließen, wie die Psychologen sagen. Darum sehnen sich die Menschen nach dem Satz: »Da ist gar kein Risiko.«.

Das Problem daran: Dass es wirklich gar kein Risiko gibt, passiert im wahren Leben so gut wie nie. Ärzte, Verkäufer, Berater – sie alle sprechen salomonisch von »praktisch keinem Risiko«.

Am Ende sprechen wir von »Restrisiken«. Und wie Menschen damit umgehen, hat der Reaktorunfall von Fukushima gezeigt: Erst verdrängen sie das Restrisiko ganz. Und wenn es einmal eintritt, gehen sie davon aus, dass der Fall der Fälle bald erneut eintritt. Die wahre Seltenheit kann niemand richtig einschätzen.

Es war so wie bei den riskanten Zertifikaten der Investmentbank Lehman Brothers. Erst überhörten die Käufer der Zertifikate das Wort »praktisch«, rechneten also mit »keinem Risiko«. Als Lehman dann pleite war und die Zertifikate nicht vollständig zurückgezahlt wurden, ignorierten sie auch noch das Wort »keinem«. Von heute auf morgen änderten sie ihre Meinung über Zertifikate und hielten sie fortan für so riskant und spekulativ, dass sie nur für Draufgänger geeignet seien.

Die Wahrheit liegt in der Mitte. Wer sich das bewusst macht, geht auch so manches Mal ein kleines Risiko ein – mit seinem Geld oder mit anderem. Meistens werden schon kleine Risiken kräftig belohnt. Es will sie ja kaum jemand tragen.

Die Neigung zum Nullrisiko

Die Falle: Menschen können es nicht ausstehen, einem kleinen Restrisiko ausgesetzt zu sein. Solche kleinen Risiken verstehen sie nicht, außerdem müssen sie zu viel darüber nachdenken. Viel lieber ist es ihnen, wenn alle Risiken ausgeschlossen sind.

Die Gefahr: Sie geben viel zu viel Geld aus, um kleine Restrisiken auszuschalten. In der Geldanlage zum Beispiel verzichten Menschen auf viel Rendite, damit ihnen auch ja kein einziger Cent verloren geht. Die Gefahr wird noch größer: Menschen glauben Scharlatanen, die versprechen, ein Vorhaben sei »risikolos«. Auch wenn das in der Praxis so gut wie nie vorkommt. Und wenn ehrliche Berater etwas als »praktisch sicher« bezeichnen, vergessen die Menschen leicht, dass ein kleines Risiko bestehen bleibt.

Die Abhilfe: Noch ist kein geprüfter Weg bekannt, die Neigung zum Nullrisiko zu umgehen. In der Praxis sollten Sie sich immer wieder klarmachen, dass es vollkommene Sicherheit sowieso nie gibt. Wenn Sie diesen Satz verinnerlicht haben, wissen Sie: Es lohnt sich gar nicht, um ein Nullrisiko zu kämpfen, denn das erreicht am Ende sowieso niemand.

Patrick Bernau

SICHER IST NICHT GLEICH SICHER

Der Mensch lässt sich von seinen Gefühlen leiten. In wirtschaftlich angespannten Zeiten ist die Sehnsucht der Anleger nach Sicherheit besonders stark ausgeprägt. Das haben auch die Turbulenzen in der Eurozone sehr deutlich gemacht. Bloß keinen Kapitalverlust erleiden, lautet dann die Devise. Auf der Suche nach einem »sicheren Hafen« flüchten die Investoren in Sparbriefe, Geldmarktfonds oder Anleihen. Doch nicht jedem von ihnen dürfte überhaupt bewusst sein, welchen Risiken er sich und sein Vermögen damit aussetzt.

Geldanlagen mit festen Zinszahlungen haben zwar die angenehme Eigenschaft, die Intensität der Wertschwankungen, das heißt die sogenannte Volatilität eines Portfolios, zu verringern. Solche Papiere sind deswegen aber noch lange nicht sicher. Dies gilt auch für eine der liebsten Geldanlagen der Deutschen, das Sparbuch. Kaum jemand macht sich Sorgen um sein dort geparktes Geld. Schließlich garantiert die gesetzliche Einlagensicherung die Rückzahlung, auch wenn die Bank irgendwann pleitegehen sollte. Aber es gibt ja noch weitere Risiken: So ist es zum Beispiel kein völlig abwegiges Hirngespinst, dass die Eurozone auseinanderbrechen könnte. Im Fall einer Währungsreform mit der Rückkehr zu nationalen Währungen würden Sparguthaben vermutlich vom Staat kurzerhand eingefroren und zu einem ungünstigen Umtauschverhältnis von Euro auf eine Nachfolgewährung umgestellt.

Doch selbst wenn der Kollaps des Euro vermieden wird, können Sparer, die vor allem auf Anleihen oder Festgeldanlagen setzen, ein wichtiges Ziel der Geldanlage verfehlen: den Werterhalt ihres Vermögens. Denn dieser hängt auch davon ab, wie sich der Wert des Geldes entwickelt.

Angesichts der Geldschwemme der Notenbanken könnten die Preise in Zukunft stärker als bisher steigen und auf diese Weise den Zinsanlagen Kaufkraftverluste bescheren. Die im Jahr 2013 herrschenden Renditen entschädigen nicht einmal annähernd für dieses Risiko. Staatsanleihen, von denen Investoren eine risikolose Rendite erwarten, sind zu Wertpapieren mutiert, mit denen man sich ein renditeloses Risiko auflädt.

Die Entwertung des Sparvermögens nach Berücksichtigung der in der Inflationsrate zum Ausdruck kommenden Geldentwertung ist alles andere als ein abstraktes Risiko. In den vergangenen Jahren haben die Notenbanken ihre Bilanzen massiv aufgebläht. Damit haben sie den Nährboden für einen kräftigen Auftrieb des Preisniveaus bereitet, mit dem die Staaten ihre außer Kontrolle geratenen Schuldenberge abzutragen hoffen. Denn nicht nur Sparguthaben verlieren in der Inflation an Wert, sondern spiegelbildlich dazu auch die Lasten aus Zins und Tilgung, die die Schuldner zu tragen haben. Die inflationäre Saat ist also gelegt.

In den offiziellen Preisstatistiken ist davon bislang noch nicht viel zu spüren. Angesichts der noch trüben Konjunkturaussichten ist dies aber auch kein Wunder. Es wäre jedoch riskant, sich davon täuschen zu lassen. Die relativ geräuschlose reale Entwertung der Sparvermögen war Anfang 2012 bereits in vollem Gange. Da die Inflationsrate höher ist als die Rendite der Zinstitel, ist die tatsächliche Rendite solcher Anlagen in den wichtigsten westlichen Volkswirtschaften negativ.

Auch in Deutschland ist dies der Fall, das heißt inflationsbereinigt büßen die Anleger mit Sparguthaben oder dem Kauf von Bundeswertpapieren einen Teil ihres investierten Kapitals ein. Über einige Jahre hinweg kann es den Staaten auf diese Weise schon mit relativ unspektakulären Inflationsraten gelingen, ihre Schuldenquote zu reduzieren, ohne allzu unbequeme Einschnitte in den Wohlfahrtsstaat vornehmen zu müssen.

Der gutgläubige, auf Zinserträge geeichte Sparer, Festgeldanleger und Rentner wird der größte Verlierer dieser Entwicklung sein; er wird im wahrsten Sinne des Wortes um seine Lebensleistung gebracht. Es ist also ein teurer Denkfehler, das Risiko einer Geldanlage nur in ihrer Volatilität zu sehen: Eine schwankungsarme Anlageform kann enorme Verlustrisiken beinhalten.

Aber es gibt auch eine gute Nachricht: Gegen die schleichende Entwertung der Ersparnisse kann man sich schützen. Wer die Kaufkraft seines Kapitals erhalten möchte, muss dafür aber bewusst ins Risiko gehen und zum Beispiel Aktien guter Unternehmen kaufen. Er muss also die bei Aktien üblichen Schwankungen in Kauf nehmen, was vielen Deutschen mit ihrer Angst vor Wertschwankungen ein radikales Umdenken abverlangt. Wer dagegen auf verzinsliche Anlagen setzt, sucht ausgerechnet dort nach Sicherheit, wo die größten Risiken für die Kaufkraft seines Vermögens lauern.

Ohne eine ausgeprägte Sachwertorientierung der Geldanlagen und die bewusste Inkaufnahme von Kursrisiken wird der reale Kapitalerhalt also nicht zu schaffen sein. An der Beteiligung am unternehmerischen Produktivvermögen einer Volkswirtschaft vor allem über Aktien führt daher kein Weg vorbei. Viele Anleger lassen sich zwar davon abschrecken, dass die Aktienkurse von Unternehmen von Tag zu Tag schwanken. Aber was ist daran eigentlich so schlimm? Sollten wir nicht froh darüber sein, wenn mit der Börse ein Barometer zur Verfügung steht, das uns stets den Marktwert unserer Investments anzeigt?

Die Tatsache, dass für bestimmte Vermögenswerte wie Immobilien keine täglichen Kurse festgestellt werden, bedeutet noch lange nicht, dass der Wert solcher Anlagen nicht ebenfalls schwankt. Im Gegenteil! Vermögenswerte, für die keine Märkte existieren, auf denen sie lebhaft gehandelt werden, können herbe Verlustrisiken bergen. Wer etwa als Kapitalanlage ein Einfamilienhaus in Wolfsburg gekauft hat, wird sehr schnell merken, wenn die Geschäfte des wichtigsten Arbeitgebers Volkswagen ins Stottern geraten. Wer es in der Umgebung von Frankfurt oder Berlin gekauft hat, wird sehr schnell merken, wenn neue Flugrouten direkt über seinen Garten führen.

Natürlich kann es auch an den Aktienmärkten zu heftigen Kurskorrekturen kommen. Wer sein Hauptaugenmerk jedoch auf stabile Qualitätsunternehmen legt, der kann das Risiko von Kursverlusten deutlich begrenzen. Das sind Firmen mit nachhaltigem Geschäftsmodell, solider Bilanz und großer Preissetzungsmacht. Erstklassige Unternehmen wie Nestlé oder Coca-Cola profitieren erfahrungsgemäß wegen ihrer Marktstellung von Inflation, weil sie höhere Preise durchsetzen können.

Solche Firmen leiden zudem kaum unter einer Abschwächung der Konjunktur, weil sie Produkte des täglichen Bedarfs herstellen, die auch in wirtschaftlich schwierigen Zeiten benötigt werden. Es spricht also viel dafür, dass Beteiligungen an guten Unternehmen auf längere Sicht zu den attraktivsten Investments gehören werden. »Sicherer« als die vermeintlich sicheren Zinspapiere sind sie allemal.

Die Verwechslung von Wertschwankungen und Risiko

Der Fehler: In turbulenten Zeiten flüchten Sparer in Anleihen und andere vermeintlich sichere Zinspapiere, weil sie mit aller Macht Kursschwankungen (Volatilität) meiden wollen. Dabei unterliegen sie der »Geldillusion«, das heißt, sie vernachlässigen den Umstand, dass ihr Geld durch auf breiter Front steigende Preise an Wert beziehungsweise an Kaufkraft verliert.

Die Gefahr: Die Rückzahlung der Anleihen ist nicht so sicher, wie sie zunächst erscheint. Und die Inflation nagt an der Rendite.

Die Abhilfe: Wer die Kaufkraft seines Kapitals erhalten möchte, sollte sein Geld bewusst in riskante Sachwerte wie Aktien investieren und dabei Kursschwankungen in Kauf nehmen.

Dirk Schmitt

ANGST IST ANSTECKEND

Mit den Gefühlen beim Geldanlegen ist das so eine Sache. Eigentlich sollte man meinen, Emotionen gehören nicht an die Börse. Der Wert einer Aktie wird von den erwarteten zukünftigen Erträgen des Unternehmens bestimmt – umgelegt auf alle Anteilseigner.

Eine höchst vernünftige Sache also, oder? Dem steht allerdings das Geschehen in der Wirklichkeit entgegen: Gerade Privatanleger kaufen immer genau dann besonders häufig Aktien, wenn an der Börse Euphorie herrscht und die Kurse steigen. Umgekehrt verkaufen sie, wenn an der Börse Ernüchterung einkehrt und die Kurse abstürzen.

Das ist ungünstig, weil sie auf diese Weise regelmäßig zu teuer kaufen und zu billig verkaufen. Das hängt mit einem Phänomen zusammen, das gemeinhin Ansteckung genannt wird: Menschen lassen sich von den Gefühlen anderer mitreißen. Den Begriff der Gefühlsansteckung brachte schon 1923 der Philosoph und Soziologe Max Scheler auf. Häufiger verwendet wird er seit 1994 als Übersetzung des englischen Buchtitels *Emotional Contagion* der amerikanischen Psychologin Elaine Hatfield.

Was ist damit gemeint? Die Psychologen gehen davon aus, dass es viele Möglichkeiten gibt, wie sich Gefühle von einem Menschen auf einen anderen übertragen. Diese Wege unterscheiden sich vor allem hinsichtlich der Frage, wie direkt und unumstößlich die Übertragung verläuft. Hatfield hat das bei Kleinkindern untersucht: Bereits wenige Stunden alte Säuglinge imitieren Gesichtsausdrücke anderer Personen: »Wenn wir lächeln, lächelt das Kleinstkind zurück.«

Solche Gefühlsansteckungen gibt es Hatfield zufolge in anderer Form auch bei Menschen jeden Lebensalters: Wenn man angelächelt wird, lächelt man oft zurück. Aber man imitiert nicht nur die Mimik. Auch die Stimmung ändert sich und hellt sich auf. Schaut uns jemand hingegen böse an, so kann es passieren, dass sich unsere Miene ebenfalls verfinstert und unsere Stimmung kippt. Diese Gefühlsansteckung geschieht oft unwillkürlich und automatisch, ganz im Gegensatz zur Empathie, dem Einfühlen in andere, ohne dabei die eigene Haltung aufzugeben. Hirnforscher haben sogar anhand von Untersuchungen mit Affen gezeigt, wie die Gefühlsansteckung über sogenannte Spiegelneuronen im Gehirn funktionieren könnte. Das ist allerdings nicht unumstritten.

Auch in der Massenpsychologie, in der etwa das Verhalten von Menschen im Stadion oder bei einem Konzert untersucht wird, kennen Wissenschaftler die Gefühlsansteckung. Jede Art von Gefühlen kann sich in der Masse verbreiten. Ein tolles Konzert oder ein gutes Fußballspiel können ein Gemeinschaftsgefühl stiften. Auf der anderen Seite entsteht Panik, wenn es zum Beispiel brennt und Menschen den Kopf verlieren.

Auch an der Börse gibt es offenkundig solche Momente der Gefühlsansteckung, obwohl dort der Einzelne oft gar nicht in direktem Kontakt mit den Menschen steht, von deren Gefühlen er sich anstecken lässt. Früher, als alle Aktienhändler noch gemeinsam auf dem Börsenparkett standen und gestikulierten, konnte sich Panik noch direkt verbreiten. Heute geschieht das auf Umwegen, etwa über die Medien oder über Kollegen und Freunde, mit denen Anleger reden und von deren Stimmung sie sich mitreißen lassen.

Robert Shiller und George Akerlof haben das in ihrem im Jahr 2009 erschienenen Buch *Animal Spirits* beschrieben. Sie greifen dabei eine lange zu wenig beachtete These des Ökonomen John Maynard Keynes von 1936 auf. Keynes betonte, dass das Geschehen in der Wirtschaft nicht ausschließlich vom sogenannten rationalen Homo oeconomicus, das heißt vom nüchtern rechnenden Verstandesmenschen, bestimmt wird. Daneben spielen auch die tiefer liegenden Instinkte eine Rolle. Diese können mehr oder weniger abrupte Stimmungswechsel zwischen Euphorie und Depression bewirken. Schließlich geht es an der Börse um eine Einschätzung der Zukunft. Und hierbei wird oft im Kaffeesatz gelesen. Wo man aber mit dem Verstand nicht richtig weiterkommt, da ist Platz für Ängste in schlechten Zeiten und für Euphorie in guten. Menschen entscheiden aus dem Bauch heraus oder orientieren sich einfach an anderen. Sie verhalten sich in dieser Hinsicht ähnlich wie Herden von Tieren.

Eine Rolle spielt dabei die sogenannte asymmetrische, das heißt ungleich verteilte, Information: Ein einzelner Anleger, der erlebt, dass sich alle anderen aus einer Aktie zurückziehen, nimmt vielleicht an, dass die anderen über bessere Informationen verfügen als er selbst und dass es deshalb klug ist, dem Beispiel der anderen zu folgen und die Aktie ebenfalls schnell zu verkaufen.

Hinzu kommt, dass sich Prophezeiungen oft allein deshalb erfüllen, weil jeder ihnen Glauben schenkt. Werden die Anleger an der Börse von Panik ergriffen und haben nichts weiter im Sinn, als ihre Aktien so schnell wie möglich abzustoßen, dann will keiner der Letzte sein. Schließlich bleibt für den Letzten kaum noch etwas übrig. Den Letzten beißen die Hunde – ein jeder kennt diese Redensart. Darum wird jemand, der zwar durchschaut, dass der Verkauf vielleicht nicht nötig wäre, der aber merkt, dass alle anderen verkaufen wollen, unter Umständen nachziehen.

So ähnlich ist es bei einem Ansturm auf die Banken, einer besonders verheerenden Form der Ansteckung. Dabei stürmen Kunden die Schalter der Banken, weil sie fürchten, ihr Geld zu verlieren, wenn sie es nicht schnellstens abheben. Selbst wenn es dazu vorher keinen Grund gab, wird es kaum eine Bank überleben, wenn alle Kunden auf einen Schlag ihr Geld zurückhaben wollen. Die drohende Zahlungsunfähigkeit der Banken mutiert dann von der Idee einzelner Spinner zum Selbstläufer. Alle Bankkunden, die das ahnen, wollen in der Schlange keinesfalls hinten stehen und beschwören erst durch ihre Panik genau die Gefahr herauf, vor der sie sich so fürchten.

In Finanzkrisen spielen Ansteckungsgefahren eine besondere Rolle. Ansteckung mit Euphorie führt zu Finanzblasen, Ansteckung mit Angst lässt sie später platzen.

In der Eurokrise taucht immer wieder die Frage auf, was passieren würde, wenn ein Land in der Eurozone pleiteginge – etwa Griechenland. Würden dann andere Länder wie Spanien und Italien davon angesteckt werden? Dafür sprechen die vielfältigen Finanzbeziehungen dieser Länder untereinander. Dafür spricht auch, dass dort ebenfalls eine Form von Herdenverhalten einsetzen könnte. Wenn die Besitzer spanischer Staatsanleihen beispielsweise sehen, dass die Besitzer griechischer Staatsanleihen gerade viel Geld verloren haben, und wenn sie befürchten, dass es ihnen genauso ergehen könnte, dann könnten sie sich veranlasst sehen, schnell zu verkaufen. Für sie gilt dann, so ähnlich wie für die Leute, die beim Bankenansturm zum Schalter laufen: Egal, wie ernst sie die Lage einschätzen, sie wollen auf keinen Fall die Letzten in der Schlange sein. Auch hier kann sich die Angst vor der Katastrophe durch Ansteckung ihre Katastrophe selbst schaffen.

Der Ansteckungseffekt

Die Falle: Menschen lassen sich von Gefühlen anderer anstecken. Wenn an der Börse alle euphorisch sind, hebt dies auch ihre eigene Laune. Macht sich an der Börse Angst breit, dann ergreift diese auch sie selbst. Das gilt unabhängig davon, ob es gute Gründe für die eine oder andere Haltung gibt.

Die Gefahr: Für den Einzelnen besteht die Gefahr, dass er sich zum falschen Zeitpunkt dazu hinreißen lässt, Aktien zu kaufen oder zu verkaufen. Für die Wirtschaft insgesamt sind die Gefahren noch größer: Lassen sich viele Menschen von Euphorie anstecken, so kann eine Preis- oder Kursblase entstehen. Stecken sich viele Menschen mit Angst an, so kann es zu schweren Einbrüchen kommen.

Die Abhilfe: Grundsätzlich hilft es, ruhig und nüchtern zu prüfen, ob es für das jeweilige Verhalten gute Gründe gibt. Allerdings ist es nicht immer ganz einfach, sich dem Wechsel der Stimmungen zu entziehen.

Christian Siedenbiedel

WIR SIND EGOZENTRISCH

JEDER GLAUBT, ER SEI BESSER ALS DER DURCHSCHNITT

»Mit mir ist es komisch. Ich kann so viel. Wenn ich so darüber nachdenke, kann ich eigentlich alles«, sagt die kleine Lotta in einem Buch von Astrid Lindgren. Ein anderes schönes Beispiel dafür, welche Dimensionen Selbstüberschätzung annehmen kann, stammt von dem israelisch-amerikanischen Verhaltensökonomen Daniel Kahneman. Wie der Nobelpreisträger in seinem Buch *Thinking, Fast and Slow* (London 2011, auf Deutsch: *Schnelles Denken, langsames Denken*, München 2012) schreibt, arbeitete er während seines Militärdienstes in Israel für den psychologischen Dienst der Armee. Er hatte die Aufgabe, im Kreis der Soldaten Kandidaten ausfindig zu machen, die sich in der Offiziersschule und später dann in der Schlacht bewähren würden.

Kahneman benutzte dazu unter anderem die folgende Übung: Acht Soldaten, die sich nicht kannten und die keine Informationen über die militärischen Ränge der jeweils anderen besaßen, bildeten eine hierarchiefreie Gruppe. Diese Gruppe sollte einen Baumstamm zu einer Mauer schleppen und den Stamm über die Mauer hieven, ohne sie dabei zu berühren.

Kahnemans Idee war, dass sich bei der komplizierten Aktion die natürlichen Führungskräfte herauskristallisieren würden. Von diesen wiederum nahm er an, dass sie sich für eine

Offizierslaufbahn besonders eignen würden. Unter den strengen Augen Kahnemans und seiner Kollegen absolvierte die Gruppe die beschriebene und eine Reihe von anderen Übungen. Am Ende fällten die Psychologen harte, klare und eindeutige Urteile, die laut Kahneman ungefähr folgende Qualität hatten: »Der schafft es nie.« – »Der wird ein Star.« – »Der ist zwar nur mittelmäßig, wird seinen Weg aber irgendwie machen.«

Allerdings waren die Urteile, die Kahneman und seine Mitstreiter fällten, schlichtweg irreführend. Das ergaben Gespräche, die sie später mit Vertretern der Offiziersschulen führten. Soldaten mit schlechter Empfehlung kamen groß heraus, die vermeintlichen Stars lieferten Mittelmaß oder versagten. Rückblickend schreibt Kahneman, dass das Verfahren, mithilfe dessen er seine Urteile traf, kaum besser war als eine blinde Auswahl der Offizierskandidaten.

Die Konfrontation seiner Urteile mit der Wirklichkeit hätte Kahneman demütig machen können. Doch er verordnete sich keineswegs mehr Zurückhaltung bei der Formulierung seiner Bewertungen. Stattdessen behielt er die Übungen unbeirrt bei und sprach weiterhin klare, eindeutige Urteile aus. Die offenkundig dürftige Qualität seiner Vorhersagen der Führungsfähigkeiten der Soldaten hatte keinen Einfluss auf die Übungen, die den Soldaten auferlegt wurden. Sie schmälerte auch kaum das Vertrauen, das Kahneman in seine eigene Urteilskraft setzte.

Kahneman überschätzte also nicht nur seine Fähigkeiten bei der Rekrutierung, sondern er weigerte sich auch, den negativen Widerhall auf seine Tätigkeit anzunehmen und seine Methoden zu ändern.

Woher rühren Selbstüberschätzungen wie diese und ihre Beharrungskraft? Das Vertrauen in die eigene Urteilsfähigkeit speist sich grundsätzlich nicht aus einem sorgfältigen Prozess der Selbsteinschätzung, der die verschiedenen Gesichtspunkte der Bewertung mit Wahrscheinlichkeiten versieht. Das wäre auch nicht gut, denn wer seine eigenen Chancen realistisch einschätzt, verzagt leicht und wird depressiv.

Optimismus und Selbstvertrauen treiben den Menschen an. Und wie entsteht dieses Vertrauen? Es stellt sich ein, wenn die Story stimmt. Das heißt: Wenn sie unmittelbar eingängig ist und keine offensichtlichen Widersprüche enthält, so Kahneman. Wenn bei komplizierten Übungen, bei denen alle Beteiligten an einem Strang ziehen müssen, einige Soldaten von sich aus zentrale Rollen besetzen, dann passt das unwillkürlich zu der Vorstellung, diese Köpfe bewährten sich auch in der militärischen Auseinandersetzung oder wenigstens in der Offiziersschule.

Wer sich einmal in einer bestimmten Situation als Führungskraft bewiesen hat, der müsste sich immer und überall als solche beweisen, oder? Die Realität ist offensichtlich viel komplizierter, so kompliziert, dass unser Kopf damit Probleme hat. Der denkt sich nämlich die Welt als deutlich geordneter, als sie ist.

Zahlreiche Experimente belegen, dass sich die meisten Menschen, was positive Eigenschaften und Fähigkeiten betrifft, als überdurchschnittlich einstufen. Die große Mehrheit sieht sich als überdurchschnittlich gute Autofahrer, Manager, Geldanleger und Unternehmer. Und 94 Prozent der College-Professoren sind davon überzeugt, dass sie Überdurchschnittliches leisten. Aus dem Vertrauen in die eigenen Fähigkeiten erwächst auch die Methode, nach der Ergebnisse beurteilt werden. Ist das Resultat gut, so liegt dies an den eigenen Fähigkeiten. Ist das Resultat schlecht, so war Pech im Spiel, und das lässt sich bekanntlich nicht steuern.

Warum aber ist Selbstüberschätzung so weit verbreitet? Neuere Untersuchungen sprechen für die Vermutung, dass außergewöhnlich selbstbewusste Menschen bessere Chancen haben, auf der sozialen Leiter nach oben zu klettern. Sie sind Meister der Eigenwerbung und zugleich stärker als andere getrieben von dem Wunsch, Karriere zu machen. Selbstbewusste Persönlichkeiten steigen im sozialen Ansehen, selbst wenn sie weniger fähig als andere sind. Sie werden respektiert, genießen Prominenz und haben Einfluss. Kurz und gut: Selbstbewusstsein, gerne auch zu viel davon, zahlt sich aus.

Hin und wieder stößt man auf das Vorurteil, Selbstüberschätzung sei ein Charakterzug, der vor allem das männliche Geschlecht betrifft. Eine kalifornische Untersuchung stützt diese These. Terrance Odean und Brad Barber untersuchten das Verhalten privater Anleger, die an der Börse spekulierten. Sie fanden heraus, dass die Überzeugung, den Markt schlagen zu können, Männer rund 1,7-mal so häufig dazu brachte, Aktien zu kaufen oder zu verkaufen wie die Vergleichsgruppe der unverheirateten Frauen. Das Resultat ihrer hektischen Aktivitäten hingegen war für die Männer ernüchternd: Die Frauen verdienten an der Börse mehr als sie.

Eine andere Studie förderte zutage, dass Männer optimistischer als Frauen sind, was ihre persönliche Leistung in einem Wettbewerb angeht. Dafür sind Frauen gemäß den Ergebnissen der Studie eher übertrieben zuversichtlich, wenn sie den Erfolg ihres Teams in einer Wettbewerbssituation vorhersagen. Das passt wiederum zu einer dritten Beobachtung, der zufolge Frauen sich für besonders teamfähig halten. Der Grund dafür könnte Selbstüberschätzung sein. Die Forschung ist noch nicht abgeschlossen.

Selbstüberschätzung

Der Fehler: Die meisten Menschen trauen sich mehr zu, als sie tatsächlich leisten. Sie überschätzen ihre eigenen Fähigkeiten.

Die Folgen: Grundsätzlich folgen aus Selbstüberschätzung Fehlentscheidungen. Beispielsweise wähnt sich der einzelne Anleger schlauer als die Gesamtheit der Marktteilnehmer. Trotzdem kauft er häufig die falschen Papiere, oder er entscheidet sich zu früh oder zu spät für einen Verkauf oder einen Kauf. Oder der Vorgesetzte lässt sich von der Ausstrahlung seines selbstbewussten, ehrgeizigen Mitarbeiters beeindrucken, nur um später festzustellen, dass er den Falschen befördert hat.

Die Abhilfe: Seien und bleiben Sie selbstkritisch. Setzen Sie Ihrer Selbsteinschätzung und Ihrer Einschätzung der Persönlichkeit anderer ein gesundes Misstrauen entgegen.

Winand von Petersdorff

WIR MERKEN GAR NICHT, WIE BLÖD WIR SIND

Jeder kennt mindestens eine Handvoll davon: Leute, die voller Inbrunst ihre Meinung kundtun und gar nicht merken, welchen Unsinn sie reden. Das ist kein Grund zu hämischer Freude, denn dieser Denkfehler ist weiter verbreitet, als wir glauben mögen.

Denken wir zurück an die Zeit, als die Vereinigten Staaten ihren Einmarsch in den Irak vorbereiteten und die Welt darüber stritt, wie gefährlich der Irak wirklich war. Damals gab der amerikanische Verteidigungsminister Donald Rumsfeld eine denkwürdige Pressekonferenz, in der er drei Arten von Fakten unterschied: *known knowns*, also Dinge, von denen wir wissen, dass wir etwas über sie wissen, *known unknowns*, also Dinge, von denen wir wissen, dass wir nichts über sie wissen, und *unknown unknowns*, also Dinge, von denen wir nicht wissen, dass wir nichts über sie wissen.

Damals machte sich die halbe Welt über Rumsfeld und seinen Satz lustig. Doch so falsch Rumsfelds Einschätzung des Irak war, so richtig waren seine Unterscheidungen von Wissen und Unwissen. Während das Publikum sich amüsierte, merkte es gar nicht, dass es auf unseren weit verbreiteten Denkfehler hereinfiel.

Der war damals noch gar nicht so lange wissenschaftlich untersucht. Zwar hatte schon mancher Wissenschaftler und

Philosoph zwischen Konfuzius und Shakespeare in seinen Schriften darüber geklagt, dass die Menschen ihrer eigenen Dummheit gegenüber blind seien. Aber erst im Jahr 1999 veröffentlichten die beiden amerikanischen Psychologen Justin Kruger und David Dunning, die damals an der Cornell-Universität arbeiteten, eine umfassende Studie unter dem frei übersetzten Titel *Sie wissen nichts und wissen's nicht*, die diesen Denkfehler mit ihren Namen verbinden sollte: der Dunning-Kruger-Effekt. In der Studie unterzogen sie ihre Versuchspersonen unterschiedlichen Tests, zum Beispiel bezüglich ihres Humors, ihrer Grammatikkenntnisse und ihres logischen Denkvermögens. Anschließend fragten sie die Teilnehmer, wie gut sie ihrer eigenen Einschätzung nach abgeschnitten hatten. Wie die Antworten zeigten, gab es kaum einen Zusammenhang zwischen der Selbsteinschätzung der Teilnehmer und ihren tatsächlichen Ergebnissen. Doch nicht nur das: Diejenigen Teilnehmer, die die schlechtesten Ergebnisse erzielt hatten, überschätzten sich in besonderem Maße.

Dunning und Kruger entdeckten ähnliche Muster in vielen anderen psychologischen Studien. Physikanfänger können nicht einschätzen, wie schwer Physikaufgaben sind. Tennisanfänger wissen nicht, wie viel Erfolg welcher Schlag verspricht. Ungeschulte Leser merken nicht, dass sie den Text nicht verstehen.

Für ihre Erkenntnis bekamen die beiden Forscher im Jahr 2000 den Ig-Nobelpreis für »unwahrscheinliche Forschung, die die Menschen erst zum Lachen und dann zum Nachdenken bringt«. Denn Dunning und Kruger beließen es nicht bei diesem Experiment. Sie lieferten auch eine einleuchtende Erklärung.

Die versteht sofort, wer an eine Fremdsprache denkt. Einen französischen Aufsatz kann nur korrigieren, wer die französische Sprache beherrscht. Wer kaum Französisch kann, der hat keine Chance, die Fehler zu finden. Das ist auf vielen Gebieten so: Um eine Leistung angemessen beurteilen zu können, muss man ihre Grundlagen und Voraussetzungen kennen. Das bewiesen die beiden Forscher mit einem Test, der das logische Denken zum Gegenstand hatte: Nachdem sie den Teilnehmern, die in ihrer oben erwähnten Studie am schlechtesten abgeschnitten hatten, einen Schnellkurs gegeben hatten, erkannten diese ihre Fehler schnell.

Der Dunning-Kruger-Effekt ist verwandt mit der im letzten Kapitel beschriebenen Tendenz zur Selbstüberschätzung. Zwar wirkt er nur auf manchen Feldern, dafür jedoch ist er um einiges verwickelter.

Unter anderem erklärt er eine Beobachtung, die jeder aus der Schule kennt: Nach Klassenarbeiten sind alle froh, dass es geschafft ist; nur einer oder zwei ärgern sich über ihre vielen Fehler. Und genau diese Verdrossenen erhalten die schlechtesten Noten.

David Dunning und Justin Kruger fanden auch Leute wie diese in ihrer Studie wieder. Gerade die Besten waren regelmäßig diejenigen, die sich selbst am heftigsten unterschätzten. Sie bemerkten zwar ihre eigenen Fehler, wussten aber nicht, wie viele Fehler die anderen machten. In dieser Gemengelage unterschätzten sie ihre Position im Vergleich mit den anderen.

Während sich die Besseren wiederholt die Tests der Schlechteren anschauten, bemerkten sie ihren Irrtum und ordneten sich von Mal zu Mal zuverlässiger ein. Diejenigen aber, die das Gebiet des Tests nicht beherrschten, waren sich ihrer Unterlegenheit gar nicht bewusst – und der Groschen fiel auch dann nicht, wenn sie die Tests der Besseren zu Gesicht bekamen. Das Fazit: Wer keine Ahnung hat, der merkt es einfach nicht.

Das ist für viele Leute ein Problem, etwa für Schüler und

Studenten, die nicht richtig abschätzen können, ob sie sich beim Lernen mehr anstrengen müssen, oder für Krankenschwestern, die ihre Fähigkeiten in Erster Hilfe und Wiederbelebung überschätzen. Nicht getestet, aber wahrscheinlich ist, dass wir uns auch überschätzen, wenn wir Dinge aussuchen, die zu uns passen sollen – sei es das neue Fernsehgerät, das bessere Auto oder die größere Wohnung.

Was also tun? Wenn wir uns auf unser eigenes Urteil so wenig verlassen können, dann hilft nur eines: ehrliche Rückmeldungen einholen. Denn andere können unsere eigenen Fähigkeiten viel besser einschätzen – vor allem dann, wenn sie sich auf dem fraglichen Gebiet besser auskennen als wir selbst.

Und immer daran denken, dass der berühmteste Satz des ersten Philosophen vielleicht der weiseste Satz der ganzen Menschheitsgeschichte ist: Sokrates' »Ich weiß, dass ich nichts weiß«.

Der »Ich weiß nicht, dass ich nichts weiß«-Effekt

Der Denkfehler: Auf vielen Gebieten können Menschen ihre Leistung nicht richtig einschätzen, solange ihnen das zugehörige Wissen und Können fehlt. Vor allem Ahnungslose neigen dazu, sich selbst zu überschätzen.

Die Folge: Menschen reden Unsinn und merken es nicht. Wer keine Ahnung hat, überschätzt sich selbst. Demgegenüber sind sich gerade die Besten oft besonders unsicher.

Die Abhilfe: Holen Sie ehrliche Rückmeldungen von anderen ein.

Patrick Bernau

ICH DACHTE, ICH HÄTTE MICH IM GRIFF

Viele Feste und Kongresse finden ihren Höhepunkt in den Worten: »Lassen Sie es sich schmecken.«. Dann ist das Büfett eröffnet. Und unter der Kochmütze des rotgesichtigen Bratenschneiders sammeln sich erste Schweißperlen. Denn nun zeigen selbst feinste Gesellschaften, dass Triebunterdrückung ein ziemlich unausgereiftes Konzept ist. Am schlimmsten ist die Rücksichtslosigkeit, wenn Leute an die kalten und warmen Platten drängen, die sich untereinander nicht oder nur oberflächlich kennen und deshalb auf Urteile über ihr Benehmen und Sozialverhalten pfeifen.

Das Merkwürdigste beim Büfett ist doch, dass die wenigsten Gäste im Nachhinein sagen würden, dass es ein kulinarischer Hochgenuss war. Denn die meisten Leute häufen sich, sind sie endlich zu den Trögen vorgedrungen, mehr auf den Teller, als verträglich ist – und das in Mischungen, die selbst die britische Kochkunst nicht hervorzubringen wagt: Fleisch an Fisch und Spätzle an Kartoffelsalat. Wie unbeschwert hätte man sich gefühlt, wenn man sich erst ein leichtes Süppchen zu Gemüte geführt hätte, danach Salat und Fisch und zum Abschluss eine Kugel Sorbet. Dann wäre der Kräuterschnaps zum Aufräumen des Magens nicht nötig gewesen.

Warum schafft man es nur so schlecht, seine Impulse zu unterdrücken? Handlungen aufgrund von Gefühlen wie Hunger, sexuelle Erregung oder die Lust auf eine Zigarette lassen sich offenbar längst nicht so leicht steuern, wie wir denken mögen. Das wäre nicht weiter schlimm, wenn nicht die spontane Reaktion auf vermeintlich unwiderstehliche Reize unseren längerfristigen Zielen schadete: die Fressorgie dem Ziel, ein paar Kilo abzuspecken; der Seitensprung dem Wunsch nach einem friedlichen Familienleben; und das siebte Bier der Gesundheit der Leber. Es gibt also ein paar handfeste Gründe, sich zu mäßigen – mal abgesehen von der alles umfassenden Freud'schen Erkenntnis, dass ohne Trieb-unterdrückung eine Zivilisation nicht denkbar ist.

Tatsächlich hat ein jeder offenbar ziemlich klare Vorstel-lungen davon, wie sehr er sich unter Kontrolle hat. Meist sind diese Vorstellungen sehr rosig. So ist es: Viele überschät-zen ihre Fähigkeiten. Viele überschätzen ihr Wissen. Und viele überschätzen ihre Selbstdisziplin. Gerade dieser Perso-nenkreis neigt dazu, sich Verführungen auszusetzen, denn er glaubt, ihnen besonders gut widerstehen zu können. Aber Pustekuchen.

Das Ergebnis, das drei Wissenschaftler um Loran Nord-gren von der Kellog School of Management, Illinois, USA, in vier Versuchen herausdestilliert haben, lautet: Menschen neigen dazu, ihre Fähigkeit zur Unterdrückung ihrer Triebe zu überschätzen. Dieses voreingenommene Selbstbild hat Konsequenzen. Wer überoptimistisch an die eigene Selbst-disziplin glaubt, der setzt sich überdurchschnittlich häufig verführerischen Situationen aus, um diesen dann überdurch-schnittlich oft zu erliegen. Am Maß des Selbstbewusstseins bezüglich der Triebkontrolle kann man die Wahrscheinlich-keit ihres Scheiterns ablesen.

Der erste Versuch der Wissenschaftler war der Frage ge-widmet, wie Vorstellungen über die eigene geistige Erschöp-fung die Erstellung des Wochenstundenplans beeinflussen. Die Forscher erwarteten, dass Studenten die Fähigkeit, ihre

Müdigkeit zu überwinden, überschätzen und infolge dessen übermäßig ehrgeizige Stundenpläne aufstellen würden. Ferner sagten sie voraus, dass vor allem Studenten, die im Moment der Befragung keine Müdigkeit spürten, besonders unrealistische Programme für sich entwerfen würden. Die Ergebnisse ihres Versuchs zeigten, dass sie mit ihren Vermutungen richtiglagen.

Hier deutet sich ein Verhalten an, das in der Psychologie unter dem Stichwort Empathielücke (*empathy gap*) diskutiert wird: Gerade im nüchtern-satten Stadium fehlt es dem Menschen an Einfühlungsvermögen in die eigene Person. Und prompt unterschätzt er die Wucht und Macht seiner Triebe.

Das unterstreicht das zweite Experiment, bei dem Studenten in einer Cafeteria zwischen verschiedenen Schokoriegeln wählen durften. Die Maßgabe dabei: Eine Woche später sollten sie denselben Schokoladenriegel vorzeigen (nicht nur das Papier). Dann würden sie die Süßigkeit behalten dürfen und zudem 4 Dollar einsacken. Diejenigen, die sich in der Cafeteria gerade satt gegessen hatten, waren voller Zuversicht, ihren Hunger zügeln zu können. Die Hungrigen dagegen waren weniger optimistisch. Interessant ist, welche Snacks die Teilnehmer auswählten. Die Hungrigen, also eher Pessimistischen, wählten unter den Schokoriegeln nicht ihre Favoriten aus und schwächten damit die Versuchung, den Riegel zu verzehren. Es funktionierte: Nach einer Woche zeigten mehr Hungrige als Satte den Riegel vor. Weitere Studien mit starken Rauchern und ihrem Versuch, von der Zigarette zu lassen, bestätigten die Tendenz. Starke Raucher, die sich besonders sicher waren, dass sie ihrem Verlangen nach Zigaretten widerstehen würden, scheiterten besonders häufig, weil sie sich eben auch besonders häufig verfänglichen Situationen aussetzten.

Was sagt das alles? Eine Frage in der Suchtforschung lautet: Warum fangen die Leute wider besseres Wissen überhaupt an, mit Rauschmitteln zu hantieren? Die vorsichtige Antwort heißt: Sie überschätzen ihre Selbstdisziplin. Die Menschen glauben, stärker zu sein als ihre Sucht. Das scheinen selbst Leute zu glauben, die seit Jahren süchtig sind.

Zudem stellt das Ergebnis eine andere, von der Wissenschaft kaum gestützte Hypothese infrage, nämlich die von der Kraft des positiven Denkens. Wer positiv denkt, der erntet beileibe nicht immer positive Ergebnisse. Die Kraft des wirklichkeitsnahen, dabei aber zurückhaltend pessimistischen Denkens sollte das Programm der Verhaltenstrainer zumindest ergänzen.

Wie aber macht man es nun richtig? Sie könnten es dem listigen Odysseus gleichtun. Als das Schiff des Helden der griechischen Mythologie sich den verführerischen Sirenen näherte, befahl Odysseus seinen Ruderern, ihn an den Schiffsmast zu binden, und ließ sich Wachs in die Ohren stopfen. Sie sollten seinem Flehen und Toben keine Beachtung schenken und ihn erst befreien, wenn das Schiff die Insel passiert hatte. Diese Anweisung fußte auf einer realistischen Selbsteinschätzung.

Für den Normalmenschen von heute heißt das zum Beispiel: Wer nicht zum Konsum verführt werden will, meidet die Shoppingmeile. Wer nicht trinken will, kauft keinen Alkohol – in welcher Darreichungsform auch immer.

Alles unter (Trieb-)Kontrolle?

Der Fehler: Die Menschen überschätzen die Fähigkeit, ihre eigenen Triebe wie Hunger, die Lust auf eine Zigarette oder auf Sex zu bezähmen. Gerade Leute, die besonders zuversichtlich bezüglich ihrer Fähigkeit zur Selbstkontrolle sind, setzen sich besonders häufig verführerischen Situationen aus. Umso häufiger erliegen sie am Ende den Versuchungen.

Die Gefahr: Impulsives Handeln steht im Konflikt mit langfristigen persönlichen Zielen. Der Seitensprung in einer Nacht gefährdet die eheliche Zweisamkeit, die Fressorgie die Diät.

Die Abhilfe: Die Odysseus-Strategie ist schlicht und erfolgreich. Wer den Sirenen entgehen will, fesselt sich. Wenn Sie nicht einkaufen wollen, machen Sie einen weiten Bogen ums Shoppingcenter.

Winand von Petersdorff

ERFOLG MACHT LEICHTSINNIG

Wie trügerisch und fatal das Gefühl sein kann, die Situation »im Griff zu haben«, führte ein spektakuläres Fußballspiel der deutschen Fußballnationalmannschaft gegen Schweden dem Publikum im Oktober 2012 auf nachdrückliche Weise vor Augen.

Nach 56 Minuten Spielzeit zweifelte niemand ernsthaft daran, dass die DFB-Auswahl ihre schwedischen Gegner in einem Kantersieg deklassieren würde. Doch zu Beginn des letzten Spieldrittels, beim Stand von vier zu null, blieb ein Foul ungeahndet, was den Schweden die Möglichkeit zum Überraschungsangriff gab. Von da an nahm ein ungeahntes Debakel seinen Lauf. Ein atemberaubend schnelles, intelligentes, überlegenes Spiel auf technisch höchstem Niveau gegen einen »hoffnungslos unterlegenen Gegner« brach von einem Augenblick auf den anderen in sich zusammen. Ein scheinbar uneinholbarer Vier-Tore-Vorsprung wurde durch eine Kette verheerender Fehler und »kollektive Lähmung« aus der Hand gegeben. Am Ende, nachdem auch die Schweden vier Tore geschossen hatten, ging das Spiel unentschieden aus.

Statt weiterer Tore nur mehr Pfosten- und Fehlschüsse auf deutscher, dagegen vier Treffer aus vier Schussversuchen auf schwedischer Seite. Die scheinbar sichere Kontrolle des Spiels entpuppte sich als Illusion.

Nun sind »Kontrollillusionen«, so der wissenschaftliche

Begriff für dieses Reaktionsmuster, keineswegs auf das Feld des Sports beschränkt, sondern in nahezu allen Lebensbereichen und somit auch bei der Kapitalanlage zu beobachten. Kontrollillusion bezeichnet ganz allgemein die Überzeugung oder Vorstellung, objektiv nicht beeinflussbare Vorgänge steuern zu können. Ganz schlimm ist das beim Lotto, wie die Harvard-Psychologin Ellen Langer in den Siebzigerjahren in einer bahnbrechenden Arbeit zeigte, die den Denkfehler überhaupt erst bekannt machte. Richtig ist, dass jede Zahlenreihe die gleiche Wahrscheinlichkeit hat, gezogen zu werden. Trotzdem glauben manche Menschen, ihre Gewinnchancen erhöhen zu können, indem sie Zeit und Mühe darauf verwenden, ihre Lottozahlen auszusuchen. Und je mehr die Menschen selbst tun können, desto eher glauben sie an ihre Kontrolle – zum Beispiel dann, wenn sie, wie im Lotto, unter Alternativen wählen, auch wenn die Wahl völlig bedeutungslos ist.

Warum gibt es den Denkfehler überhaupt? Einige Psychologen glauben: Wer meint, er habe Kontrolle über das Geschehen, der ist motivierter und hält bei der Arbeit länger durch. Icek Ajzen glaubt sogar, dass Menschen ohne Kontrollillusion in vielen Fällen von vornherein aufgeben und gar nichts tun würden. Andere Psychologen erklären das Phänomen mit dem Bedürfnis der Menschen nach Sicherheit und Orientierung in einer grundsätzlich unsicheren Umgebung. Dann würde es dazu dienen, Angst zu vertreiben und sich selbst zu beruhigen.

Auch dafür, dass Kontrollillusionen sich nachteilig auf unser Verhalten auswirken können, haben Forscher Anhaltspunkte gesammelt. Denn sie verzerren die Auswahl der Informationen, auf die wir uns stützen: Unversehens missachten wir Hinweise, die uns zeigen, wie wenig Einfluss wir tatsächlich haben. Die Folge dessen kann sein, dass wir zu hohe Risiken eingehen.

Besonders anfällig hierfür scheinen Akteure an den Finanzmärkten zu sein. 2003 und 2004 experimentierten die britischen Forscher Mark Fenton-O'Creavy, Nigel Nicholson, Emma Soane und Paul Willman mit Investmentbankern. Dabei wurde Börsenhändlern von vier Londoner Investmentbanken glaubhaft gemacht, dass sie Einfluss auf die Entwicklung einer Kennzahl nehmen könnten, indem sie verschiedene Tasten auf einem Computer drückten. In Wirklichkeit war die Entwicklung dieser Kennzahl aber vollkommen unabhängig davon, was die Händler taten.

Trotzdem sagten einige der Händler anschließend aus, dass sie den Index mit Erfolg gesteuert hätten. Dabei zeigte sich eine weitere gefährliche Folge der Kontrollillusion: die Neigung, positive Verläufe auf eigene Entscheidungen zurückzuführen, negative Verläufe hingegen als vorübergehende Abweichungen abzutun oder mit äußeren Einflüssen zu begründen und nicht rechtzeitig und angemessen zu reagieren. Die Forscher beobachteten auch, dass Händler mit einer besonders ausgeprägten Kontrollillusion von ihren Vorgesetzten im Hinblick auf ihre Fähigkeiten zur Analyse und zur Steuerung von Risiken deutlich schwächer beurteilt wurden. Darüber hinaus erbrachten diese Händler deutlich niedrigere Gewinnbeiträge als ihre Kollegen, die ihre Einflussmöglichkeiten realistischer einschätzten. Dies schlug sich auch in niedrigeren Gehältern nieder.

Privatanleger unterscheiden sich, was die Kontrollillusion betrifft, nicht von professionellen Händlern. Auch sie können dazu tendieren, sich für schlauer und geschickter zu halten, als sie sind; auch sie können glauben, beispielsweise den Kursverlauf von Aktien besser vorhersagen zu können als andere und dadurch bessere Ergebnisse zu erzielen. Tatsächlich gelingt dies aber nur sehr wenigen Anlegern mit außergewöhnlichem Können – oder mit großem Glück.

Kontrollillusion kann dazu führen, dass Menschen Warnsignale missachten und infolge dessen zu spät bemerken, dass etwas in die falsche Richtung läuft. So wäre es manches Mal sinnvoll, eine festgelegte Anlagestrategie zu ändern. Und so hätte eine Änderung der Strategie vermutlich auch der deutschen Fußballnationalmannschaft in ihrem Spiel gegen Schweden geholfen.

Die Kontrollillusion

Die Falle: Menschen glauben daran, Entwicklungen vorhersagen zu können, und fassen Erfolge in der Vergangenheit als Bestätigung dafür auf. Dies verstärkt ihre Neigung zu glauben, sie könnten Entwicklungen in ihrem Sinne beeinflussen. Die Kontrollillusion fördert Selbstüberschätzung und unvorsichtiges Handeln.

Die Gefahr: Anleger, die glauben, erfolgversprechende Titel von erfolglosen unterscheiden zu können, neigen dazu, sich auf wenige Papiere zu beschränken, und verzichten damit auf die Möglichkeit, das Risiko ihrer Geldanlage insgesamt zu verringern. Warnsignale werden missachtet, und einmal festgelegte Anlagestrategien werden zu spät oder gar nicht geändert.

Die Abhilfe: Die größten Fehlerquellen bei der Geldanlage sind unsere eigenen Wahrnehmungen und Emotionen. Akzeptieren Sie die Grenzen der eigenen Einflussmöglichkeiten. Dies garantiert zwar keinen sicheren Erfolg, kann aber vor kapitalen Fehlern schützen.

Lutz Johanning
Maximilian Trossbach

DIE FALSCHE SCHEU VOR
DEM UNBEKANNTEN

Der Mensch bewegt sich gern auf bekanntem Terrain. Würden Sie ohne Weiteres Ihre Zahncreme, Ihre Kaffeesorte oder Ihre Biermarke wechseln? Auch bei der Geldanlage handeln Menschen zumeist nach dem Grundsatz: »Da weiß man, was man hat.«. So wechseln sie ihre Bank beispielsweise nur dann, wenn sie dafür mit hohen Zinssätzen auf dem Tagesgeld-konto entschädigt werden.

Nach welchen Mustern Menschen Entscheidungen treffen, wenn sie zwischen zwei Möglichkeiten wählen müssen und nur bei einer davon die Wahrscheinlichkeit des Erfolgs kennen, zeigt das sogenannte Ellsberg-Experiment. In der Fachliteratur spricht man auch vom Ellsberg-Paradox, denn der Ausgang des Experiments des amerikanischen Ökonomen Daniel Ellsberg von der Universität Harvard widersprach bis dahin unbestrittenen Grundannahmen der Entscheidungstheorie.

1961 machte Ellsberg den folgenden Versuch: In einem Beutel befanden sich insgesamt neunzig Kugeln. Dreißig davon waren rot, die übrigen gelb oder blau, mit unbekannten Anteilen. Die Versuchspersonen sollten sich im ersten Schritt zwischen zwei Wetten entscheiden. Wette A brachte einen Gewinn von 100 Dollar bei Ziehung einer roten Kugel, Wette B einen Gewinn von 100 Dollar bei Ziehung einer blauen Kugel. Der Großteil der Teilnehmer entschied sich für Wette A.

Im zweiten Schritt wurde die Anordnung des Versuchs geändert. Bei Wette C wurde der Gewinn von 100 Dollar für die Ziehung einer roten oder gelben Kugel versprochen. Bei Wette D wurde der Gewinn dagegen für die Ziehung einer blauen oder gelben Kugel ausgelobt.

Da nur Wette C den Teilnehmern erlaubte, an ihrer auf der ersten Wettstufe getroffenen Wahl festzuhalten, könnte man erwarten, dass sie sich für die Kombination aus roten und blauen Kugeln entschieden. Dies taten sie mehrheitlich aber nicht. Stattdessen wählten sie Wette D. Warum aber schätzten sie damit die Gewinnchancen der Wette auf Blau oder Gelb höher ein als die der Wette auf Rot oder Gelb, während sie sich zuvor zugunsten von Rot entschieden hatten?

Schauen wir genauer hin: Mit der Einbeziehung einer weiteren Farbe gewann eine Information an Bedeutung, die vorher, auf der ersten Stufe, keine Rolle gespielt hatte. Zwar war es weiterhin nicht bekannt, wie viele blaue und wie viele gelbe Kugeln der Beutel enthielt, doch immerhin wussten die Teilnehmer, dass es insgesamt 60 waren.

Die bekannte Menge an gelben und blauen Kugeln bei Wette D ist größer als die bekannte Menge der roten Kugeln bei den Wetten A und C. Beide Male folgten die Versuchspersonen also demselben Muster und entschieden sich für das bekannte Risiko – mit einer Gewinnchance von eins zu drei auf der ersten und zwei zu drei auf der zweiten Wettstufe.

Ellsberg erklärt dieses Phänomen, indem er zwischen Risiko und Unsicherheit unterscheidet. Beim Risiko sind die Eintrittswahrscheinlichkeiten bekannt und für alle denkbaren Fälle statistisch bestimmbar. Unsicherheit dagegen ist dadurch gekennzeichnet, dass sich Wahrscheinlichkeiten nicht berechnen lassen. Das kann daran liegen, dass Informationen fehlen oder dass die Bedingungen der Entscheidungssituation sehr komplex und deshalb nicht mehr überschaubar sind. Bestimmend für das Entscheidungsverhalten von Menschen unter solchen Bedingungen ist also offensichtlich eine Abneigung gegen Unsicherheit. Sie führt dazu, dass ein mittels Wahrscheinlichkeiten berechnetes Risiko einem nicht berechenbaren Risiko vorgezogen wird.

Diese Tendenz zeigt sich auch bei Anlageentscheidungen am Kapitalmarkt. Die beiden Forscher Kenneth French und James Poterba veröffentlichten im Jahr 1991 einen wissenschaftlichen Aufsatz, in dem sie ihre Untersuchung der Anlageentscheidungen von privaten und institutionellen Investoren vorstellten. Ihr Befund: Beide Gruppen bevorzugten die Aktien von Unternehmen aus dem eigenen Land gegenüber ausländischen Papieren. So kauften beispielsweise deutsche Anleger lieber deutsche Aktien als amerikanische und umgekehrt waren bei amerikanischen Anlegern Aktien aus den Vereinigten Staaten deutlich beliebter als deutsche.

Sicherlich mag bei manchen Anlegern auch die Vaterlandsliebe den Ausschlag geben. Ob nun aber deutsche oder amerikanische Aktien die bessere Wahl sind, hängt finanziell gesehen vor allem davon ab, wie sich die Renditen der Papiere jeweils zu ihrem Risiko verhalten. Die Antwort auf diese Frage ist unabhängig von der Nationalität des Anlegers. Trotzdem ist überall auf der Welt ein ausgeprägter Schwerpunkt der Anlegerdepots auf heimischen Wertpapieren festzustellen.

Hierfür lassen sich im Wesentlichen drei Gründe anführen. Erstens birgt eine Anlage im Ausland im Gegensatz zu einer solchen im heimischen Währungsraum aufgrund der Möglichkeit von schwankenden Wechselkursen zusätzliche Risiken. Zweitens werden für Wertpapierkäufe und -verkäufe an ausländischen Börsen oftmals höhere Gebühren fällig. Am wichtigsten erscheint jedoch der dritte Grund: Ausländische Anlageobjekte sind Investoren in der Regel weniger vertraut, und deshalb werden sie von ihnen als riskanter eingestuft. Kennen Sie jemanden, der bei NTT Docomo arbeitet? Immerhin ist NTT Docomo eines der am höchsten bewerteten Unternehmen an der japanischen Börse. Wissen Sie, wie sich der russische Aktienmarkt seit Jahresbeginn entwickelt hat?

Vergleichbare Informationen über Unternehmen und Märkte in Deutschland sind viel leichter zugänglich. Teilweise werden wir damit konfrontiert, ohne dass wir danach suchen müssten. Es fällt somit auch in diesem Fall leichter, eine fundierte Erwartung über zukünftige wirtschaftliche Entwicklungen im eigenen, wohlvertrauten Umfeld zu bilden und seine Investitionsentscheidungen danach zu treffen.

Unter dem Gesichtspunkt des Anlagerisikos bergen diese Strategien jedoch einen ganz erheblichen Nachteil in sich: Konzentriert sich das angelegte Vermögen in wenigen oder gar nur in einer einzigen Aktie, so ist das Risiko, dem das Vermögen unterliegt, übermäßig hoch.

Entscheidet sich ein Anleger hingegen für eine breite Streuung seines Vermögens, das heißt, investiert er in viele verschiedene Anlageobjekte, so führt dies zu einer Senkung des Gesamtrisikos, ohne dass deshalb auch die Rendite sinken muss. Es ist für Anleger daher prinzipiell vorteilhafter, ihr Vermögen zu diversifizieren, wie die Fachleute sagen. So herrscht im Regelfall beim Kauf von Anteilen an einem Investmentfonds zwar ein recht hohes Maß an Unsicherheit, denn über die konkrete Zusammensetzung des Fonds weiß der einzelne Anleger im Zweifel nichts Genaues. Wegen des vielfältigen Einsatzes der Gelder seiner Kunden ist der Fonds aber trotzdem weniger riskant als beispielsweise der alleinige Kauf von Aktien des eigenen Arbeitgebers.

Was Unsicherheit für die Kapitalmärkte bedeutet, hat

auch die Finanzkrise deutlich gemacht. Die mangelnde Fassbarkeit der Risiken der einzelnen Banken führte dazu, dass der Handel der Banken untereinander mit kurzfristigen Einlagen einbrach. Banken gewährten einander keine Kredite mehr, sondern parkten stattdessen ihr freies Geld bei der Zentralbank. Um die Versorgung der Wirtschaft mit Geld zu sichern und das Vertrauen in das Finanzsystem zu stützen, musste der Staat einspringen.

Aber auch die Unsicherheit bezüglich der Entschlossenheit der Staaten, ihre Haushalte nachhaltig zu sanieren, belastet die Kapitalmärkte. Institutionelle und private Anleger halten sich zurück. Das hat Folgen: Die fehlende Investitionsfreude belastet direkt die übrige Wirtschaft.

Lieber Risiko als Ungewissheit – das Ellsberg-Paradox

Der Fehler: Anleger investieren häufig nur in die wenigen Wertpapiere, deren Risiko sie am besten überschauen können.

Die Gefahr: Wer sich auf wenige Anlageobjekte konzentriert, der setzt sein Gesamtvermögen einem unnötig hohen Risiko aus.

Die Abhilfe: Streuen Sie Ihre Anlagen breit. Wenn Sie selbst keine Einzeltitel auswählen möchten, können Sie in Investmentfonds oder in passive Indexfonds (sogenannte Exchange Traded Funds oder ETF) oder Zertifikate investieren, die die Wertentwicklung von Börsenbarometern nachzeichnen.

Lutz Johanning und Maximilian Trossbach

AFFEN SIND DIE BESTEN ANLEGER

Die Tageszeitung *Chicago Sun Times* ließ mehrere Jahre lang jeweils Anfang Januar einen Affen fünf Aktien zu einem Portfolio zusammenstellen. Das Tier hieß Adam Monk und saß mit einem Bleistift vor dem aufgeschlagenen Wall Street Journal; die Aktien, die er ankreuzte oder mit einem Kringel versah, wurden gekauft.

In den meisten Jahren schlug Adam Monk den Dow-Jones-Index, den wichtigsten Aktienindex der US-amerikanischen Börsen. Damit lag er weit über dem Durchschnitt aller hochbezahlten Wertpapierberater.

Adam Monk hat Kollegen überall in der Welt. In Russland wählte der Schimpanse Lusha acht aus dreißig als Bauklötze verkleideten Aktien aus. Der Wert des entsprechenden Portfolios verdreifachte sich im Jahr darauf und katapultierte Lusha in die Klasse der besten 5 Prozent aller russischen Investmentfondsmanager. Das Schimpansenmädchen Raven durfte Pfeile auf eine Liste mit 130 Internetunternehmen werfen. Das so zusammengestellte Depotvermögen wuchs im ersten Jahr um 79 Prozent, im zweiten sogar um 213 Prozent. Damit wäre Raven der 22. von mehreren Hundert amerikanischen Investmentmanagern des Jahres 2000 gewesen.

Auch andere Tiere machen bei dieser Übung mit. In Südkorea war es einmal ein Papagei. In einem sechswöchigen

Börsenspiel zusammen mit zehn professionellen Börsenmak-
lern belegte er Platz drei, nachdem er sich seine Aktien mit
dem Schnabel ausgesucht hatte.

Trotzdem: Tierische Instinkte – die *animal spirits* des großen Ökonomen John Maynard Keynes – sind natürlich den
geistigen Fähigkeiten des Menschen nicht überlegen. Worü-
ber in solchen Pressemeldungen in aller Regel nicht berichtet
wird, sind die vielen Affen, die schlechter abschneiden als der
Markt. Auch Adam Monk war nicht jedes Jahr besser als der
Dow Jones oder sein größerer »Bruder«, der S&P 500. In den
Jahren 2005 und 2007 beispielsweise war er schlechter. (Im
Übrigen dauerte Monks Karriere von 2003 bis 2010. Dann
ging er mit dem für Affen biblischen Alter von fast vierzig
Jahren in den Ruhestand.)

Das dennoch für Anleger auf den ersten Blick beunruhi-
gende Fazit solcher Experimente ist: Affen sind, verglichen
mit hochbezahlten Investmentmanagern, im Durchschnitt
auch nicht schlechter. Ob man sein Geld einem Schimpan-
sen oder einem Harvard-Absolventen zur Verwaltung überlässt, ist im Prinzip egal. Der einzige Unterschied: Der Affe
ist billiger.

Damit ist die alte These als falsch entlarvt, dass Aktionäre
viel über Wirtschaft wissen und sich die Unternehmen genau
anschauen müssen, um die richtigen Aktien zu finden. Es
reicht, das Geld richtig auf unterschiedliche Anlagen zu
verteilen. Langes Nachdenken bedeutet für den normalen
Kleinanleger Zeitverschwendung. Von den ganz seltenen
Fällen abgesehen, in denen er als Insider etwas erfährt, was
am Markt niemand sonst erfährt, kann er genauso gut ins
Kino gehen. Und das muss auch in einem effizienten Aktienmarkt so sein. Auf den zweiten Blick sind die Affenexperi-
mente also eher ein Grund zur Beruhigung.

Effizient heißt ein Kapitalmarkt immer dann, wenn sich

der Preis eines risikobehafteten Wertpapiers mit den erwarteten künftigen Erträgen deckt. Wenn ich zum Beispiel genau weiß, dass ich in einem Jahr für ein Papier 100 Euro bekomme, dann zahle ich dafür heute 97 Euro – oder auch etwas mehr oder weniger, je nachdem, wie hoch die Zinsen gerade sind. Wenn man die künftigen Erträge nicht kennt, setzt man den sogenannten Erwartungswert an seine Stelle. Er ergibt sich aus dem Durchschnitt der verschiedenen möglichen, mit ihren jeweiligen Wahrscheinlichkeiten gewichteten Erträge. Auch mathematisch unbegabte Börsianer sind sehr geschickt darin, den Erwartungswert präzise abzuschätzen.

Wenn eine Aktie in diesem Sinn zu billig ist, wenn also ihr Kurs von den künftigen Erträgen nach unten abweicht, dann finden sich sofort Kaufinteressenten, die von dieser Spanne profitieren möchten. Und genau das sorgt dafür, dass der Kurs sehr schnell wieder seinen korrekten Wert erreicht. Umgekehrt ist die Situation bei Aktien, die nach dieser Rechnung überbewertet sind: Hier stoßen die Besitzer die zu teuren Papiere ab, und dies führt ebenfalls sehr schnell zurück zum richtigen Wert.

Deshalb dürfen Anleger bei emsig gehandelten Wertpapieren getrost von der folgenden Annahme ausgehen: Auch wenn der tatsächliche Erfolg des Unternehmens fast nie exakt dem vorhergesagten Erfolg und dem aktuellen Kurs entspricht, so ist doch alles vorhandene Wissen über Chancen und Risiken korrekt in die Kursbildung eingeflossen. Der Spielraum nach oben wie nach unten ist für alle Wertanlagen gleich, sichere Kandidaten für einen Anstieg oder für einen Abstieg gibt es nicht. In gewisser Weise sind also Börsenprofis ein Opfer ihres eigenen Erfolges: Genau dadurch, dass sie so fanatisch allen Gewinnmöglichkeiten nachspüren, machen sie ebendiese Möglichkeiten zunichte.

Deshalb weichen die Kursvorhersagen von Experten von den tatsächlichen späteren Kursen ohne erkennbares System nach oben und nach unten ab. Die Fachleute verschätzen sich zwar so gut wie immer – aber nicht so, dass man ihnen einen systematischen Fehler nachweisen könnte, den ein schlauerer Kollege ausnutzen kann. Darum kann kein Fondsmanager den DAX auf Dauer schlagen.

Natürlich gibt es immer wieder Investoren, die den Index eine Zeit lang schlagen, manchmal über mehrere Jahre. Sie sind wie die Krake Paul, die bei der Fußball-Weltmeisterschaft 2010 alle Ergebnisse der deutschen Mannschaft korrekt vorhergesagt hatte: Ihr Erfolg ist reiner Zufall. Wenn man lange genug ins Spielkasino geht, kommt irgendwann auch zehnmal hintereinander Rot.

Experten können noch ein paar Pluspunkte sammeln, wenn sie das Vermögen richtig strukturieren und wenn sie verschiedene Aktien zu einem Portfolio zusammenstellen, in dem sich Kursgewinne der einen Aktie und Kursverluste der anderen gut ausgleichen, sodass das Risiko am Ende möglichst gering ist. Aber das sind Kleinigkeiten. Für den Kleinanleger reicht die Einsicht, dass es für heiße Aktientipps nur einen Aufbewahrungsort gibt, nämlich den Papierkorb.

Wie auch immer Sie Ihr Aktiendepot aus einem Universum von gut gehenden Standardpapieren zusammensetzen, ist im Prinzip ohne große Bedeutung, solange Sie auf eine gute Mischung aller Branchen achten.

Und wenn Sie nicht selbst den Affen spielen wollen, gibt es auf der Internetseite *3gapps.de/stock-picking-monkey-usa* auch eine iPhone-App, die einen virtuellen Affen ins Rennen schickt – laut Anbieter der einzige Profi in Sachen Aktienauswahl, der in jede Hosentasche passt. Aber Vorsicht: Die Entwickler der App übernehmen keine Haftung für Verluste.

Ein Übermaß an Information

Der Fehler: Aktionäre verbringen zu viel Zeit damit, Chancen und Risiken einzelner Unternehmen zu analysieren. Dabei bringt ihnen der ganze Aufwand wenig, weil sie die Chancen und Risiken nicht besser einschätzen können als andere Börsianer.

Die Gefahr: Wer Aktien mit viel Bedacht auswählt, läuft Gefahr, gerade die falschen zu erwischen und am Ende sogar weniger Rendite zu erzielen als ein Affe.

Die Abhilfe: Beim Anlegen sollten Sie darauf achten, dass Sie Ihr Geld gut auf verschiedene Papiere verteilen. Die Chancen und Risiken der einzelnen Aktien und Anleihen können Sie getrost ausblenden und stattdessen Ihre Wertpapiere auswählen wie die Affen.

Walter Krämer

WIR SIND UNZUVERLÄSSIG

MORGEN, MORGEN, NUR NICHT HEUTE

Dieses Kapitel war schon am Dienstagabend fertig, satte vier Tage vor der Abgabe. Es ist kein Redaktionsgeheimnis, dass es nicht normal ist, derart früh zu liefern: Viele Journalisten beenden ihre Texte erst knapp vor dem letztmöglichen Abgabetermin. Aber so ähnlich geht es ja in vielen Berufen zu. Überall schieben die Leute ihre Arbeit immer wieder vor sich her. Nur Fachleute haben für diese Faulheit ein vornehmeres Wort, sie »prokrastinieren«. Die Prokrastination ist ein ganz natürlicher Wesenszug und Gegenstand zahlreicher Witze. Jeder kennt schließlich das Phänomen, dass man, statt zu arbeiten, am liebsten noch mal die E-Mails checkt. Und bei vielen Studenten sieht die Bude gerade dann besonders sauber aus, wenn sie für ihre Prüfungen lernen müssten.

Das ganze Problem wurzelt, wie so oft, in einer im Grunde genommen sehr nützlichen Eigenschaft. Einfach gesagt: Was uns vor der Nase hängt, das wollen wir haben. Wenn ein Apfel am Baum hängt, greifen wir gerne zu. Das schützt vor dem Verhungern. Unangenehm wird es nur, wenn die Entscheidungen komplizierter werden. Dann verschenken wir viel Geld, wie Forscher herausgefunden haben.

Fragt man Testpersonen, ob sie 10 Euro in 30 Tagen wollen oder 11 Euro in 31 Tagen, dann entscheiden sich die meisten für den höheren Betrag und für den Tag Wartezeit. Doch wenn sie die Wahl haben zwischen 10 Euro heute und

11 Euro morgen, kann kaum noch einer einen Tag warten. Psychologen bezeichnen dieses Verhalten als »hyperbolisches Diskontieren«, und wenn Sie dieses Buch von vorne nach hinten lesen, kennen Sie es bereits.

Mit unserer Zeit gehen wir genauso um, vor allem mit unserer Arbeitszeit. Das Mailprogramm liegt uns eben doch näher als das Nachdenken über griffige Formulierungen, das Kopfzerbrechen über die passende Formel oder die zeitaufreibende Suche nach dem fehlenden Semikolon im Programmcode.

Doch wir wissen ziemlich gut, wo unsere Schwäche liegt – und die meisten Leute nutzen auch Gegenmittel, wenn sie nur angeboten werden. Das haben der amerikanische Psychologe Dan Ariely und sein deutscher Kollege Klaus Wertenbroch festgestellt. Und zwar mit ihren Studenten.

Sie ließen die Studenten in einem Semester drei Hausarbeiten schreiben. Die Studenten mussten sich selbst Abgabedaten für die Hausarbeiten setzen. Wenn sie ihren Abgabetermin verfehlten, bekamen sie eine Strafe. Für jeden Tag, den sie den Termin überzogen, wurde ein Prozentpunkt von ihrer Bewertung abgezogen. Wer pünktlich war, konnte nichts gewinnen.

Eigentlich sollte also jeder schlaue Student die Abgabedaten für alle drei Hausarbeiten auf den letzten Tag des Semesters setzen. Doch die Studenten wählten mehrheitlich ein anderes Muster. Nur ein Drittel setzte tatsächlich alle Abgabedaten auf das Semesterende. Die anderen Studenten verteilten ihre Fristen ungefähr gleichmäßig über das ganze Semester.

Das half. Am Ende schnitten die Studenten mit den selbstgesetzten Abgabedaten zwar ein wenig schlechter ab als die einer Klasse, in der die Professoren die Deadline setzten. Doch eine genauere Analyse zeigte: Diejenigen, die die

Arbeiten aufschoben, zogen die Noten nach unten. Wer sich selbst eine frühzeitige Frist setzte, schnitt ebenso gut ab wie die Studenten mit vorgegebenen Abgabeterminen.

Fortgeschrittene Studenten werden von Professoren manchmal mit noch schwereren Strafen diszipliniert. Ein deutscher Professor hat für seine Doktoranden die Regel getroffen, dass sie alle paar Monate ein Kapitel ihrer Dissertation abgeben müssen. Wer sich verspätet, muss eine Party für den Lehrstuhl bezahlen, und nur der säumige Doktorand selbst darf nicht mitfeiern.

Was aber, wenn wir keinen hilfreichen Professor zur Hand haben? In den Vereinigten Staaten haben findige Gründer gar eine ganze Firma aufgebaut, die Menschen gegen das ständige Aufschieben helfen soll. Ob es ums Joggen geht oder darum, endlich den Dachstuhl zu isolieren: Auf der Website *stickk.com* benennen die Kunden einen Freund, der den Fortschritt überprüft. Dann überweisen sie ein Pfandgeld. Wenn sie ihr Ziel nicht erreichen, wird das Geld an eine wohltätige Einrichtung gespendet. Oder, noch schlimmer: an eine Interessengruppe, die den Vorstellungen des Kunden zuwiderläuft, zum Beispiel die Tabak-Lobby.

Dazu braucht es nicht unbedingt eine Firma, ein guter Freund allein reicht auch. Das Problem an der Geschichte ist nur: Je kürzer die Abgabefrist gewählt ist, desto kleiner wird der Spaß an einer Aufgabe. Auch dazu gibt es ein Experiment von Dan Ariely und Klaus Wertenbroch: Sie gaben den Versuchsteilnehmern mehrere fehlerhafte Texte zum Korrekturlesen und teilten sie in drei Gruppen ein. Die erste Gruppe erhielt genaue Fristen, bis zu denen sie einzelne Texte abgeben musste. Die zweite Gruppe sollte die Termine selbst bestimmen, und die dritte bekam nur einen letztmöglichen Abgabetermin für alle Texte genannt.

Wieder waren die Probanden mit festen Terminen die

pünktlichsten und zuverlässigsten, und diejenigen ohne Zwischenfristen hatten am Ende die meisten Fehler übersehen und gaben am spätesten ab. Nach der Abgabe fragten die Forscher ihre Korrekturleser noch, wie viel Spaß die Aufgabe gemacht habe. Und das Ergebnis war eindeutig: Je mehr Zwang herrschte, desto schlechter war die Laune der Probanden.

Es wird noch schlimmer. Denn die Disziplin von Menschen ist wie ein Muskel: Man kann sie trainieren, sie ermüdet aber auch schnell. Wer all seine Disziplin braucht, um rechtzeitig seine Vokabeln zu lernen, der isst umso mehr Süßigkeiten. Dagegen ist leider noch keine Abhilfe gefunden.

Und warum war dieses Kapitel schon am Dienstagabend fertig? Ganz einfach: Ab Mittwoch war der Autor auf Reisen. Eine bessere Deadline gibt es nicht.

Was Du morgen kannst besorgen ...

Die Falle: Unangenehme Arbeiten schieben wir lange vor uns her. In der Zwischenzeit erfinden wir die merkwürdigsten Tätigkeiten, um uns abzulenken.

Die Gefahr: Wir haben nicht mehr genug Zeit für unsere eigentliche Aufgabe. Noch schlimmer: Wir verbringen viel Zeit sinnlos mit Beschäftigungen, die wir bei klarer Überlegung gar nicht angefangen hätten.

Die Abhilfe: Setzen Sie sich eine Frist, die mit einer Strafe bewehrt ist. Dabei können Freunde helfen, die den Fortschritt der Arbeit überprüfen. Aber Vorsicht: Jede Frist hat ihrerseits wieder eine Nebenwirkung. Wer sich an einer Frist abarbeitet, verliert oft den Spaß an der Sache.

Patrick Bernau

DER BLICK IN DIE ZUKUNFT FÜHRT IN DIE IRRE

Manche Fehlprognosen schaffen es sogar in die Geschichtsbücher. Zum Beispiel das Bild mit dem triumphierenden Harry S. Truman. Nach seinem Sieg bei den amerikanischen Präsidentschaftswahlen 1948 über den Herausforderer Thomas Dewey zeigte Truman sich lachend vor Journalisten und streckte ihnen eine Ausgabe der *Chicago Daily Tribune* entgegen. Die Schlagzeile auf dem Titelblatt der Zeitung lautete: »Dewey schlägt Truman«. Ein peinlicher Irrtum. Der Chefredakteur des Blattes hatte sich am Abend zuvor auf die Vorhersage eines Wahlforschungsinstituts verlassen. Das erschien ihm sicher, zumal auch andere Institute Dewey in den Prognosen vorn sahen. Dummerweise hatten sie alle in den Telefonumfragen missachtet, dass viele Anhänger der Demokraten noch gar kein Telefon besaßen.

Das war leichtgläubig, und die Häme war riesig. Im Nachhinein wussten es alle besser. Der Chefredakteur stand da wie ein begossener Pudel. Ganz ähnlich geht es Aktionären nach fast jedem Börsencrash. Plötzlich haben alle das Desaster kommen sehen. Das war nach dem Platzen der Internetblase genauso wie ein paar Jahre später bei der Finanzkrise. Dabei hatten bei Letzterer selbst ausgewiesene Fachleute wie der damalige Bundesbankpräsident Axel Weber noch kurz zuvor zu Protokoll gegeben: »Der Aufschwung in Deutschland hält an, nur der Schwung lässt etwas nach.« Die großen Ratingagenturen, Experten in Sachen Kreditwürdigkeit von Unternehmen und Staaten, tappten genauso im Dunkeln wie der Sachverständigenrat und die meisten Bankberater. Die Reihe ließe sich beliebig fortführen.

Unseren Glauben an die Vorhersagen der Fachwelt hat das zwar kurzzeitig erschüttert, aber wir hören dennoch auf sie. Das ist unser Dilemma. Je weniger wir selbst von einer Sache verstehen, umso stärker sind wir von Experten abhängig. Weil wir unsere eigenen Schwächen genau kennen und wissen, wie wenig wir selbst die großen Zusammenhänge verstehen, verlassen wir uns brav auf die Experten: auf Analysten, Sparkassenberater und Wirtschaftsforscher. Schon ihre Sprache schüchtert uns ein. Wer von uns weiß schon genau, wie die »Geldschöpfung« funktioniert, was »Target-2-Salden« sind, was »QE2« bedeutet und welche Risiken mit alledem für unser Geld verbunden sind? Vieles davon verstehen zwar auch Experten nur scheibchenweise, zugeben will das aber keiner. Dabei wäre etwas mehr Bescheidenheit durchaus am Platz: Während Mediziner in ihrem Leben die Ursachen für Krankheiten an Hunderten von Fällen erforschen können, erleben Ökonomen in ihrer aktiven Forscherzeit vielleicht eine oder zwei große Krisen mit.

Dummerweise sind wir auch in Geldangelegenheiten treue Schafe. Das ist dort besonders riskant, denn viele Fachleute haben zwar auch hier einen Wissensvorsprung, doch sie werden von eigenen Interessen geleitet. Das ist keinesfalls verwerflich, doch seltsamerweise verdrängen wir es oft. Unser Glaube an den großen neutralen Experten ist groß, leider aber oft reines Wunschdenken.

Die Experten der Ratingagenturen haften ebenso wenig für ihre Fehler wie Wirtschaftsforscher. Dass Bankberater eigentlich keine Berater sind, sondern Verkäufer, fällt vielen

Bankkunden erst dann auf, wenn sich deren Ratschläge im Depot in Luft auflösen und wenn auf Nachfragen plötzlich auf unsere Mündigkeit verwiesen wird. Es waren keinesfalls nur die Berater der großen Geschäftsbanken, sondern auch der freundliche Mann von der Sparkasse nebenan, der Anlegern Lehman-Zertifikate verkaufte, ohne dabei zu sagen, welche Provisionen er dafür erhielt. Das muss er auch nicht: Welcher Autoverkäufer gibt schon seine Gewinnmarge bekannt, lautet im Nachhinein der Kommentar der Bankberater. Das mag zwar zynisch klingen, bringt aber die Sache auf den Punkt. Viele Anleger lernten das auf die harte Tour!

Und selbst bei Konjunkturforschern, bei denen eigenes finanzielles Interesse zunächst abwegig erscheint, können Geld oder Eitelkeit eine Rolle spielen. Wie anders sollte es zu erklären sein, dass sie bisweilen Vorhersagen treffen, denen sie selbst nicht recht trauen? »Die Wendepunkte sind praktisch nicht prognostizierbar«, gab der frühere Leiter des Deutschen Instituts für Wirtschaftsforschung in Berlin, Klaus Zimmermann, nach dem Prognosedesaster 2009 unumwunden zu. Aber wozu dann die Vorhersagen? Ganz nüchtern gab der Finanzwissenschaftler Stefan Homburg in einem Interview zu Protokoll: »Nachfrage schafft sich ihr Angebot. Die Politik will Prognosen. Sie gibt dafür viel Geld aus. Es geht um Milliardenetats.« Das sei der Grund, warum die Institute letztlich die Prognosen lieferten, ihre eigentliche Arbeit aber woanders sehen.

Auf die Fachleute ist daher nicht immer Verlass. Gerade beim Geldanlegen könnten wir bisweilen selbstbewusster sein. Wir müssen uns selbst kümmern und uns die Zeit dafür nehmen. Ohnehin kommen wir nicht darum herum, uns die Grundlagen zu erarbeiten – auch dann nicht, wenn wir uns beraten lassen. Entscheidungen in Geldangelegenheiten lassen sich kaum an andere übertragen. In den Grundzügen sollte jeder verstehen, worauf er sich einlässt. Nur so kann man die Meinung von Fachleuten einschätzen.

Die Materie ist zwar komplex, man sollte sich aber nicht von ihr einschüchtern lassen. Wenn die grobe Linie stimmt, ist es auch nicht nötig, alles bis zum allerletzten Detail zu verstehen. Das wird in Gelddingen zwar oft behauptet, aber wir kaufen auch Autos, ohne alle Mechanismen im Motor zu verstehen; und wir kaufen Handys, ohne elektronische Schaltpläne lesen zu können. Wo genau gesundes Halbwissen endet und die Ahnungslosigkeit anfängt, muss freilich jeder für sich selbst entscheiden. Und anschließend selbst die Folgen tragen.

Der Glaube an die Profis

Die Falle: Wir wissen, dass wir nichts wissen. Das ist schon einmal eine gute Erkenntnis, sie verleitet uns aber, leichtgläubig auf Fachleute zu hören.

Die Gefahr: Wir trauen anderen mehr als uns selbst. Und wir flüchten gern vor schwierigen Problemen. Fachleute haben manchmal zwar einen Wissensvorsprung, wir bedenken aber selten, dass sie auch ihre eigenen Interessen verfolgen.

Die Abhilfe: Hinterfragen Sie Prognosen von Fachleuten kritisch. Verfolgen diese womöglich vor allem ihre eigenen Interessen? In Gelddingen müssen wir uns selbst kundig machen und mündige Anleger und Verbraucher werden. Oder wir müssen die Empfehlungen mehrerer Berater miteinander vergleichen.

Tillmann Neuscheler

MARMELADENKÄUFER UND ANDERE SPIESSER

Vielleicht kennen Sie das auch: Bei uns zu Hause werden viele Nahrungsmittel auf Vorrat eingekauft, zum Beispiel Marmelade. Meistens kaufen wir eine bunte Mischung aus verschiedenen Sorten, die wir dann nach und nach anbrechen und zum Frühstück verzehren. Denn als Haushalt, der mehrheitlich aus studierten Volkswirten besteht, haben wir natürlich verinnerlicht, dass ein optimales Konsumbündel eine ausgewogene Mischung verschiedener Güter umfasst. Wenn man schon ein Glas Brombeermarmelade gegessen hat, dann schmeckt das nächste Glas schon nicht mehr ganz so toll. Man wird mit der Zeit überdrüssig.

Als Erstes öffnen wir normalerweise die Himbeermarmelade, denn die mögen alle am liebsten. Dann Erdbeere und dann Kirsche. Und wenn schließlich nur noch die Stachelbeer- und die Rhabarbermarmelade übrig sind, dann ist es höchste Zeit für den nächsten Einkauf. Diesem Muster folgend geben wir, nur der Vielseitigkeit der Auswahl wegen, konsequent Geld auch für Marmeladen aus, die eigentlich niemand mag.

Beim Einkaufen auf Vorrat bündeln wir Konsumentscheidungen über einen längeren Zeitraum. Man kauft auf einen Schlag das, was man im Laufe der nächsten Woche verzehren will – oder vielmehr glaubt, verzehren zu wollen. Diese Bündelung weckt mehr oder weniger automatisch das Bedürfnis nach Abwechslung. Dafür sorgt ein Phänomen, das Verhaltensforscher als zeitliche Kontraktion bezeichnen: Wir unterschätzen, dass wir trotz eines Brötchens mit Himbeermarmelade gestern auch heute am allerliebsten wieder eines mit unserer Lieblingssorte hätten. Wenn Menschen Entscheidungen nicht bündeln, sondern nacheinander treffen und sich zwischendurch jeweils eine Portion Zeit lassen, dann zeugen ihre Entscheidungen nämlich oftmals davon, dass der Mensch nun einmal ein Gewohnheitstier ist.

Den Unterschied zwischen über die Zeit verteilten und gebündelten Konsumentscheidungen nennen die Verhaltensökonomen *variation bias* oder *diversification bias*. Im Marmeladenbeispiel sorgt der Hang zur Abwechslung für nachteilige Entscheidungen, indem zu viele verschiedene Sorten gekauft werden. Denn jedes einzelne Frühstück schmeckt dann am besten, wenn es Himbeermarmelade gibt.

In der Geldanlage ist Diversifikation, also die Streuung des investierten Betrags auf verschiedene Anlageklassen, sehr wichtig. Auch hier können Fehler passieren, die dem unwillkürlichen Bedürfnis nach Abwechslung geschuldet sind.

Im Hinblick auf den Hang zur Streuung haben die Forscher Shlomo Benartzi und Richard Thaler eine typische Situation untersucht, in der eine gebündelte Anlageentscheidung getroffen wird. Beim Abschluss eines Sparvertrags zur privaten Altersvorsorge konnten die Kunden verschiedener Pensionskassen jeweils aus mehreren Investmentfonds auswählen, in die die Sparbeträge in einer vom Sparer festzulegenden Aufteilung investiert werden sollten. Die mit Abstand beliebteste Regel war, wie sich herausstellte, die sogenannte 1/N-Regel. Dabei wird der anzulegende Geldbetrag einfach gleichmäßig auf alle zur Verfügung stehenden Fonds verteilt. Das bedeutet jedoch, dass die Rendite und das

Risiko des resultierenden Portfolios maßgeblich davon bestimmt ist, welche Fonds von einer Pensionskasse überhaupt angeboten werden. So stieg der Anteil des in Aktien investierten Geldes deutlich an, wenn mehr Aktienfonds zur Verfügung standen – und das, obwohl die Kunden der verschiedenen Pensionskassen sich im Hinblick auf ihre Risikoeinstellung nicht systematisch voneinander unterschieden. Es gab also keinen Grund, warum die Kunden eines bestimmten Anbieters ihr Geld riskanter anlegen sollten als die eines anderen.

Besonders problematisch, so betonen die Forscher, kann die 1/N-Regel sein, wenn die zur Verfügung stehenden Anlagealternativen so zusammengestellt werden, dass sie sich gegenseitig ausschließen. Dies ist typischerweise bei solchen Fonds der Fall, die ihre Anlagepolitik auf eine bestimmte Gruppe von Anlegern ausrichten mit dem Ziel, dieser Gruppe mit einem einzigen Produkt ein gut sortiertes Portfolio mit einem passenden Rendite- und Risikoprofil anzubieten. Solche Fonds haben typischerweise Namen wie »Sicherheit«, »Stabilität und Wachstum« oder »Spekulation«.

Ein Anleger, der infolge des Hangs zur Streuung in alle diese Fonds investiert oder zum Beispiel dem Fonds »Sicherheit« einen Aktienfonds hinzufügt, geht damit – möglicherweise ohne dies zu verstehen – Anlagerisiken ein, die seiner Zielvorstellung für die Geldanlage nicht entsprechen. Streuung ist also nicht per se ein Heilsbringer in der Geldanlage. Selbst anspruchsvolle rechnerische Verfahren wie das des Nobelpreisträgers Harry Markowitz stellen den Anleger vor die Wahl vieler Kombinationen von Anlageklassen. Zwar haben alle von ihnen ein optimales Verhältnis von Rendite und Risiko. Doch welches das persönlich passende Portfolio ist, steht auf einem anderen Blatt.

Einen erheblichen Vorteil hat die Bündelung von Anlageentscheidungen im Rahmen solcher Sparverträge aber im Hinblick auf die Auswirkungen der bereits angesprochenen zeitlichen Kontraktion: Würden wir Monat für Monat aufs Neue entscheiden, ob wir einen bestimmten Betrag in unsere private Altersvorsorge investieren, so wären wir sicherlich hin und wieder versucht, das Sparen auf später zu verschieben – mit unter Umständen ernsten Folgen. Um diesem drohenden Selbstbetrug zu entgehen, kann eine Bindung an einen Spar-plan, mit dem man zukünftige Investitionsentscheidungen vorwegnimmt, sehr hilfreich sein.

Der Hang zur Abwechslung

Die Falle: Der natürliche Wunsch nach Abwechslung im Konsumverhalten und nach Vielfalt bei der Geldanlage kann überbewertet werden. Dies passiert vor allem dann, wenn wir die Konsequenzen für eine heute getroffene Entscheidung erst zukünftig tragen oder wenn wir für voneinander unabhängige Situationen übergreifende Ent-scheidungen fällen.

Die Gefahr: Wir geben Geld aus für Dinge, die wir eigentlich nicht mögen, und holen uns Wertpapiere ins Depot, die eigentlich nicht zu unserer Risikoeinstellung passen.

Die Abhilfe: Fragen Sie sich, ob Sie sich möglicher-weise in dem Zeitpunkt, zu dem Sie die Konsequenzen Ihrer heutigen Entscheidung tragen müssen, anders ent-scheiden würden. Bei Anlageentscheidungen ist es be-sonders wichtig, dass Sie stets das Ziel Ihrer Anlage im Auge behalten.

Maximilian Trossbach

174

WARUM WILDE RASER MANCHMAL ÄNGSTLICH SIND

Die Zeitschrift *Stern* führte im Mai 2008 eine Umfrage zur Einschätzung der Sicherheit verschiedener Verkehrsmittel durch. Dabei nannten 42 Prozent der Befragten das Auto als sicherstes Verkehrsmittel, 24 Prozent die Bahn und nur 16 Prozent das Flugzeug.

Die Unfallstatistiken zeichnen allerdings ein ganz anderes Bild. Je Milliarde gefahrener Personenkilometer verunglücken im Auto durchschnittlich sechs Menschen tödlich, während die Todesrate beim Flugzeug 0,4 und bei der Bahn 0,2 Passagiere beträgt. Ganz eindeutig sind also Verkehrsmittel wie das Auto oder auch das Motorrad riskanter als das Flugzeug.

Wie kann es passieren, dass Menschen ein statistisch messbares Risiko so verzerrt wahrnehmen?

Um diesen auch im Bereich der Geldanlage anzutreffenden Widerspruch zwischen tatsächlichem und wahrgenommenem Risiko zu verstehen, müssen wir uns zunächst mit dem Begriff Risiko auseinandersetzen und anschließend mit der Art und Weise, wie Menschen Risiken wahrnehmen.

Risiko beschreibt die Unsicherheit über zukünftige Ereignisse. Kauft beispielsweise ein Anleger heute eine Aktie und plant, diese ein Jahr lang zu behalten, so kann er im günstigen Fall eine hohe Rendite von 20 Prozent oder auch mehr erzielen, im ungünstigen Fall – zum Beispiel in Zeiten einer Kapitalmarktkrise – aber auch einen ebenso hohen oder sogar noch höheren Verlust erleiden.

Häufig können bei der Kapitalanlage zumindest Wahrscheinlichkeiten benannt werden, mit der bestimmte Verluste oder Gewinne am Ende des Jahres eintreten. Weist eine Kapitalanlage ein geringes Risiko auf, so kann dies zweierlei bedeuten. Erstens: Zukünftige Verluste fallen im Durchschnitt gering aus. Zweitens: Die Wahrscheinlichkeit dafür, dass es zu einem Verlust kommt, ist gering.

Anleger sollten sich aber auch verdeutlichen, dass die Renditechancen umso höher sind, je höher das eingegangene Risiko ist. Ebenso gilt der spiegelbildliche Zusammenhang: Ein geringes Risiko geht in aller Regel mit einer geringen Rendite einher.

Risiken lassen sich selbst mithilfe von wissenschaftlichen Modellen nur schwer genau vorhersagen. Und je weiter die Prognose in die Zukunft reicht, desto unzuverlässiger ist sie: Eine Prognose für ein Jahr ist deutlich ungenauer als eine solche für zwei Wochen. Nicht außer Acht gelassen werden darf auch, dass selbst bei einem Produkt mit einem geringen Risiko hohe Verluste – wenn auch nur mit geringer Wahrscheinlichkeit – eintreten können. Ein gutes Beispiel dafür ist die Insolvenz der Investmentbank Lehman Brothers im Jahr 2008, die für deren Gläubiger hohe Verluste mit sich brachte.

Kommen wir auf unser Ausgangsbeispiel zurück. Ist die Einschätzung vieler Menschen falsch, das Auto als sicherstes Verkehrsmittel anzusehen, obwohl die Wahrscheinlichkeit eines tödlichen Unglücks dort am höchsten ist? Betrachtet man die Verkehrsstatistiken, so lautet die Antwort ja. Die Wahrscheinlichkeit eines tödlichen Unfalls ist beim Flugzeug geringer, der Schaden wiegt bei beiden gleich schwer.

Folglich ist das Flugzeug im Durchschnitt eindeutig sicherer. Aber natürlich sollte man genauer unterscheiden, denn es gibt sicherere und weniger sichere Autos und Flugzeuge.

Bei der Kapitalanlage ist die Situation nicht immer derart eindeutig. Zwei als wenig riskant klassifizierte Anlageprodukte können sich dadurch voneinander unterscheiden, dass Produkt 1 durchschnittlich höhere Verluste einbringen kann als Produkt 2, während zugleich die Eintrittswahrscheinlichkeit von Verlusten geringer ist. Die Produkte unterscheiden sich also bezüglich der Höhe möglicher Verluste und der Eintrittswahrscheinlichkeit, fallen aber in dieselbe Risikoklasse, die auf der Basis etablierter Modelle des Kapitalmarktgeschehens bestimmt wird. Ein Anleger, der hohe Verluste meiden will, auch wenn sie nur wenig wahrscheinlich sind, wird Produkt 1 als riskanter einstufen als Produkt 2. Ein anderer Anleger, den vor allem die Sorge vor dem Eintritt von Verlusten als solchen umtreibt, könnte die gegenteilige Meinung vertreten. Das Beispiel zeigt, dass die Risikowahrnehmung unterschiedlich ist und den jeweiligen persönlichen Einstellungen folgt.

Bei der Risikowahrnehmung spielen Erfahrungen und Gefühle, die die persönliche Einstellung oder Sichtweise bestimmen, eine große Rolle. Ein Mensch, der noch nie mit einem Fallschirm gesprungen ist, für den ist ein Fallschirmsprung mit großer Ungewissheit verbunden. Dieser Mensch bezieht in seine Risikowahrnehmung die sogenannte Umfeldunsicherheit mit ein. Hat sich umgekehrt ein erfahrener Fallschirmspringer noch nie mit dem Thema Aktienanlage beschäftigt und keinerlei Kenntnis oder Erfahrung auf diesem Terrain gesammelt, so nimmt er dieses Gebiet als unsicher wahr. Er wird bei der Bewertung des Risikos der Aktienanlage sein Gefühl der Unsicherheit mit einbeziehen. So kann er zu dem aus seiner Sicht vernünftigen Entschluss kommen, sein

Geld auf einem Festgeldkonto anzulegen. Das heißt, in Sachen Geldanlage könnte er ein Angsthase sein.

Die Neurowissenschaft, die sich mit dem Aufbau und der Funktionsweise des menschlichen Gehirns befasst, hat gezeigt, dass bei der Wahrnehmung und Beurteilung von Risiken Gehirnregionen aktiv sind, die auch Emotionen wie Angst und Erschrecken steuern. Gerade über Extremszenarien wie die Insolvenz der Investmentbank Lehman Brothers oder den Absturz eines Flugzeugs wird in den Medien breit berichtet. Solche Nachrichten lösen Ängste aus und können die Art, wie wir Risiken wahrnehmen, nachhaltig beeinflussen. Nach der Lehman-Insolvenz wurden alle Zertifikate pauschal verdammt, und unmittelbar nach einem Absturz stufen wir das Risiko des Verkehrsmittels Flugzeug schlagartig höher ein. Demgegenüber hat sich das Risiko dieser Papiere und des Verkehrsmittels Flugzeug, das jeweils über einen langen Zeitraum gemessen wird, kaum merklich geändert. Umgekehrt kann es in Phasen eines anhaltenden Aufschwungs an der Börse, wenn die Mehrheit mit einer rosigen Zukunft rechnet, aber auch zu einer Unterschätzung des Risikos kommen – zumal wir kleine Risiken gerne unter den Tisch fallen lassen. Eine solche Unterschätzung kann sogar dazu beitragen, dass die Kurse künstlich aufgebläht werden. Die Wahrnehmung von Risiken erfolgt also nicht nur bewusst, sondern in hohem Maße auch unbewusst und kann im Fall einer Blasenbildung selbst Risiken verursachen.

Insgesamt zeigen die Überlegungen, dass der Umgang mit dem Thema Risiko auch im Rahmen der Kapitalanlage sehr komplex ist. Anleger sollten deshalb aber nicht grundsätzlich riskante Anlageprodukte meiden, denn wer keine Risiken eingeht, der kann am Kapitalmarkt auch keinen Blumentopf gewinnen.

Verzerrte Wahrnehmung von Risiken

Der Fehler: Menschen nehmen statistisch gemessene Risiken unterschiedlich wahr, je nach ihren persönlichen Erfahrungen und Emotionen. Deshalb kommt es vor, dass sie Risiken über- oder unterschätzen. Kurz: Sie nehmen Risiken verzerrt wahr.

Die Gefahr: Durch die verzerrte Risikowahrnehmung kann es zu unvernünftigen Anlageentscheidungen kommen.

Die Abhilfe: Lassen Sie sich von Ihrem Anlageberater die Risiken – mögliche Verluste und die Wahrscheinlichkeiten ihres Eintritts –, aber auch die Renditechancen nennen, oder informieren Sie sich eigenständig darüber. Verdeutlichen Sie sich mögliche Folgen von Anlageentscheidungen, und fragen Sie sich, ob Sie mit diesen Folgen leben könnten. Versuchen Sie, Ihre Risikoeinschätzung von der Umfeldunsicherheit und Ihren Emotionen zu trennen, aber handeln Sie nicht gegen Ihr Bauchgefühl.

Lutz Johanning
Maximilian Trossbach

WAR ES NICHT WUNDERSCHÖN?

Im Jahr 2001 brachte die Kölner Band Brings das Lied *Super-jeile Zick* heraus. Seitdem fehlt dieses Lied auf keiner Party mehr, weder in der Karnevalszeit noch außerhalb davon. Das Lied in Kölner Mundart bringt Leute zum Tanzen und zu lautem Mitsingen, die bis dahin schweigsam am Tresen saßen oder über die Vorzüge verschiedener Urlaubsziele und die Entwicklung der Immobilienpreise plauderten.

Nä, wat wor dat dann fröher en superjeile Zick,
mit Träne in d'r Auge loor ich manchmol zurück.
(Nein, was war das denn früher eine supergeile Zeit,
mit Tränen in den Augen blicke ich manchmal zurück.)

Das Lied rührt die Leute, selbst jene, die in der Vergangenheit wenig zu lachen hatten. Die Menschen neigen dazu, die Vergangenheit zu verklären. Ihre positive Erinnerung ist stärker als die Realität.

Psychologen haben schon Mitte der Neunzigerjahre versucht, dem Phänomen auf den Grund zu kommen. Dafür befragten sie Leute über ihre Urlaubsreisen aus: eine Europareise, einen Trip am Thanksgiving-Wochenende (die freien Tage rund um das in Amerika sehr wichtige Erntedankfest) und eine dreiwöchige Fahrradtour durch Kalifornien. Die Urlauber wurden in drei Phasen befragt: vor der Reise, während der Reise und danach. Die Resultate der Befragungen sprechen dafür, dass die Erwartungen im Regelfall höher sind als die Erfahrungen und deren Beurteilung während des Urlaubs selbst. In der Rückschau gewinnt der Urlaub wieder an Charme und wird damit deutlich günstiger bewertet als zuvor in der Echtzeitwahrnehmung.

Vor und nach der Reise ist alles rosig, nur nicht während der Reise selbst. Eine mögliche Erklärung lautet: Spezielle Erinnerungen, vor allem ärgerliche, verblassen im Gedächtnis. Zurück bleibt das Gute. Die Ausnahme bilden traumatische oder extrem belastende Erfahrungen, die sich nach eigenen Regeln im Gedächtnis festsetzen.

Die Forscher kamen zu übereinstimmenden Resultaten bei allen drei Urlaubsformen. Und noch etwas stellten sie fest: Die positiveren Färbungen der Ereignisse stellen sich schon nach wenigen Tagen ein.

Die Fachwelt spricht vom *rosy view bias* und unterteilt den Hang zur Verklärung in die rosige Vorausschau (*rosy perspection*) und die rosige Rückschau (*rosy retrospection*). Die Menschen verdanken die Verdrängung des kleinen Ärgers möglicherweise dem Stirnlappen des Gehirns, der auch sonst zur positiven Grundierung der Welt beiträgt: Er macht die Leute glauben, dass sie überdurchschnittliche Autofahrer, kluge Menschen und sensible Mitbürger seien. Dieses Überlegenheitsgefühl in Kombination mit der rückblickenden Verklärung befähigt uns schließlich, unseren Lebenslauf als das Ergebnis sorgfältiger Planung und Abwägung darzustellen, während wir in Wahrheit womöglich in einige Stationen unseres Lebens unversehens hineingestolpert sind.

Man darf an dieser Stelle fragen: Na und? Was ist schlimm an einer positiven Sicht der Dinge? Das ist ein guter Einwand. Womöglich ist die rosige Sichtweise einer der wenigen Denkfehler, dessen Vorzüge seine Nachteile überwiegen. Denn zunächst einmal heben gute Erinnerungen und Vorfreude die Stimmung. Und gute Stimmung erleichtert es uns, auch die gelegentlich fade oder enervierende Gegenwart zu meistern.

Die Frage wäre, ob die rosige Sicht uns permanent zu schlechten Entscheidungen führt. Würden wir eine verklärte Campingreise durch Frankreich, die in Wahrheit durch Ungeziefer, unfreundliche Herbergsväter und mieses Wetter geprägt war, genauso wiederholen und damit mit hoher Wahrscheinlichkeit ähnliche negative Erlebnisse riskieren? Eher nein. Vermutlich würden wir zwar nach Frankreich reisen, aber dann doch nicht mehr im Zelt. Zudem haben schon viele die Erfahrung gemacht, dass die Sicht immer realistischer wird. Jedes rosige Ereignis wird bei Wiederholung ein Stück realistischer. Wer einen tollen Sprachaufenthalt in Italien hatte, der wird, wenn er ihn im nächsten Jahr wiederholt, nur noch mäßig begeistert zurückkommen. Und selbst der Wein, der im Koffer mit nach Hause gekommen ist, schmeckt zu Hause nicht mehr so wie auf der Reise.

Doch ganz harmlos ist der Denkfehler vielleicht doch nicht. So wissen natürlich die Unternehmen um die verwirrende Kraft der Nostalgie. Rundfunksender werben um die zahlungskräftigen Babyboomer mit dem Slogan »Gib mir das Gefühl zurück«. Autobauer fahren mit ihren alten Stars vor: VW mit dem Käfer, Citroën mit der Ente. Sie wollen offenbar unseren Hang zur Verklärung ausbeuten.

Der amerikanische Designprofessor Dan Norman hat eine interessante Beobachtung gemacht. Wenn er Leute aufforderte, ihm die Vorzüge und Nachteile eines bestimmten Autos, eines Smartphones oder etwa des Möbelhauses Ikea ausführlich zu nennen, dann erhielt er überraschend nüchterne und klare Antworten. Die Vorteile wurden benannt, die Nachteile nicht ausgespart.

Selbst bei sehr beliebten Marken ist die Liste der Minuspunkte oft lang. Die Leute erwähnen zum Beispiel, dass sie auf dem Weg zum gewünschten Ikea-Möbel durch sämtliche Abteilungen des Einrichtungshauses gezwungen werden. Sie beklagen sich, dass es schwer ist, jemanden zu finden, der ihnen beim Einpacken hilft. Zu Hause sind sie nicht selten überfordert mit dem Zusammenbau. Und jede schräg montierte Schranktür erinnert täglich daran, dass der Aufsteller versagt hat.

Im Gedächtnis scheint aber zu bleiben, dass der Ikea-Besuch im Grunde eine gelungene Sache war. Die Schweden vermitteln schöne Erinnerungen. Und Regale, die die Leute selbst aufgebaut haben, liegen ihnen mehr am Herzen als andere. Also kommen sie immer wieder, selbst jene, die nach dem Ende ihrer Ausbildung abgeschworen hatten.

Nun ist der verantwortliche Stirnlappen nicht nur ein Malermeister, der die Erinnerungen verschönert. Er erfindet gelegentlich auch etwas hinzu. Psychologen kennen das Phänomen schon lange. In einem vielzitierten Experiment beharrten die Versuchsteilnehmer auf ihrer Erinnerung, den berühmten Hasen Bugs Bunny im Erlebnispark Disney World gesehen zu haben. Bugs Bunny ist keine Disney-Figur und deshalb in dem Park schwerlich anzutreffen. Warum diese Figur im Gedächtnis entstanden ist, soll an dieser Stelle nicht weiter behandelt werden. Fest steht aber, dass falsche Erinnerungen das gleiche Gewicht haben wie richtige.

Der Hang zur Verklärung

Der Fehler: Ereignisse werden im Rückblick höher eingeschätzt, vorausgesetzt, sie hatten keine traumatisierende Wirkung.

Die Gefahr: Unternehmen machen sich die Neigung zur rosigen Rückschau zunutze und verführen uns zu

Kaufentscheidungen, die wir bei nüchterner Betrachtung so nicht treffen würden.

Die Abhilfe: Immer wenn Kaufentscheidungen den zarten Geruch der Nostalgie haben, sollten Sie sich dessen bewusst sein. Sie müssen deshalb nicht verzichten. Machen Sie sich jedoch in einem kurzen nüchternen Moment klar, dass ein Teil des Kaufpreises auf rosigen Erinnerungen beruht.

Winand von Petersdorff

WIR SIND LEICHTGLÄUBIG

DIE BOTSCHAFT HÖR ICH WOHL ...

Wenn im Fernsehen der Mann dank neuem Deo die Blicke der schönsten Frauen auf sich zieht. Wenn im Radio der Müsli-Mann erzählt, dass seine Haferflocken besonders lecker schmecken. Wenn in der Zeitung der Elektromarkt verkündet, dass er besonders billig ist. Und wenn im Internet das neue Auto richtig schnittig aussieht. Dann denkt der aufgeklärte Bildungsbürger: Darauf falle ich doch nicht rein. Aber halt, nicht so schnell! Die Wahrheit herauszufinden, das dauert länger.

Bei der Wahrheitsfindung hilft eine Propagandafilmreihe der amerikanischen Armee aus dem Zweiten Weltkrieg, sie hieß *Warum wir kämpfen*. Der berühmte amerikanische Psychologe Carl Hovland und zwei seiner Kollegen zeigten diese Propagandafilme amerikanischen Soldaten und befragten sie hinterher nach ihrer Einstellung zum Krieg. Anfangs zeigten die Filme kaum Wirkung. Aber je mehr Zeit verging, desto eher glaubten die Soldaten dem Propagandafilm und desto eher übernahmen sie dessen Argumentation. Diese paradoxe Wirkung nannten Hovland und seine Kollegen den Schläfereffekt – wohl deshalb, weil die Nachricht erst einmal im Hinterkopf schläft.

Das Ganze wirkte so seltsam, dass die Psychologen es zunächst selbst nicht glaubten. Jahrzehntelang stritt die Fachwelt, ob der Effekt tatsächlich existiert. Doch inzwischen gibt es viele Experimente zum Schläfereffekt, sodass ihn niemand mehr vom Tisch wischen kann. Und es gibt auch eine Erklärung.

Wer Informationen aus einer unglaubwürdigen Quelle bekommt, der lässt sich davon anfangs nur wenig beeindrucken. Die Quelle ist schlicht nicht geeignet, um Vertrauen zu schaffen. Dummerweise merken sich die Menschen aber länger, was sie gehört haben, als wer's gesagt hat. Mit der Zeit bleibt im Gedächtnis nur noch die Behauptung übrig. Wie glaubwürdig die Quelle war, das fällt den Menschen erst nach einigem Überlegen wieder ein – oder auch gar nicht mehr. Und schon sind sie überzeugt von dem, was sie da gehört haben.

Der Schläfereffekt wirkt übrigens auch umgekehrt: Informationen aus glaubwürdigen Quellen werden mit der Zeit schwächer, weil sich die Menschen auch in diesen Fällen nicht daran erinnern, wie gut ihre Quelle war. Immerhin gibt es keine Hinweise darauf, dass unglaubwürdige Informationen stärker im Gedächtnis verankert werden als glaubwürdige. Doch das ist schon die einzige Beruhigung. Denn im Lauf der Jahre hat sich gezeigt: Der Schläfereffekt mag nicht immer groß sein, aber er ist heimtückisch und trifft uns in den Situationen am heftigsten, in denen wir uns am sichersten glauben.

Bei plumper Reklame hat er noch die schlechtesten Karten, in fast allen anderen Situationen wird er nur noch stärker. Das zeigt eine Übersicht der Psychologen Tarcan Kumkale und Dolores Albarracin, die an der Universität von Florida 24 Studien mit insgesamt 72 unterschiedlichen Experimenten ausgewertet haben.

Einleuchtend ist noch, dass der Schläfereffekt stärker wirkt, wenn man erst hinterher erfährt, woher eine Information stammt. In solchen Situationen kommen die Sätze zunächst ungefiltert im Gedächtnis an; sie von vornherein zu vernachlässigen, fällt schwer. Erst danach kommt die Information über die Glaubwürdigkeit. Beste Chancen für den Schläfereffekt. Der Mechanismus ist aber auch umso wirksamer, je stärker sich der Mensch für das betreffende Thema interessiert. Dann verarbeitet der Kopf die neuen Argumente besonders gut, doch die Quelle geht nach wie vor verloren. Hilft es wenigstens, wenn man über das Thema gut Bescheid weiß oder grundsätzlich intelligent ist? Nein, auch das macht es nur schlimmer. Wieder gilt: Je besser der Kopf die Argumente verarbeitet, desto wichtiger wäre die Information über die Quelle, doch die wird trotzdem nicht gehütet.

Ein sicheres Mittel gegen den Schläfereffekt ist, gar nicht hinzuhören. Was zum einen Ohr reingeht und zum anderen wieder raus, das setzt sich nicht im Kopf fest, weder heute noch irgendwann später. So wird Ignoranz ganz plötzlich zur Gewinnerstrategie. Blöd nur, dass sie nicht universell einsetzbar ist. Bei Werbung mag das ja noch funktionieren. Aber im restlichen Leben ist es keine gute Lösung, sich permanent taub zu stellen. Wer sich beim Einkaufen beraten lassen möchte, kann das Hirn nicht auf Durchzug stellen.

Welche Chancen gibt es dann? Das zeigt schon das Wesen des Schläfereffekts selbst: Menschen sollten handeln, solange sie hellwach sind. Wer sich an die Daten und ihre Quelle erinnert, kann guten Gewissens einkaufen gehen. Wer dagegen nur noch weiß, was er irgendwann einmal irgendwo gehört hat – der bleibt lieber zu Hause und informiert sich noch einmal neu.

Der Schläfereffekt

Der Fehler: Menschen merken sich Informationen, und zwar auch solche aus unglaubwürdigen Quellen. Dass die Quelle unglaubwürdig ist, vergessen sie schneller als die Informationen selbst.

Die Folgen: Nach einiger Zeit glauben sie Dinge, die sie sonst nie geglaubt hätten.

Die Abhilfe: Wenn Sie beim Einkaufen Beratung brauchen, sollte Sie diese erst kurz vor dem eigentlichen Kauf einholen. Grundsätzlich sollten Sie nichts glauben, was Sie irgendwann irgendwo gehört haben.

Patrick Bernau

PLÖTZLICH KANN SOGAR
EIN PFERD RECHNEN

Hans war ein Superstar: Er konnte rechnen, den richtigen Wochentag nennen, die Uhr lesen und die Bilder auf Spielkarten erkennen. Sensationell? Ja, denn Hans war ein Pferd, ein Orlow-Traber, und sein Besitzer, der pensionierte Mathematiklehrer Wilhelm von Osten, schien es tatsächlich geschafft zu haben, einem Pferd Mathematik, Wochentage, die Uhr und Spielkarten zu lehren, weswegen man das Pferd den klugen Hans nannte. Um herauszufinden, wie klug Hans wirklich war, mühte sich im Jahr 1904 eine dreizehnköpfige wissenschaftliche Kommission, das Rätsel zu lösen: Kann ein Pferd rechnen oder buchstabieren?

Nicht die Kommission, sondern ein Student löste das Rätsel. Hans beantwortete die Fragen, indem er mit dem Huf aufstampfte. Sollte er beispielsweise drei plus zwei zusammenzählen, so stampfte er fünf Mal mit dem Huf auf. Und hier lag der Schlüssel zu den Rechenkünsten des klugen Hans: Hans rechnete nicht, aber er konnte aus der Mimik des Fragestellers erkennen, wann die vom Fragesteller erwartete Anzahl an Hufstampfern erreicht war. Bei den ersten vier Hufstampfern lehnte sich der Fragesteller gespannt nach vorne. Dann kam der fünfte Stampfer, und der Fragesteller lehnte sich entspannt zurück. Das war für Hans das Zeichen stillzuhalten, und damit lieferte er das richtige Ergebnis. Die

Fragesteller hatten Hans unbewusst selbst die richtige Antwort vorgegeben und sich dann über Hans' vermeintliche Klugheit gewundert.

Der kluge Hans verrät einiges über das Informationsverhalten von Menschen. Wir interpretieren in eine Information das hinein, was wir aus ihr herauslesen wollen. Wir erwarten von Hans ein bestimmtes Ergebnis, und diese Erwartung führt dazu, dass Hans genau dieses Ergebnis stampft. Dann wundern wir uns, weil wir nun glauben, dass ein Pferd rechnen kann. Dabei übersehen wir, dass wir Hans die Antwort selbst auf die Hufe gelegt haben. Man könnte das den Kluger-Hans-Effekt nennen: Wir nehmen Informationen nicht unvoreingenommen und einheitlich auf. Stattdessen legen wir sie vor dem Hintergrund unserer Meinungen und Erfahrungen aus und lesen das in sie hinein, was wir lesen wollen.

Psychologen sprechen vom Bestätigungsirrtum: Wir neigen dazu, Fakten und Informationen im Sinne bereits vorgefasster Meinungen zu deuten oder zu suchen. Ein Experiment macht diesen Zusammenhang deutlich: Man bildet zwei Gruppen von Versuchspersonen – Gegner und Befürworter der Todesstrafe. Beide Gruppen lesen dieselbe Literatur zur Wirkung der Todesstrafe, und obwohl alle Versuchspersonen dieselben Quellen gelesen haben, sehen sich sowohl die Befürworter der Todesstrafe als auch ihre Gegner durch die Literatur in ihrer Meinung bestätigt. Es spielt keine Rolle, wie sie vor dem Experiment über die Todesstrafe dachten. In jedem Fall sehen sie sich durch die Lektüre der identischen Quellen in ihrer Meinung bestärkt. Sie haben das in die Literatur hineingelesen, was sie hineinlesen wollten – wie beim klugen Hans.

Die Folgen des Kluger-Hans-Effekts sind weitreichend. Wir konzentrieren uns auf die von uns bevorzugte Vorstellung von der Wirklichkeit und vernachlässigen Argumente, die gegen sie sprechen; wir suchen eher Fakten, die unsere Meinung bestätigen; wir verleihen Argumenten, die unsere Meinung stützen, ein höheres Gewicht; und nicht eindeutige Fakten deuten wir im Sinne unserer eigenen Meinung um. Kurzum: Wir schotten uns gegen andere Meinungen ab, indem unser Informationsverhalten darauf ausgelegt ist, unsere Meinung zu bestätigen, anstatt sie infrage zu stellen.

Mit dem Kluger-Hans-Effekt arbeiten beispielsweise faule Börsengurus: Sie treffen ungenaue Aussagen, welche ihre Anhänger im Lichte ihrer eigenen Meinung mit Inhalt füllen – ein Trick, den auch Hellseher einsetzen. Und egal, wie gut die Prognosen der Gurus sind: Wer an sie glaubt, der wird im Sinne des Bestätigungsirrtums die Ergebnisse der Vorhersagen zu Erfolgen umdeuten, auch wenn die Gurus danebenliegen.

Eine weitere Folge des Kluger-Hans-Effekts ist die sogenannte illusorische Korrelation: Hat man sich einmal eine Vermutung zurechtgelegt, so führt das dazu, dass man statistische Zusammenhänge sieht, wo keine sind. Ist man beispielsweise gewillt, daran zu glauben, dass es einen Zusammenhang zwischen Kursbewegungen an der Börse und dem Ausgang eines Football-Endspiels gibt, so findet man plötzlich überall Hinweise, die diesen Glauben stützen.

Was hier konstruiert klingt, wird an der Börse als der Super-Bowl-Indikator gefeiert, der besagt, dass der Dow-Jones-Index immer dann steigt, wenn ein Team der National Football Conference den Super Bowl gewinnt und nicht eines aus der American Football Conference. Auf dieser Voraussage beruht eine weitgehend sinnfreie Anlagestrategie, die dem Bestätigungsirrtum entspringt: Setze auf den Dow Jones, wenn die Mehrheit ein NFC-Team vorn sieht. Die Grenzen zum Aberglauben sind fließend. In die gleiche Kategorie fallen bestimmte, aus der Aufzeichnung von Börsenkursen abgeleitete technische Börsenindikatoren. Von ihnen wird später in diesem Buch noch die Rede sein. In der ganz schlimmen Version dieses Verhaltens legt man sich dann eine Hasenpfote neben den Handelsbildschirm oder geht zum Börsenastrologen.

Eine weitere Folge des Kluger-Hans-Effekts besteht darin, dass wir unsere Meinungen und Vorurteile nicht umstoßen können. Im Gegenteil, wir suchen vorzugsweise nach Informationen, die unsere Haltung stützen. Haben wir einmal die Meinung gefasst, dass die Kurse steigen müssen, so halten wir an ihr fest, und möglicherweise investieren wir mit vollem Tempo in die falsche Richtung.

Im schlimmsten Fall verschließen wir uns auch gegenüber wohlmeinenden Ratschlägen: Wir halten an einer Idee, einer Strategie fest, obwohl sie von der Wirklichkeit schon längst widerlegt ist. Daraus kann der Denkfehler des sogenannten Methodismus entstehen, der später ebenfalls noch zur Sprache kommen wird. Die Folge kann aber auch sein, dass die eigene Meinung zur Religion erhoben wird und dass der, der sie nicht teilt, als inkompetent, vorurteilsbeladen oder gar Teil einer Verschwörung hingestellt wird. Und schon werden die Kurse manipuliert, haben sich die Notenbanken der Welt zu einem Goldkartell zusammengetan, haben sich die Banken gegen die Kunden verschworen. Für windige Geschäftemacher sind Verschwörungstheorien ein gefundenes Fressen: Auf deren Basis drehen sie ihren Opfern zweifelhafte Geldanlagen an, die der Verschwörung trotzen sollen.

Was kann man gegen dieses fatale Informationsverhalten unternehmen? Experimente zeigen, dass sich unser Informationsverhalten verbessert, wenn man uns Alternativen ausdrücklich vorstellt oder Entweder-oder-Fragen stellt. Sobald wir erkennen, dass es Gegenentwürfe zu unserer Meinung gibt, haben wir die Chance, dem Bestätigungsirrtum zu entgehen. Fragen wir also immer gezielt nach Argumenten gegen die eigene Meinung: Was könnte dagegensprechen, dass die Kurse steigen? Was könnte gegen den Super-Bowl-Indikator sprechen? Je mehr wir es uns angewöhnen, unsere Meinung auf den Prüfstand zu stellen, desto größer sind unsere Chancen, zu einem ausgewogenen Urteil zu gelangen. Dann gehen wir auch rechnenden Pferden nicht mehr so leicht auf den Leim.

Der Kluger-Hans-Effekt

Der Fehler: Wir deuten und suchen Informationen nur im Sinne bereits vorgefasster Vermutungen oder Meinungen.

Die Gefahr: Das Resultat sind Vorurteile und schlimmstenfalls Aberglaube; wir halten an einmal gefassten Vorurteilen fest und haben Schwierigkeiten, unser Verhalten zu ändern.

Die Abhilfe: Suchen Sie nach Gegenmeinungen. Fragen Sie von sich aus, was gegen Ihre eigene Meinung spricht. Hören Sie Kritikern aufmerksam zu, auch wenn Ihnen deren Aussagen gegen den Strich gehen.

Hanno Beck

TRICKSEN MIT DEM RAHMEN

Wie wir Informationen aufnehmen und deuten, hängt sehr davon ab, in welchen Rahmen sie eingebettet sind. So wird die Aussage »Die morgige Tagestemperatur beträgt 15 Grad Celsius« im Januar mit Sicherheit ganz anders bewertet als im August. Im Winter erscheint sie ungewöhnlich hoch, im Sommer sehr niedrig. Die Umstände sind also wichtig dafür, wie wir eine Information aufnehmen.

Das allerdings kann uns auch Probleme bereiten. Der Rahmen (im Englischen: *frame*) kann unsere Entscheidungen verzerren. Welchen Einfluss Rahmensetzungen auf die Entscheidungen von Menschen haben, haben die Forscher Daniel Kahneman und Amos Tversky in einem Experiment gezeigt.

Dabei sollten sich die Versuchsteilnehmer vorstellen, dass eine ungewöhnliche Grippe-Epidemie drohte. Ihr sollten 600 Menschen zum Opfer fallen, sofern keine Gegenmaßnahmen ergriffen würden. Zur Eindämmung der Epidemie standen zwei Programme zur Auswahl. Programm A bot die Gewähr, dass genau 200 Menschen gerettet würden. Programm B bot die Möglichkeit, dass alle 600 Personen gerettet würden, allerdings nur mit einer Wahrscheinlichkeit von einem Drittel; in allen übrigen Fällen würde sich niemand retten lassen. Von den Befragten entschieden sich 72 Prozent für Programm A (die sichere Option) und 28 Prozent für Programm B (die unsichere Option).

In der zweiten Runde sollten sich die Versuchsteilnehmer bei gleicher Ausgangslage zwischen zwei weiteren Programmen entscheiden. Bei Programm C war mit Sicherheit davon auszugehen, dass 400 Menschen sterben würden. Bei Programm D bestand eine Ein-Drittel-Wahrscheinlichkeit, dass niemand sterben würde, und eine Zwei-Drittel-Wahrscheinlichkeit, dass alle 600 Menschen sterben würden. Hier entschieden sich 78 Prozent der Befragten für Programm D und damit anders als in der ersten Versuchsrunde für die unsichere Option.

Vergleicht man nun die vier Alternativen miteinander, so erkennt man, dass die Programme A und C ebenso wie die Programme B und D zu denselben Ergebnissen führen. In Programm A und C sterben jeweils 400 Menschen, während 200 überleben. In Programm B und D ist der Ausgang unsicher, aber mit einer Wahrscheinlichkeit von zwei Dritteln sterben alle 600.

Die Programme A und C unterscheiden sich also nur in der Formulierung, und das gilt auch für die Programme B und D. Stellen A und B sprachlich auf die positiven Folgen (Rettung) ab, so heben C und D spiegelbildlich die negativen (Sterben) hervor. Das könnte der Grund dafür sein, dass die Entscheidungen in der zweiten Runde anders ausfielen. Möglicherweise sind die ausdrücklich formulierten Konsequenzen des Programms C – der sichere Tod von 400 Menschen – für die meisten unerträglich, während die spiegelbildliche Darstellung desselben Sachverhalts in Programm A – das sichere Überleben von 200 Menschen – von den belastenden Gefühlen ablenkt. Den Entscheidungsrahmen zu ändern, kann also auch die Entscheidung selbst grundlegend verändern. In Kahnemans und Tverskys Versuch wurden schlicht und einfach die Risiken in anderen Worten beschrieben.

Dieses Phänomen ist auch bei wirtschaftlichen Entscheidungen zu beobachten. Zur Information über Chancen und Risiken von Finanzprodukten werden oftmals grafische Darstellungen vergangener Kursverläufe genutzt. Dass uns ein Produkt dabei attraktiver erscheint, wenn es im dargestellten Zeitraum an Wert gewonnen hat, liegt auf der Hand.

Bei der Anlageberatung können Änderungen der Rahmenbedingungen ebenfalls eine wichtige Rolle spielen. Bankkunden, die ihrem Berater gegenüber Sympathie und Vertrauen empfinden, sind sicherlich eher geneigt, ein empfohlenes Produkt zu kaufen, als Kunden, die ihren Berater für einen Schnösel halten. Zu den verhaltenswirksamen Umständen der Beziehung zwischen Kunde und Anlageberater gehört auch die grundsätzliche Einstellung des Kunden zur Bankberatung. Sieht der Kunde einen Bankberater als unabhängigen Ratgeber, ähnlich wie einen Arzt, so wird er tendenziell mehr Beratung in Anspruch nehmen und der Empfehlung seines Beraters häufiger folgen. Wer ein solches Gespräch hingegen eher angeht wie eine Beratung im Elektronikmarkt, der wird auch öfter abweichende Entscheidungen treffen.

Rahmensetzungen, die das Vertrauen des Anlegers zum Berater fördern, können sich sehr positiv auf die Anlageentscheidung auswirken. Gefährlich werden können sie aber vor allem dann, wenn sie den Blick auf Risiken verstellen. Um dem vorzubeugen, hat die Europäische Union im Jahr 2011 Investmentfonds dazu verpflichtet, wesentliche Anlegerinformationen in einheitlicher Form bereitzustellen. Für alle Fonds sind ausgewählte Kennziffern und qualitative Angaben einheitlich so zu präsentieren, dass es dem Anleger ohne größeren Aufwand möglich ist, unterschiedliche Fonds miteinander zu vergleichen. Auf diese Weise soll verhindert werden, dass unterschiedliche Rahmensetzungen die Wahrnehmung von Chancen und Risiken verzerren.

Die Vernachlässigung des Entscheidungsrahmens

Der Fehler: Wie wir einen Sachverhalt wahrnehmen, hängt von der Art seiner Beschreibung ab. Ob wir ein Risiko für tragbar halten oder nicht, wird deshalb auch dadurch bestimmt, wie uns dieses Risiko dargestellt wird.

Die Gefahr: Durch die Aufbereitung von Informationen können Berater unsere Risikowahrnehmung und damit auch unsere Anlageentscheidung beeinflussen. Sind wir uns dessen nicht bewusst, so entscheiden wir uns womöglich für die falsche Lösung.

Die Abhilfe: Vergleichen Sie die Alternativen systematisch anhand von möglichst objektiven Gesichtspunkten. Fragen Sie deshalb immer nach den Informationen, die Sie für einen umfassenden Vergleich benötigen. Prüfen Sie diese kritisch, und machen Sie es sich zur Gewohnheit, Ihre Entscheidungen aus verschiedenen Blickwinkeln zu beleuchten. Vertrauen Sie weder Empfehlungen Dritter noch Ihrem eigenen Urteil blind, sondern denken Sie stets darüber nach, welche Rahmenbedingungen im Hintergrund wirken.

Lutz Johanning
Maximilian Trossbach

DER ZUFALL IST WILD
UND UNBERECHENBAR

Im Jahr 2000 wurden die Börsianer durch eine sensationelle Nachricht aufgerüttelt: »Biodata findet neues Medikament gegen das Aids-Virus«, plärrte es über das deutsche Börsenparkett, das sich in jenen Tagen im Kursrausch befand. Die Euphorie am Markt für Hightech-Aktien schien keine Grenzen zu kennen. Bald danach sollte die Stimmung in großen Katzenjammer umkippen.

Das Ärgerliche an der Nachricht war, dass das Unternehmen Biodata keine Pharmaprodukte entwickelte, sondern Lösungen zur IT-Sicherheit. Das hinderte aber viele Anleger nicht daran, Biodata-Aktien zu kaufen. Denn ein Unternehmen, das die Silbe Bio im Namen trug, musste wohl etwas mit Biotechnologie zu tun haben. Und diese Zukunftsbranche war damals an der Börse besonders gefragt.

Man mag über diesen Kurzschluss in den Köpfen mancher Anleger schmunzeln, aber genau auf diese Weise gehen Menschen oft vor, wenn sie eine Person, einen Gegenstand oder einen Vorgang einordnen: Hat das Objekt A starke Ähnlichkeit mit anderen Objekten aus einer Gruppe B, so schließen wir, dass A ein Mitglied der Gruppe B sein muss. Wenn ein Mensch aussieht wie ein Buchhalter, muss er auch ein Buchhalter sein. Und wenn ein Unternehmen das Wörtchen Bio im Namen führt, so wie andere Biotechnologie-Unternehmen, dann muss es ein Biotechnologie-Unternehmen sein, oder?

Die Psychologen Amos Tversky und Daniel Kahneman haben diese gedankliche Abkürzung auf das Wortungetüm Repräsentativitätsheuristik getauft. Wir klassifizieren Dinge, Menschen und Vorgänge nach Eigenschaften, die uns typisch erscheinen. Wer einem Banker ähnlich ist, weil er wie ein Banker gekleidet ist, der ist auch einer. Grundsätzlich ist diese Denkstrategie klug und zeitsparend. Sie kann aber zu Fehlentscheidungen führen, vor allem dann, wenn wir uns mit dem Zufall beschäftigen. Das Problem des Menschen mit dem Zufall ist nämlich, dass er ihn sich als ungeordnet, als wirr und chaotisch vorstellt. Also kann alles das, was nicht ungeordnet, wirr und chaotisch ist, Zufall nicht widerspiegeln – und kann deswegen auch kein Zufall sein. Wir glauben nicht, dass ein Zufall Muster erzeugt. Deswegen weisen wir Mustern immer eine Bedeutung zu, und zwar auch dann, wenn sie zufällig entstanden sind.

Das führt beispielsweise dazu, dass Menschen an die Kraft dessen glauben, was in der Finanzwelt als Chartanalyse bezeichnet wird. Wer in der Art, wie ein Aktienkurs verläuft – wie oft und wie stark er steigt und fällt –, ein Muster sieht, der gibt diesem Muster eine Bedeutung, weil er davon überzeugt ist, dass Muster nicht zufällig entstehen können. Die Repräsentativitätsheuristik, der Schluss vom größeren Ganzen aufs Einzelne, kann also dazu führen, dass wir zufällige Kursbewegungen mit Bedeutung adeln. Das macht die Chartanalyse, die wir im nächsten Kapitel diskutieren werden, in den Augen ihrer Kritiker zu Narrengold. Doch nicht nur das. Die Repräsentativitätsheuristik nährt auch unsere Erwartung, dass unsere Vorstellung vom Zufall sich überall widerspiegelt. Deswegen glauben Menschen an die heiße Hand.

Hinter der Idee der heißen Hand steht die Vorstellung,

dass Serien nicht zufällig sein können, auch wenn sie nur von kurzer Dauer sind: Wenn ein Analyst vier Jahre in Folge richtigliegt, eine Aktie oder ein Index mehrere Monate hintereinander steigt, dann glauben wir, dass der Analyst oder die Aktie heiß sind, dass dieser Lauf so weitergeht – und investieren. Statistisch gesehen ist das mutig, denn ein solcher Erfolg muss nicht ein Hinweis auf einen Trend oder besondere Fähigkeiten des Analysten sein. Vielmehr kann er ganz zufällig zustande gekommen sein. Aber das würde unserer Vorstellung vom Zufall nicht entsprechen.

Im schlimmsten Fall investieren wir dann, weil wir uns auf vereinzelte, längst vergangene und unbedeutende Erfolge berufen. Die Repräsentativitätsheuristik führt also dazu, dass der Analyst, der einmal spektakulär richtigliegt, zum Guru wird, dass ein Analyst, der mehrmals in Folge richtigliegt, eine heiße Hand hat, dass der Fonds, der drei Jahre hintereinander den Markt schlägt, angeblich die beste Wahl ist. Wir investieren, weil wir zufälligen Ereignissen nachträglich einen Sinn verleihen.

Während man bei der heißen Hand also erwartet, dass alles so weitergeht wie bisher, geht man beim sogenannten Spielerirrtum vom Gegenteil aus, nämlich davon, dass eine Serie enden muss. Sieht man beispielsweise im Kasino, dass die Kugel vier- oder fünfmal hintereinander auf Rot fällt, so erwartet man, dass jetzt Schwarz an der Reihe ist, weil das Ereignis »viermal hintereinander Rot« nicht unserer Vorstellung vom Zufall entspricht. Wer dem Spielerirrtum unterliegt, begeht also den gleichen Fehler wie die Anhänger der heißen Hand mit anderem Vorzeichen: Er glaubt nicht, dass ein Trend Bestand hat, weil es unserer Vorstellung von Zufall entspricht, dass Trends zu Ende gehen müssen. Den Spielerirrtum stellen wir später in diesem Buch ausführlich vor.

So widersprüchlich die beiden Ideen sind, so prima passen sie in der Realität zusammen. Nach einer Untersuchung erwarten private Anleger, dass amerikanische Aktien steigen werden, wenn sie im Vorjahr gestiegen sind. Professionelle Investoren hingegen denken anders: Sie unterliegen dem Spielerirrtum, glauben also daran, dass nach einem guten Jahr ein schlechtes Jahr folgen muss. Der echte Zusammenhang wäre übrigens: gar keiner. Die Renditen des Vorjahres haben wenig Erklärungskraft für das aktuelle Jahr. Sowohl die Profis als auch die privaten Anleger ziehen aus vermeintlich bedeutsamen Mustern falsche Schlüsse.

Wir fällen Investitionsentscheidungen, weil wir zufälligen Ereignissen nachträglich einen Sinn verleihen, was nicht gerade die beste Entscheidungsgrundlage ist. Der Zufall ist so wild und unberechenbar, dass er auch Muster erzeugt – und wenn wir nicht lernen, dass so etwas möglich ist, machen wir uns zu Narren des Zufalls. Dass Abkürzungen des Denkens keine gute Voraussetzung für erfolgreiche Anlageentscheidungen sind, mussten auch die Käufer der Biodata-Aktie erfahren: Knappe zwei Jahre später meldete das Unternehmen Insolvenz an.

Nicht alles, was so aussieht, folgt einer Regel

Der Fehler: Wenn wir eine Entwicklung betrachten, die einem erkennbaren Muster zu folgen scheint, so vermuten wir hinter dieser Entwicklung eine Regel. Wir glauben nicht, dass sie mehr oder weniger zufällig entstanden sein könnte. Unsere Vorstellung vom Zufall als chaotischem Mit- und Gegeneinander hindert uns daran.

Die Gefahr: Wir geben Zufällen zu rasch eine Bedeutung, wenn die Ereignisse nicht unserer Vorstellung vom

Zufall entsprechen. Wir treffen auf dieser Basis sogar Kaufentscheidungen, die teuer werden können.

Die Abhilfe: Werfen Sie ein paar Mal eine Münze, und notieren Sie nach jedem Wurf Kopf oder Zahl. Sie werden Muster finden, die zufällig entstanden sind. Das sollte Sie an das Wesen des Zufalls erinnern.

Hanno Beck

DER TRÜGERISCHE CHARME
DER KURSAUFZEICHNUNGEN

Aktienkurse sind kuriose Existenzen: Sie ändern ihren Wert fast von Sekunde zu Sekunde, und verfolgt man ihren Lauf eine Zeit lang, so ist auf den ersten Blick fast nie ein Muster zu erkennen.

Auf den zweiten Blick aber schon. Denn in nichts ist unser Gehirn erfinderischer als im Entdecken von Ordnung in chaotischen Zusammenhängen. Wenn es keine Ordnung gibt, dann konstruiert man eben eine. So sind alle großen Religionen dieser Welt entstanden, und so entstand auch die Chartanalyse.

Der Begriff steht für die Gesamtheit aller Verfahren, mit denen aus vergangenen Kursverläufen Informationen über die Zukunft einer Aktie abgeleitet werden. Wichtige Signale für Chartanalysten liefert beispielsweise die 200-Tage-Linie: Wenn der Kurs einer Aktie unter den Durchschnitt ihrer Kurse an den vergangenen 200 Börsentagen fällt, dann ist ihrer Meinung nach Vorsicht angesagt. Besser schnell verkaufen, die Reise geht nach unten, so dann der Rat.

Auch die berühmte Kopf-Schulter-Formation ist ein solches Verkaufssignal: Wenn ein Aufwärtstrend kurz abgebrochen, dann ein neuer Höhepunkt erreicht wird, dann der Kurs wieder leicht fällt, dann wieder leicht steigt und schließlich nochmals fällt, steht nach Auffassung der Chartanalysten eine größere Trendumkehr bevor. Die Kurslinie erinnert dann entfernt an einen Kopf, der auf zwei Schultern ruht.

Andere Techniken der Chartanalysten setzen auf Trendkanäle, Langfristwellen oder den Kursverlauf eines Tages. Im zuletzt genannten Fall wird die Spanne zwischen dem Eröffnungs- und dem Schlusskurs als senkrecht stehendes Rechteck abgebildet. Abweichungen aus diesem Rechteck innerhalb des betrachteten Tages nach oben heißen Docht, Abweichungen nach unten Lunte. So entsteht ein sogenannter Kerzenchart. Liegt der Schlusskurs über dem Eröffnungskurs, ist die Kerze hohl, andernfalls ist sie schwarz ausgefüllt. Die Idee dazu stammt aus Japan: Schon im 18. Jahrhundert untersuchte der japanische Reishändler Munehisa Homma damit die Kurse an der japanischen Reisbörse. Je nachdem, wie viele weiße oder schwarze Kerzen aufeinander folgen und wie lang die Dochte und die Lunten jeweils sind, lässt sich angeblich abschätzen, wie der nächste Börsentag verlaufen wird.

Das Dumme ist nur: Wendet man die Techniken der Chartanalyse in der Praxis an, so hat man in der Hälfte aller Fälle Glück und in der Hälfte aller Fälle Pech. Zumindest ist bis jetzt noch kein Investor bekannt, der durch Charttechniken reich geworden wäre. Und auch wer Kursdaten aus der Vergangenheit auf die Probe stellt, erhält immer wieder das gleiche Resultat: Egal welche Charttechnik man auch nimmt, besser als ein gewöhnliches Aktienkursbarometer schneidet in der Regel keine von ihnen ab. Oft bringen Charttechniken Investoren sogar hohe Verluste ein, wenn man die beträchtlichen Gebühren für den Kauf und Verkauf von Aktien in die Rechnung mit einbezieht.

Dass die Charttechnik so wenig erfolgversprechend ist, liegt an einem grundlegenden Konstruktionsfehler: All ihre Analyseverfahren schauen nur zurück, sie beziehen ihre Informationen aus der Vergangenheit. Aber dem Aktienmarkt ist die Vergangenheit egal. Nüchtern denkende Anleger wollen nur eines wissen: Was bringt mir ein Papier in Zukunft ein? Das ist natürlich ungewiss. Aber es gibt dennoch ein Näherungsverfahren, das allerdings eine gehörige Portion Rechnen bedeutet: Man ermittelt alle unsicheren künftigen Erträge und bildet daraus den Durchschnittswert, den sogenannten Erwartungswert. Berücksichtigt man dabei auch den Zinssatz, weil uns 100 Euro heute lieber sind als 100 Euro in einem Jahr, dann bildet der statistische Erwartungswert den Wert, den ein rationaler Anleger der Aktie zumisst.

Das funktioniert sogar, obwohl sich viele Börsianer um Durchschnitte und Erwartungswerte nur wenig scheren. Solche sogenannten Noise Trader, die nicht an die Effizienz von Märkten glauben und oft auf Börsengerüchte setzen, haben aber auf Dauer keinen Erfolg. Sie bezahlen am Ende nur die Gehälter all der Spezialisten, die Tag für Tag nichts anderes tun, als Schätzwerte für künftige Entwicklungen zu berechnen und möglichst ohne Verzug in Kauf- und Verkaufsentscheidungen umzusetzen.

Diese Fixierung auf die Zukunft ist zugleich der Grund, warum sich Aktienkurse so chaotisch verhalten, wie sie es tun, seitdem es Aktien gibt. Unregelmäßige Kursschwankungen sind nämlich kein Zeichen der Verrücktheit der Börsianer, sondern der Beweis des exakten Gegenteils: Wenn der aktuelle Kurs alle verfügbaren Informationen über die Zukunft enthält, dann kann er sich nur ändern, wenn etwas Neues zutage tritt, was man bis dato noch nicht wusste. Darum lassen sich Kursänderungen nicht vorhersagen.

Alles, was die Marktteilnehmer am Tag x über die künftigen Erträge einer Geldanlage wissen, ist im Kurs des Tages x schon enthalten. Daher müssten wir uns wundern, wenn Kursaufzeichnungen *kein* chaotisches Bild abgäben. Das hat als

Erster der Wirtschaftsnobelpreisträger Paul Samuelson in seinem berühmten Aufsatz aus dem Jahr 1973 mathematisch sauber formuliert. Dieser Aufsatz war das wissenschaftliche Todesurteil für die Chartanalyse. Seitdem lebt sie nur noch als Zombie weiter.

Der Glaube an Kursaufzeichnungen

Der Fehler: Menschen haben ein Grundbedürfnis nach Ordnung. Das verführt uns dazu, Trends zu sehen, wo es gar keine gibt. Gerne suchen wir auch nach Mustern und deuten in diese Informationen hinein, die nicht existieren. So entstehen Parallelwelten zwischen unserer Fantasie und der Wirklichkeit. Unser Handeln am Aktienmarkt löst sich von den Faktoren, die die Kurse tatsächlich bestimmen.

Die Gefahr: Wir übersehen wirklich wichtige, für den Kurs bedeutsame Informationen. Die Folge sind unnötige Kursverluste oder entgangene Gewinne. Dazu kommen noch die durch die vielen Kauf- und Verkaufssignale entstehenden, im Prinzip überflüssigen Kosten des Wertpapierhandels. Auf lange Sicht schlagen Handelsstrategien, die auf rein technischen Kursvorhersagen beruhen, den Markt nicht. Sie kosten im Gegenteil viel Geld.

Die Abhilfe: Schauen Sie an der Börse nur nach vorne, nie zurück. Börsengeschichte wiederholt sich nicht. Beherzigen Sie die alte Weisheit, Aktien zu kaufen und anschließend für lange Zeit nicht zu beachten. Vermeiden Sie hektisches Kaufen und Verkaufen, das macht nur Händler und Banken reich.

Walter Krämer

WARUM ERFAHRUNG DAS DENKEN BEHINDERT

Eine knifflige Frage: Wie hoch schätzen Sie die Wahrscheinlichkeit ein, dass in den kommenden dreißig Monaten die Aktienkurse um 90 Prozent abstürzen werden? Die korrekte Strategie zur Beantwortung dieser Frage besteht darin, sämtliche Argumente für und gegen ein solches Ereignis zu suchen, zu bewerten und zu gewichten, um dann zu einem gut abgehangenen Urteil zu kommen. Doch vielleicht hängt Ihre Einschätzung von etwas ganz anderem ab – nämlich davon, ob Sie selbst bereits einmal einen solchen Kursabsturz erlebt haben.

Als Verfügbarkeitsheuristik bezeichnen Psychologen diese Denkweise, um sich ein Urteil über einen Sachverhalt zu bilden: Unsere Einschätzung der Wahrscheinlichkeit eines Ereignisses hängt davon ab, wie gegenwärtig, das heißt wie gut verfügbar dieses Ereignis in unserer Erinnerung ist. Wer einen Kurssturz schon einmal selbst miterlebt hat, der schätzt die Wahrscheinlichkeit für ein vergleichbares künftiges Ereignis tendenziell höher ein als jemand, der den Kursen noch nie beim Tauchen zugeschaut hat. Wer einmal dabei war, der weiß eben, wie es sich anfühlt, wenn das Portfolio auf Blitzdiät geht.

Nach der Idee der Verfügbarkeitsheuristik entscheidet also die Verfügbarkeit von Beispielen aus unserem Gedächtnis über unsere Einschätzung von Wahrscheinlichkeiten oder Häufigkeiten. Das, was wir aus unserem Gedächtnis abrufen können, ist für uns realistisch und wahrscheinlich; was wir hingegen nicht selbst im Kopf haben, wird nicht passieren, ist nicht realistisch. Auf den Punkt gebracht: Wir halten etwas für umso wahrscheinlicher, je besser wir es uns vorstellen können.

Grundsätzlich ist das eine clevere Strategie. Wenn ich mich leicht an etwas erinnere, wenn ich mir etwas gut vorstellen kann, dann bedeutet das, dass es umso häufiger vorkommt. Warum sonst wäre es in meinem Kopf so präsent? Doch in Einzelfällen hat diese Strategie ihre Tücken, denn nicht immer bedeutet Verfügbarkeit auch Häufigkeit. Oftmals merken wir uns Dinge besser, weil sie einschneidend sind, weil sie an besondere Umstände geknüpft sind, uns persönlich besonders betreffen oder aber besonders spektakulär sind. Der Alltag unterläuft unseren Aufmerksamkeitsradar, besondere Ereignisse hingegen brennen sich in unser Gedächtnis ein – und schon halten wir sie für wahrscheinlich, realistisch, alltäglich, und aufgrund der Verfügbarkeitsheuristik überschätzen wir dann die Wahrscheinlichkeit solcher eher ausgefallenen Ereignisse.

Was sich recht akademisch anhört, hat im Alltag handfeste Folgen: Wenn das Nachbarhaus brennt, entschließen wir uns auf einmal doch, eine Feuerversicherung abzuschließen, weil sich jetzt die Gefahr eines Brandes buchstäblich in unser Gedächtnis eingebrannt hat. Ein anderes Beispiel ist die Nachfrage nach Hochwasserversicherungen, die steigt, wenn es ein Hochwasser gibt. Wir haben Angst vor einem Kurssturz, weil wir bereits einen erlebt haben, und wir sind zu sorglos an der Börse, wenn uns das Gefühl von Verlusten fremd ist. Hier lauert eine schier unerschöpfliche Fehlerquelle: Wir halten Dinge für wahrscheinlicher, die wir uns besser vorstellen können, was aber noch lange nicht heißen muss, dass sie auch häufiger vorkommen. So zeigen beispielsweise Studien, dass Laien Risiken ganz anders wahrnehmen als Experten, was auch daran liegen dürfte, dass sie bei der Einschätzung von Risiken in ihrem Gedächtnis kramen, während Experten sich an die Statistiken halten.

Die Risiken bestimmter Todesursachen schätzen Menschen zum Beispiel umso höher ein, je häufiger über diese Todesursachen in den Medien berichtet wird. Auch die Medien tragen also zur Prägung dessen bei, woran wir uns erinnern. Sie berichten nicht über die häufigsten, sondern über die spektakulärsten Todesursachen – und schon ängstigen wir uns über die Maßen um unser Kind, das von einem Kampfhund gebissen werden könnte. Im schlimmsten Fall schaffen Medien so etwas wie eine Verfügbarkeitskaskade: Die Öffentlichkeit stellt eine Gefahr fest, diese Wahrnehmung wird von den Medien aufgenommen, und die zunehmende Berichterstattung verstärkt die Wahrnehmung der Öffentlichkeit, was zu weiteren Berichten führt. Und schon mutiert die risikotechnische Mücke zum publizistischen Elefanten.

Ein schönes Beispiel aus dem Bereich der Aktienmärkte liefern Studien, die zeigen, dass bei Produktrückrufen von Autofirmen nicht nur die Aktie desjenigen Unternehmens leidet, das den Rückruf startet, sondern auch die Aktien der Konkurrenten. Den Aktionären wird schlagartig das Risiko eines Produktfehlers bewusst gemacht. Deswegen korrigieren sie ihre Risikoeinschätzung der betreffenden Aktie nach oben, auch wenn der Rückruf von einem anderen Unternehmen kam.

Durch die Launen der Verfügbarkeit ließen sich auch Trends an den Märkten für Geldanlagen erklären: Menschen investieren verstärkt in Anlageklassen, die gerade ihre Aufmerksamkeit erhascht haben. In der Tat kaufen vor allem Privatanleger häufig Aktien, die besonders ins Auge fallen, also Aktien, die sich durch extrem hohe Kursausschläge, ein hohes Handelsvolumen oder eine verstärkte Berichterstattung in den Medien auszeichnen. Auch bei Analysten vermutet man die Verfügbarkeitsheuristik, wenn diese in Zeiten des Aufschwungs sehr optimistische langfristige Gewinnschätzungen abgeben. Wer überall eine gedeihende Wirtschaft sieht, überschätzt die langfristigen Wachstumsaussichten.

Eine weitere Konsequenz kann eine Fehleinschätzung der eigenen Chancen am Aktienmarkt sein. Wenn die Medien voll sind von Geschichten über erfolgreiche Investoren, dann setzt sich die Vorstellung vom Erfolg an der Börse so sehr in unserem Kopf fest, dass wir am Ende unsere eigenen Chancen als Anleger überschätzen. Die Legion der Gescheiterten, die ihr Vermögen vernichtet haben, taucht hingegen nicht so oft in den Medien auf. Die im Dunkeln sehen wir nicht, was die Einschätzung unserer eigenen Chancen verzerrt. Wenn alle Zeitungen voll sind von den erfolgreichen Börsenjongleuren, wir aber praktisch nie etwas über die Gescheiterten lesen, warum sollten wir es dann nicht auch schaffen, erfolgreich zu sein? Und schon sind wir der Verfügbarkeitsheuristik aufgesessen.

Was ich gerade weiß, das macht mich heiß

Der Fehler: Wir halten Dinge für wahrscheinlicher oder realistischer, wenn wir sie uns gut vorstellen können oder wenn wir uns gut an sie erinnern.

Die Gefahr: Wir neigen dazu, die Bedeutung von Dingen übermäßig zu betonen, die wir uns besonders gut vorstellen können. Dabei erinnern wir uns an diese Dinge nicht deswegen besonders gut, weil sie häufig vorkommen, sondern weil sie unsere Aufmerksamkeit fesseln. Alltägliches hingegen entgeht häufig unserer Aufmerksamkeit.

Die Abhilfe: Wenn Sie einschätzen wollen, wie hoch die Wahrscheinlichkeit für ein Ereignis ist, gibt es nur einen Weg: Werfen Sie einen Blick in die Statistiken. Zahlen lügen nicht so sehr wie Erinnerungen.

Hanno Beck

LASS DICH RUHIG MAL MIT
DER HERDE TREIBEN

Verhalten wir Menschen uns manchmal so wie die Schafe auf der Weide oder wie früher die Bisons in den Prärien des Wilden Westens? Sind wir Herdentiere? Im Englischen spricht man von *herding*, und wenn Ökonomen das Wort gebrauchen, meinen sie damit, dass Menschen etwas Bestimmtes tun – zum Beispiel eine Aktie kaufen –, weil andere vor ihnen das Gleiche getan haben. Entscheidend ist, dass sie die Aktie nur deshalb und nur dann kaufen, wenn andere es ihnen vorgemacht haben. Diese Definition entspricht dem, was Bisons auf ihren Wanderungen tun. Einige gehen vorweg, folgen ihren Instinkten oder dem Duft frischen Grases, und die anderen trotten hinterher.

Es kommt also darauf an, dass es Vorreiter oder Anführer gibt, die den Weg weisen. Das müssen nicht immer dieselben sein. Eine Herde folgt mal dem, mal dem, und auch auf dem Aktienmarkt können unterschiedliche Akteure vorangehen. Das so definierte Herdenverhalten unterscheidet sich grundlegend von einem Verhalten, bei dem alle oder zumindest viele Leute eine gemeinsame Beobachtung machen und aus dieser den gleichen Schluss ziehen. Läuft beispielsweise die Nachricht über den Ticker, dass das Unternehmen X seine letzte Bilanz gefälscht hat und in Wirklichkeit keine schwarzen, sondern tiefrote Zahlen schreibt, dann ist klar, was passiert. Jeder versucht, seine X-Aktien so schnell wie möglich loszuwerden. Alle tun das Gleiche und sind dennoch keine Herde. Eher gleichen sie einem Vogelschwarm, dessen Mitglieder alle zur selben Zeit den Falken heranfliegen sehen. Nun könnte man meinen, dass dies eine doch sehr feinsinnige Unterscheidung ist, die nicht viel weiterhilft. Herde oder Schwarm, was macht das für einen Unterschied?

Ökonomen sind da anderer Ansicht. Sie unterscheiden nämlich zwischen rationalem und nichtrationalem Herdenverhalten. Nehmen wir an, es gibt eine große Gruppe von Leuten, die alle nicht genau wissen, ob die Aktie des Unternehmens A eine gute Anlage ist oder eine schlechte. Jeder Einzelne bekommt aber Informationen, die entweder darauf hindeuten, dass A gut ist (G) oder schlecht (S). Außerdem können die Leute das Verhalten der anderen beobachten – wobei sie allerdings nicht erfahren, welche Informationen die anderen bekommen. Würde jeder unabhängig von allen Übrigen entscheiden, so würde jeder nur seinen eigenen Informationen folgen. Das würde heißen, dass diejenigen, die G beobachten, die Aktie kaufen, und diejenigen, die S beobachten, die Finger davon lassen. Aber nehmen wir an, Albert beobachtet ein G und kauft. Berta sieht, dass Albert gekauft hat. Daraus kann sie schlussfolgern, dass er G gesehen haben muss. Wenn nun Berta auch ein G sieht, wird sie ebenfalls kaufen. Das wiederum beobachtet Cecilia und schlussfolgert daraus zu Recht, dass auch Berta ein gutes Signal bekommen haben muss. Damit hat Cecilia bereits sicher die Information, dass zweimal G beobachtet wurde. Das kann zur Folge haben, dass sie auch dann, wenn sie selbst ein S sieht, dennoch kauft, weil zwei G und ein S bei rationaler Anpassung der Erwartungen immer noch zu der Erwartung führen, dass die Aktie gut ist. Ab Cecilia ist es also gar nicht mehr nötig, auf das eigene Signal zu achten. Man kauft in jedem Fall. Es entsteht eine sogenannte Informationskaskade, und Doris, Eckhard, Fabian und so weiter werden sich wie Herdentiere verhalten und brav dem Beispiel der anderen folgen. Dabei verhalten sie sich strikt rational.

Das heißt aber nicht zwangsläufig, dass sie dabei auch gut abschneiden. Bei einer Informationskaskade ist es zwar rational, sich auf das zu verlassen, was man sieht, aber es kann mit hoher Wahrscheinlichkeit sein, dass die Informationskaskade in die falsche Richtung geht. Rationales Herdenverhalten schützt vor Irrtum nicht. Irrationales erst recht nicht.

Es ist vor allem der sogenannten verhaltensökonomischen Finanzmarktforschung (*Behavioral Finance*) zu verdanken, dass Phänomenen wie der sogenannten Rückkoppelung (*feedback*) immer mehr Aufmerksamkeit geschenkt wird. Ein herausragender Vertreter dieser Richtung ist Robert Shiller, der sowohl 2000 den Crash der Internetökonomie als auch 2008 das Platzen der Immobilienblase in Amerika vorausgesagt hat. Nicht alle Ökonomen waren diesbezüglich blind! Feedback-Modelle beschreiben die Entstehung von spekulativen Blasen als einen Prozess, bei dem spekulativ in die Höhe getriebene Preise, zum Beispiel von Aktien oder Immobilien, die Erwartung weiter steigender Preise erzeugen. Diese Rückkoppelung führt zu einem sich selbst verstärkenden und sich selbst tragenden Prozess, bei dem die Preise über die bei realistischer Betrachtung angemessenen Werte weit hinausschießen.

Shiller beschreibt zwei Beispiele, die zeigen, wie stark dieser Effekt sein kann. Das erste ist die berühmte Tulpenblase, die in den Niederlanden um 1630 beobachtet wurde. Nachdem Händler erfahren hatten, dass der Preis einer bestimmten Sorte Tulpenzwiebeln stark gestiegen war, setzte ein Feedback-Mechanismus ein, der die Preise dieser Tulpenzwiebeln in astronomische Höhen trieb und viele Händler reich machte. Die Zeche wurde gezahlt, als die Blase platzte und die Tulpenpreise wieder auf ihr normales Niveau fielen.

Das zweite Beispiel liefert die Firma 3Com, die auf dem Höhepunkt der Dotcom-Euphorie 10 Prozent ihres Bestands an Aktien der Firma Palm verkaufte. Legte man den dabei erzielten Preis zugrunde und bewertete damit die 90 Prozent der bei 3Com verbliebenen Aktien, so zeigte sich, dass das Unternehmen 3Com an sich einen negativen Wert hatte. Denn 3Coms restliche Anteile an Palm wären an der Börse mehr wert gewesen als das ganze Unternehmen 3Com. Dies war eine gigantische Gelegenheit, ein Geschäft zu machen. Aber nicht einmal die rationalen Spekulanten konnten die Überbewertung von Palm abbauen.

Diese Beispiele sind lange bekannt, und das irrationale Herdenverhalten, das dahintersteht, wurde schon vor ebenso langer Zeit beschrieben. Genützt hat das nichts. Amerikas Immobilienblase und die durch sie ausgelöste Finanzkrise ließen sich trotzdem nicht verhindern.

Der Herdentrieb

Der Fehler: Wir tun das, was andere tun, und verlassen uns unter Umständen fälschlich auf deren Urteil.

Die Gefahr: Herdenverhalten kann durchaus die Folge eines rationalen Umgangs mit Unsicherheit sein. Das aber bedeutet nicht, dass die rationale Verarbeitung von Informationen uns vor Fehleinschätzungen schützt.

Die Abhilfe: Der wichtigste Punkt ist die Beachtung der Unternehmensdaten, zum Beispiel Umsatz- und Gewinnentwicklung. Bewegen sich allgemeine Ansichten oder die

Börsenkurse zu weit davon weg, so kann etwas faul sein. Dann sollten Sie prüfen, ob nicht vielleicht ein Rückkoppelungsmechanismus am Werk ist, der fälschlich eine »neue Ära« oder Ähnliches vorgaukelt.

Joachim Weimann

IMMER ÄRGER MIT DEM ZEITGEIST

Es war in den Achtzigerjahren in Amerika, als Äpfel plötzlich zum großen Gesundheitsrisiko wurden. Schuld war das Pflanzenschutzmittel Alar, das auf vielen amerikanischen Äpfeln nachgewiesen wurde. Es galt plötzlich als krebserregend. Nach einer öffentlichen Kampagne wurde das Mittel verboten. Doch die Kampagne hatte enorme Folgen.

Dazu muss man wissen: Alar wurde für den Einzelnen nur in exorbitanten Mengen gefährlich, nämlich ab ungefähr 20000 Litern Apfelsaft täglich. Doch ein öffentlicher Aufschrei, ein amerikanisches Fernsehmagazin und ein Kongressauftritt der Schauspielerin Meryl Streep kosteten Alar in Amerika seinen Ruf. Ein besorgter Bürger rief gar die Gifthotline an und fragte, ob er seinen Apfelsaft den Abfluss hinunterkippen könne oder ob er ihn zur Giftmülldeponie bringen müsse. Viele Eltern gaben ihren Kindern keine Äpfel mehr zu essen, und schadeten ihnen dadurch mehr, als ihnen der Genuss der Äpfel geschadet hätte.

Doch für solche Abwägungen war kein Platz in einer Debatte, die vor allem aus dem Nachplappern von Ängsten bestand. Dabei ist das Nachplappern eigentlich gar keine schlechte Idee. In der Kombination mit einem häufigen Denkfehler, der weiter oben in diesem Buch schon beschriebenen Verfügbarkeitsheuristik, wird es aber gefährlich.

Das Nachplappern bezeichnen Forscher als Informationskaskade. Diese ist inzwischen in unzähligen Studien untersucht worden, zum Beispiel von Abhijit Banerjee am angesehenen Massachusetts Institute of Technology und von David Hirshleifer, Professor an der kalifornischen Universität Irvine. Paradoxerweise entsteht die Informationskaskade, wenn jeder Beteiligte richtig nachgedacht hat.

Die Idee dahinter ist recht einfach: Keiner kann alles wissen, jeder Einzelne weiß nur wenig – und wenn man sich selbst aufmachen würde, mehr zu erfahren, dann wäre das ziemlich kompliziert. Im Fall der Äpfel müsste jeder selbst eine Krebsstudie durchführen – oder doch wenigstens die verfügbaren Studien lesen. Bis man die erst mal versteht, muss man oft schon Experte geworden sein, und selbst dann kostet das Lesen noch viel Zeit.

Deshalb sind die eigenen Informationen für die meisten Leute bruchstückhaft und unzuverlässig. Also ist es oft eine gute Idee, das eigene Wissen gar nicht so ernst zu nehmen, sondern auf die anderen zu hören: Wenn Meryl Streep sich über Äpfel ereifert, dann wird sie sich informiert haben – und dann kann man ihr glauben. Diesen Mechanismus haben wir im vorigen Kapitel schon genauer betrachtet.

Solche Kaskaden können aber auch in die Irre führen. Wenn sich die ersten Leute täuschen, ohne dass es jemand merkt – so wie bei Meryl Streep damals –, dann kann sich der Irrtum schnell festsetzen. Immer mehr Leute lassen sich überzeugen, immer mehr erzählen den Sachverhalt nach und verleihen damit der Geschichte eine trügerische Glaubwürdigkeit.

Einige Leute mögen nach den ersten Nachrichten über krebserregende Äpfel den Berichten gegenüber noch skeptisch gewesen sein. Doch nachdem die Zweifler erst einmal zehn oder zwanzig Leute mit einer gegenteiligen Meinung gehört hatten, ließen sie sich letztlich doch überzeugen. So setzte sich mit der Zeit die Sichtweise einer einzelnen Person durch.

Das Ganze wird noch ungünstiger, wenn gesellschaftlicher Druck ins Spiel kommt. Dann wird aus der Informationskaskade eine »Reputationskaskade«: Wer sich gegen die herrschende Meinung stellt, macht sich unbeliebt. Also tun das immer weniger Leute. Vor allem für Politiker ist es oft eine schlechte Idee, sich gegen die Mehrheitsmeinung zu stellen, weil sie stark auf ihr Ansehen in der Öffentlichkeit angewiesen sind. Das gilt auch dann, wenn sie es eigentlich besser wüssten. Gleichzeitig können Politiker ihre Meinung aber leichter verbreiten als andere Leute – und schon läuft der Irrtum noch schneller durch die Welt.

In unserem Beispiel mit den Äpfeln hatte kein Bürger falsch gedacht. Alle taten nur das, was nach vernünftiger Abwägung sinnvoll war. Trotzdem ging die Geschichte nicht gut aus. Doch jetzt kommt ein Denkfehler ins Spiel, die sogenannte Verfügbarkeitsheuristik, von der weiter oben in diesem Buch schon die Rede war. Und diese Kombination führt zu einem besonderen Problem. Der kalifornische Ökonom Timur Kuran und der Chicagoer Jurist Cass Sunstein haben es in einer Analyse von Gesetzgebungsprozessen beschrieben.

Die Verfügbarkeitsheuristik bezieht sich darauf, dass wir nicht alle Dinge gleich schnell und gleich gut aus unserem Gedächtnis abrufen können. Bekannte Fakten, die zu unseren Vorurteilen passen oder die wir schon oft gehört haben, haben wir schneller parat als andere, an denen wir zweifeln oder die wir nur einmal im Vorbeigehen mitbekommen haben. Davon ausgehend, halten Menschen diejenigen Informationen für sicherer und zuverlässiger, an die sie sich schnell erinnern und die sie sich leichter vorstellen können. Also gilt auch: Je häufiger wir eine Aussage hören oder lesen, desto eher sind wir geneigt, sie zu glauben. Das gibt einer Informationskaskade erst den richtigen Schub. Die wenigen Skeptischen mit dem Gedächtnis eines Elefanten, die sich allmählich von der von ihnen angezweifelten Position überzeugen lassen – die erinnern sich dann, wenn ihr Gedächtnis sie plötzlich im Stich lässt, vielleicht gar nicht mehr daran, dass sie einmal skeptisch waren.

So entsteht ein Zeitgeist, der manche Themen übermäßig betont und andere unterschätzt. Wie dieser Zeitgeist entsteht, das hängt von vielen Zufällen ab. Und so kann es passieren, dass ähnliche Länder zu ein und derselben Frage ganz unterschiedliche Sichtweisen haben. Nehmen wir die Atomkraft: In Deutschland gilt sie als Teufelszeug und Umweltgift, Amerikaner hingegen denken gerade andersherum und halten es aus Klimaschutzgründen für unmoralisch, in den nächsten Jahren auf Atomenergie zu verzichten.

Wie teuer derartige Übertreibungen werden können, zeigt der amerikanische Apfelboykott. Zwar stellten die Vereinten Nationen in den Neunzigerjahren fest, dass Alar für Menschen ungefährlich ist. Doch bis dahin hatten allein die Apfelbauern im Bundesstaat Washington mindestens 125 Millionen Dollar verloren. Auch das amerikanische Agrarministerium hatte 15 Millionen Dollar ausgegeben, um einen Teil der Äpfel aufzukaufen.

Was tun? Die Experten streiten sich darum, ob man überhaupt etwas tun sollte. Leute wie der Jurist Cass Sunstein denken sich Maßnahmenbündel aus, um vernünftigen Lösungen zum Durchbruch zu verhelfen, zum Beispiel ein Komitee im Parlament, das zu stets sachlichen Informationen verpflichtet wird. Andere, wie der Psychologe Paul Slovic, geben den Wahrnehmungen der Menschen den Vorzug. Wenn den Leuten Äpfel nun mal unangenehm sind, so würde er argumentieren, dann sollen sie sie eben weglassen.

Die Verfügbarkeitskaskade

Der Fehler: Oft halten wir eine Geschichte umso eher für wahr, je häufiger wir sie hören oder lesen. Dabei ist es gleichgültig, ob sie tatsächlich wahr ist oder nicht. Anderen geht es genauso. So bildet sich ein Zeitgeist aus einer Folge von Nachplappereien.

Die Gefahr: Welcher Zeitgeist entsteht, ist fast zufällig. Die Gefahr ist groß, dass am Anfang ein Fehler steht.

Die Abhilfe: Es ist unklar, ob Abhilfe nötig ist, oder ob es sich nicht manchmal auch mit dem falschen Zeitgeist ganz gut lebt. Wer Wert legt auf richtige Informationen, sollte sich gelegentlich die Argumente von Querdenkern anhören.

Patrick Bernau

WAS FÜR EINE TOLLE GESCHICHTE?

Eine Technik des Berichtens ist ziemlich in Mode gekommen. Sie heißt Storytelling. Im Grunde steckt nicht viel mehr dahinter als die Aufforderung, all das, was man aus der Welt so zu berichten hat, in eine rundum gelungene, überzeugende Geschichte zu packen. Sachbuchautoren und Journalisten nehmen die Aufforderung ernst, Manager bekommen inzwischen Schulungen im Storytelling.

Wer so vorgeht, der hat einen großen Vorteil: Storytelling wirkt wie ein Filter, es wirft langweilige, schwer verständliche, mehrdeutige und verwirrende Elemente aus einer Geschichte heraus und verkürzt die Wirklichkeit auf eine handliche Erzählung, der man gerne zuhört und die im Gedächtnis haften bleibt.

Das ist die Voraussetzung dafür, dass die Geschichte Flügel bekommt. Wer sich eine Story merken kann, erzählt sie gerne weiter. Storytelling erleichtert es dem Zuhörer, Informationen aufzunehmen, weil diese nach einem bestimmten Muster dargeboten werden. Es kommt unserer Neigung entgegen, die verwirrende Vielfalt der Kräfte, die in unserer Umwelt auf schwer fassbare Weise aufeinander einwirken, auf ein überschaubares Maß zurückzustutzen. Im Grunde wirkt Storytelling wie eine gute Soße: Dank ihrer verdaut man auch ein trockenes Stück Fleisch, das man andernfalls gar nicht essen würde. Außerdem ist der Mensch ein geselliges Wesen. Geschichten entsprechen dieser Eigenschaft, denn sie verbinden die Erzähler mit ihren Zuhörern. Insgesamt scheint es so, als würde Storytelling es uns erleichtern, die Wirklichkeit in Päckchen zu packen.

Storytelling hat nicht nur gute Seiten. Es filtert immer die gleichen Zutaten heraus und lässt immer das gleiche Material übrig, die Erzählungen von der Realität sind immer nach dem gleichen Muster organisiert. Storytelling-Experten sagen, dass es im Grunde nur wenige Erzählmuster gibt: die Geschichte vom Aufstieg aus himmelschreiender Armut, die Geschichte von Verlassen und Zurückkehren, die Komödie, die Tragödie und die Heldensage. Ein guter Storyteller sucht sich eines dieser Muster heraus und sortiert alles aus, was dem Muster nicht entspricht.

Deshalb neigen Erzählungen dazu, schlicht zu sein. Gute gegen Böse, das geht immer. Verhaltensweisen, die sich nicht zweifelsfrei einordnen lassen, fallen weg. Aus der Realität wissen wir, dass manches böse und manches gut ist, auch Schurken treten gelegentlich auf und hie und da ein wirklich guter Mensch. Aber im normalen Leben sind die Bösen weniger schurkisch und die Guten weniger edel als im Märchen. Und vermutlich sind auch Verschwörungen erstens seltener, als gerne selbst von Geistesgrößen verbreitet wird, und zweitens weniger mächtig, weniger durchschlagend und weniger strategisch.

Storytelling ist nicht von vorneherein verwerflich oder irreführend. Die Frage ist, ob der Erzähler die Fakten zum Wohle einer Geschichte verbiegt oder ob er eine Geschichte sucht, die zu den Fakten passt.

Man erlebt allerdings Enttäuschungen. Die Finanzkrise, die Eurokrisen – das sind Ereignisse, die zu deuten und deren Ursachen zu ergründen selbst den klügsten Leuten schwerfällt. Politik, unangemessene Risikoneigung, falsche Anreize für Banker und Ratingagenturen, schlechter Umgang mit Risiken, falsche Geldpolitik, Staatshaftung – es fiele einem so manches ein.

Erfolgreich sind stattdessen Erklärungen, die von Verschwörungen raunen, in denen gierige Manager böser Hedgefonds schuld sind oder miese Investmentbanker allgemein oder Goldman Sachs ganz alleine. Schuld sind natürlich auch alle Bankbosse. In vielen Mittelmeerländern kursierte auf dem Höhepunkt der Eurokrise die Story, dass Deutschland unter Kanzlerin Merkel Resteuropa zum Untertan machen wolle und dafür die Länder ins Elend treibe. Die Geschichten lassen keinen Platz für höchst trockene Bestandteile der Realität oder einfach nur für den Zufall – an den wir ohnehin nur ungern glauben, wie wir schon gelernt haben. Auffällig ist in solchen Zeiten, wie Randfiguren reüssieren, zum Beispiel ehemalige Börsenhändler mit dünnen Erklärungen, mit denen sie in jedem Ökonomie-Examen durchfallen würden. In Zeiten der Krise finden Scharlatane mit Storytelling-Talent plötzlich Gehör.

Storytelling hat Konsequenzen. Es wirkt zum Beispiel in der öffentlichen Debatte. Das zeigen etwa die Kampagnen gegen Hedgefonds, deren keiner in der Finanz- und Wirtschaftskrise vom Staat gerettet wurde und die zu den wenigen gehörten, die griechische Staatsanleihen auch dann noch kauften, als sie niemand mehr wollte. Ihnen wurden Geschäftsmodelle wie das Verkaufen von geliehenen Wertpapieren verboten. Sie galten als die bösen Spekulanten.

Es fällt der Politik auch leichter, die Gehälter von Bankvorständen zu beschränken, sie sind schließlich schuld. Solche Maßnahmen finden den Beifall der Öffentlichkeit, sie mögen einer Gerechtigkeitsvorstellung folgen, doch sie bekämpfen die Ursachen nicht. Gleichzeitig werden die brisanten und zugleich komplizierten Themen vernachlässigt.

Der Ökonom Tyler Cowen hat vorgeschlagen, jeder solle sich ausmalen, er verliere zehn Punkte seines Intelligenzquotienten, wenn er eine Gut-Böse-Geschichte unbesehen weitergibt. Und immer dann, wenn sich der Gedanke aufdrängt, die Geschichte sei ja höchst geeignet für einen Hollywood-Streifen, dann ist der Moment gekommen, um Zweifel an ihr anzumelden.

Verstehen in Geschichten

Der Denkfehler: Wir glauben Erzählungen von der Realität, wenn sie besonderen erzählerischen Mustern folgen.

Die Folge: Wir malen uns die Welt einfacher aus, als sie ist. Deshalb sind wir für Krisen schlecht gewappnet.

Die Abhilfe: Wenn Sie eine Geschichte mit besonderer dramatischer Qualität hören, dann glauben Sie sie keinesfalls unbesehen.

Winand von Petersdorff

WIR SIND
ÜBERSCHWÄNGLICH

ERFOLG MACHT DUMM

Diese Geschichte beginnt zum Jahrestag von Fukushima mit dem Verweis auf Tschernobyl. Was hätte man lernen können und hat es doch nicht gelernt? Am 26. April 1986 explodierte der Reaktor 4 des ukrainischen Kernkraftwerks Tschernobyl. Ganz Europa wurde mit strahlenden Partikeln verseucht.

Eine Menge kam zusammen, um die Katastrophe auszulösen. Wir konzentrieren uns hier auf den menschlichen Faktor und folgen der Darstellung des britischen Psychologie-Professors James Reason. Bei den ukrainischen »Reaktorfahrern« handelte es sich nicht um Stümper, sondern um ein gut eingespieltes Team anerkannter Fachleute. Die Gruppe war vor dem Unglück für ihre Fähigkeit ausgezeichnet worden, den Reaktor lange am Netz zu halten. Sie war, wie Reason darlegt, sehr selbstsicher: Man lenkte den Reaktor nicht aufgrund von Beobachtungswerten, sondern gewissermaßen aufgrund von inneren Stimmen. Reason kommt zu dem Ergebnis, dass sich die Gruppe über »lächerliche Sicherheitsvorschriften« erhaben glaubte – Vorschriften, die für »Babys« beim Umgang mit Reaktoren erlassen worden waren, nicht aber für die gestandenen Profis.

Das Problem war nicht nur, dass die Gruppe offenbar ein auf Selbstbewusstsein fußendes Gruppendenken entwickelte, das Minderheitsmeinungen unterdrückte. Hinzu kam etwas noch Schlimmeres, und das schien Methode zu haben. Das

Team hatte ganz bewusst Sicherheitsauflagen verletzt, und zwar aus einem einfachen und zugleich erschreckenden Grund: Es war in der Vergangenheit mit der Verletzung der Sicherheitsvorschriften gut gefahren. In gewisser Weise wurde eine Fahrweise des Reaktors, die sich nicht sklavisch an diese Vorschriften hielt, zur Methode, weil sie oft durchexerziert worden war, ohne schlimme Folgen. Das Team überschritt die Grenzen des Erlaubten nicht aus Bösartigkeit, sondern weil es sich das Leben erleichtern wollte.

Der schlimmste Feind des Denkens sind gute Erfahrungen. Sie verleiten uns dazu, bewährte Methoden anzuwenden, selbst wenn sich die Bedingungen geändert haben. Erfolg hat den Nachteil, dass er uns einflüstert, es sei nicht nötig, über den Sinn und die Folgen des eigenen Handelns nachzudenken. Das ist gefährlich, denn es begünstigt spätere Misserfolge. Eine Methode der Problemlösung, die nur unter bestimmten Umständen erfolgreich ist, wird zu einem Allheilmittel.

Diese Neigung hängt mit der Sehnsucht vieler Leute zusammen, »große Unsicherheiten zu überwinden, indem sie sich an Methoden halten, die erfolgreich waren. Und das wird dann verallgemeinert«, sagt der Bamberger Psychologe Dietrich Dörner. Sein Beispiel aus dem Jahr 1994: »BMW kauft Rover. Ein Grund dafür war, wie der spätere Vorstandsvorsitzende Joachim Milberg in einem Interview angab: Fast alle Hersteller hatten damals gleichfalls ausländische Konkurrenten übernommen. Man machte das eben so. Da wollte BMW nicht zurückstehen. Ein indischer Kollege hat einmal herausgefunden, dass von den 1970 in Indien existierenden Unternehmen dreißig Jahre später gerade 3 Prozent am Leben waren. Die Ursache, so seine Analyse: Methodismus.«

Methodismus geht so lange gut, bis er von der Umwelt, dem Markt oder den Gegnern bestraft wird. Das ist eine

Lehre nicht nur für die Lenker von Unternehmen und Institutionen, sondern auch für Kontrolleure in Aufsichts- und Verwaltungsräten. Selbst Erfolge gilt es zu hinterfragen.

Eine schöne Fallstudie dafür liefert der Zusammenbruch der Sächsischen Landesbank. Jahrelang galt die irische Tochter der Bank als sprudelnde Geldquelle. Die Anteilseigner, das Land und über ihre Sparkassen die Kommunen freuten sich über die Gewinne, die dort erzielt wurden. Denn in Sachsen selbst war für das Institut nicht viel zu holen. Weil das Geld pünktlich floss, fragte keiner der Bürgermeister und Landräte, kein Landtagsabgeordneter und keiner der drei Minister, die im Verwaltungsrat der Sachsen LB saßen, genauer nach, was es denn mit dem komplexen Finanzsystem auf sich habe. »Es blieb ein Sekundärthema, weil die Sache lief«, bestätigte der damalige Vorsitzende des Finanz- und Haushaltsausschusses im sächsischen Landtag Ronald Weckesser dem Korrespondenten der *FAZ*. Niemand wagte zu fragen, was da eigentlich gerade lief.

In Sachsen kam hinzu, dass die für die Aufsicht zuständigen Politiker mit kleineren Sachsen-LB-Affären beschäftigt waren, in denen es unter anderem um ungerechtfertigte Anhängerkupplungen für Dienstautos ging. Manchmal lenken kleine Skandale von den großen Fragen ab.

Immer geht es Leuten, die Entscheidungen zu treffen haben, darum, die Komplexität des Entscheidungsfelds zu verringern. Für sich genommen ist das vernünftig und sogar notwendig. Es kommt aber auf das Wie an. Methodismus in seiner reinsten Form beraubt ein Verfahren seiner Grundlage. Er ist den Umständen gegenüber blind. Das kann nicht richtig sein.

Wer dem Methodismus anhängt, der verhält sich wie die Generäle, die zu Beginn des Ersten Weltkriegs ihre berittenen Truppen gegen Maschinengewehr-Schützenreihen aufs Schlachtfeld schickten. Die Verluste waren immens, weil die

Offiziere nicht fassen konnten, dass ihre alte Wunderwaffe versagte. Natürlich hatten die Generäle vorher schon von Maschinengewehren und ihrer tödlichen Wirkung gehört, und manche kannten sie sogar aus eigener Anschauung. Sie hatten ihr Wissen aber nicht genutzt. »Das Maschinengewehr als Waffe ist völlig überschätzt!«, wusste 1908 ein britischer General namens Haig. Sein Kollege General Ian Hamilton blieb ungehört. Er war 1905 Beobachter des Russisch-Japanischen Krieges gewesen und sagte, nachdem er gesehen hatte, wie die reitenden Truppen regelrecht niedergemäht worden waren: »Kavallerie kann in der Zukunft allenfalls eine Bedeutung haben, wenn sie Reis für die Infanterie kocht!« Das britische Offizierscorps begann daraufhin, an der Zurechnungsfähigkeit des Kollegen zu zweifeln.

Damit stoßen wir auf ein weiteres Phänomen: Häufig suchen Leute, die ihren Methodismus verteidigen wollen, nach scheinbaren Begründungen. Sie kratzen jene Informationen zusammen, die ihr Verfahren unterstützen. Bestätigungsirrtum ist das technische Stichwort, das wir schon kennengelernt haben: Es werden nur jene Daten ins Spiel gebracht, die die gewählte Methode als die richtige bestätigten, und jene vernachlässigt, die nicht ins Wunschbild passen. So hält man selbst dann noch am Falschen fest, wenn sich schon die Zeichen mehren, dass etwas schiefläuft. 24 Stunden bevor die Ölplattform Deepwater Horizon explodierte und eine schlimme Umweltkatastrophe auslöste, gab es Warnzeichen wie Druckanstieg und Flüssigkeitsverlust, ohne dass die Verantwortlichen darauf reagiert hätten.

Und nun? Abstrakt gesprochen müssen Entscheider lernen, ihren Erfolgen zu misstrauen. Manchmal ist es gut, einen Neurotiker im Entscheidungsteam zu haben – einen, der alle nervt, weil er nicht lockerlassen kann. Oder jemanden, der schon einmal in den Abgrund geblickt hat.

Zudem muss sich jeder klarmachen, wie komplex eine Situation ist. Wie schnell verändern sich die Umstände? Auf welche Weise und wie stark hängen einzelne Faktoren voneinander ab? Und was hat die aktuelle Lage mit früheren überhaupt gemeinsam?

Es hat ja niemand behauptet, dass es leicht ist, Entscheidungen zu treffen.

Methodismus

Der Fehler: Jeder hält an Methoden fest, die zu Erfolgen geführt haben. Bewährtes wird zum Allheilmittel erhoben. Der Erfolg macht blind für die oft speziellen Umstände, unter denen Erfolge erzielt wurden.

Die Folgen: Methoden, die keine Rücksicht darauf nehmen, dass sich die Umstände ändern, müssen früher oder später scheitern.

Die Abhilfe: Misstrauen Sie Erfolgsrezepten und scheinbar zeitlosen Erfahrungen. Bilden Sie Teams, in denen sich Unerfahrene und Krisenerprobte Gehör verschaffen können.

Winand von Petersdorff

VORSICHT VOR DEN SUPERSTARS

Die Familie Haniel ist seit 1756 unternehmerisch unterwegs, in den Achtziger- und Neunzigerjahren des vorigen Jahrhunderts war sie sehr erfolgreich. Kaufhof, Metro und Celesio sind die großen Namen, die zum Familienkonzern gehören. 250 Jahre nach der ersten urkundlichen Erwähnung stößt ein Star der Wirtschaftswelt zur Unternehmensgruppe: Eckhard Cordes, der ehemalige Daimler-Manager. Er hatte die Fusion von Daimler und Chrysler mit eingefädelt, außerdem den Einstieg von DaimlerChrysler bei Mitsubishi. Er war frei für Haniel, weil er den Machtkampf um die Führung des Konzerns verloren hatte.

2007 übernahm Cordes neben dem Haniel-Chefposten auch die Führung der wichtigsten Beteiligung, derjenigen an Metro. Damals verkündete er: »Unser Ziel sind Wachstumsraten, die deutlich über dem Markt liegen – und das auf Jahre hinaus.« Bis heute hat sich der Kurs der Metro-Aktie halbiert, Kaufhof und Celesio geht es nicht gut. Es hat nichts geholfen, dass nach Cordes der zweite Superstar verpflichtet wurde, der ehemalige Chef von McKinsey Deutschland Jürgen Kluge.

In Deutschland wäre als Managerstar mit umstrittenem Leistungsnachweis noch ein Ron Sommer zu nennen, der mit Charisma und internationalem Flair viele Menschen in die Telekom-Aktie lockte. Manche haben ihm die Verluste bis heute nicht verziehen. Thomas Middelhoff verdiente für den von ihm geführten Bertelsmann-Konzern viel Geld. Danach ging Karstadt (Arcandor) unter seiner Führung in die Knie, unter seinem Nachfolger, dem ehemaligen Telekom-Finanzchef, sogar in die Insolvenz.

Wer sind diese Superstars in der Welt der Unternehmenschefs? Im weiteren Sinne handelt es sich um Manager, die dem Volk bekannt sind, große Unternehmen führen, über Charisma verfügen und Wert darauf legen, dass ihr persönliches Wirken Kreise zieht. Im engeren Sinne sind es Chefs, die Wettbewerbe gewonnen haben, etwa den Titel »Manager des Jahres«. Solchen Managern haftet ein Heilsversprechen an: Sie können dem biederen Familienkonglomerat neues Leben einhauchen, den Kaufhauskonzern retten, den Touristikriesen aufs neue Zeitalter einstellen. Meistens kommen sie von außen, nicht selten aus branchenfremden Metiers.

Die deutsche Ökonomin Ulrike Malmendier hat sich der etwas engeren Gruppe der amerikanischen Topmanager angenommen, die öffentliche Preise für ihre Managementleistung einstreichen. Sie kommt mit ihrem Mitautor Geoff Tate zu folgenden Feststellungen: Die Superstar-CEOs ziehen aus ihren Unternehmen nach dem Preisgewinn deutlich mehr Gehalt heraus, in absoluter Höhe und im Vergleich mit Vorstandskollegen. Sie stecken deutlich mehr Zeit in Tätigkeiten außerhalb des Unternehmens – beispielsweise indem sie Bücher schreiben, in Aufsichtsräten sitzen und sich in Davos treffen. Das Wichtigste aber ist das folgende Resultat: »Wir haben herausgefunden, dass preisgekrönte Vorstandschefs nach der Ehrung Minderleistungen erbringen, im Verhältnis zur Zeit vor dem Gewinn und im Verhältnis zu CEOs in vergleichbarer Position, die nichts gewannen.«

Manager, die hohe öffentliche Anerkennung erfahren, beginnen, ihr Kerngeschäft zu vernachlässigen. Gleichzeitig sind sie dank höherer Aufmerksamkeit besonders begehrt, woraus sie ein höheres Einkommen schlagen, weshalb ihnen wiederum der Anreiz verlorengeht, härter fürs Unternehmen zu arbeiten. Hinzu kommt die Gefahr, dass sie mehr und mehr glauben, sie seien wirklich so unwiderstehlich, wie sie beschrieben werden. Gelegentlich verfallen sie auch dem Methodismus – im vorhergehenden Kapitel haben wir ihn ausführlich vorgestellt – und pauken die alten Methoden durch, die in einer veränderten Welt nicht mehr hilfreich sind.

Besonders verlustreich kann die ganze Angelegenheit werden, wenn sich beim CEO zum Nimbus des Starmanagers noch eine übergroße Zuversicht in Bezug aufs eigene Unternehmen und die eigene Leistung gesellt. Die Forschung zeigt, dass arrogante Vorstandschefs ein schlechtes Händchen bei Unternehmensübernahmen haben und gelegentlich dazu neigen, Imperien aufzubauen – getrieben von der Selbstüberschätzung, sie könnten große Einheiten gut managen.

Der Denkfehler liegt im Glauben an große Namen und an die Macht des Charismas. Die Gesetze des Magazinjournalismus, der erheblich dazu beiträgt, Manager bekannt zu machen, verlangen, dass komplizierte Angelegenheiten in eine erzählerische Struktur gebracht werden. Ein probates Mittel ist, Themen mit Personen zu verknüpfen, indem man aus dem alltäglichen Wettbewerb eine Schlacht mit Siegern und Besiegten macht. Fast zwangsläufig werden Einfluss, Macht und Fähigkeiten überzeichnet, während andere Erfolgsfaktoren in der Story verniedlicht werden.

Zugleich ist es für ein Gremium, das mit der Suche eines Managers für eine Spitzenposition betraut ist, eine Form der Absicherung, wenn es auf einen Superstar setzt anstatt auf einen stillen Schaffer. Es kann niemand damit rechnen, dass gerade Starmanager meistens eine schlechte Wahl sind. Sie sind es aber besonders häufig dann, wenn sie von außen geholt werden, um Firmen zu retten. Denn was passiert dann? Sie finden höchst verunsicherte Unternehmen vor, die sie nur noch stärker ins Wanken bringen. Und sie treffen einschneidende Entscheidungen unter Zeitdruck bei geringer Kontrolle. Das kann böse enden. Gut sind Superstars dann, wenn sie gut gepolsterte, aber träge Konzerne durcheinanderwirbeln, wie Jack Welch bei General Electric. Oder wenn sie bewusst aufhören, Superstars zu sein, um mit harter Arbeit im Stillen zu wahren Stars für die Aktionäre zu werden, wie Wolfgang Reitzle bei Linde.

Die Anbetung der Superstars

Der Fehler: Unternehmen besetzen Spitzenposten gerne mit prominenten Managern. Sie fühlen sich damit sicherer.

Die Folge: Die Superstars unter den Unternehmenschefs widmen oft dem Kerngeschäft zu wenig Zeit. Sie werden weitaus besser bezahlt als ihre Kollegen. Überdies neigen sie stärker dazu, Firmen zu übernehmen, die sich später als Verlustbringer erweisen. Wenn sie zur Rettung geholt werden, neigen sie dazu, verschreckte Belegschaften vollständig aus der Fassung zu bringen.

Die Abhilfe: Hegen Sie ein gesundes Misstrauen gegenüber großen Namen, und wenden Sie Ihre Aufmerksamkeit den stillen Schaffern zu.

Winand von Petersdorff

WENIGER SCHENKEN IST MEHR

Ach, die Geschenke. Jedes Jahr aufs Neue sorgen sich die Deutschen, ob ihre liebevoll ausgewählten Präsente den Beschenkten auch gefallen. Die Elektromarktkette Media Markt hat die Sorge sogar für ihre Werbung genutzt und den Slogan erfunden »Weihnachten wird unterm Baum entschieden«. Das mag übertrieben sein, sicher ist jedoch eines: Ein wenig Enttäuschung kann am Weihnachtsbaum schon entstehen.

Das wäre nicht ungewöhnlich. Schließlich ist unter Ökonomen schon seit Jahren bekannt, dass Weihnachten zu einer der größten Geldverschwendungen des Jahres veranlasst. Schon im Jahr 1993 verglich der amerikanische Ökonom Joel Waldfogel den Ladenpreis der Weihnachtsgeschenke mit dem Wert, den die Beschenkten den Gaben beimaßen. Er stellte fest, dass der Preis deutlich höher ist als der Wert – obwohl beim Schenken die Freude über die nette Geste den Wert ja noch erhöht. Doch das alles kann das alte Problem aller Präsente nicht ausgleichen: Die meisten Schenker wissen einfach nicht, was die Beschenkten sich tatsächlich wünschen.

Waldfogels Studenten hatten damals Weihnachtsgeschenke für rund 440 Dollar pro Person bekommen. Tatsächlich wären ihnen die Sachen aber nur 313 Dollar wert gewesen. Rund ein Viertel des Geldes wurde also umsonst ausgegeben. Zu ähnlichen Ergebnissen kamen auch Umfragen in Deutschland, zum Beispiel an der Universität Bochum. Selbst wenn die Leute nur ihre drei einprägsamsten Geschenke betrachteten, blieb ein durchschnittlicher Verlust von mehr als 10 Prozent.

Besser werden die Geschenke vor allem in drei Fällen, die jeder kennt und meistens als besonders persönliche Geschenke lobt.

Erstens: Wenn viel Zeit in einem Geschenk steckt, wenn man also zum Beispiel Selbstgebasteltes verschenkt, dann wächst die Freude über die Geste enorm. Zweitens: Wenn der Geber die Wünsche des Beschenkten sehr genau trifft, ist die Freude ebenfalls groß. Oder drittens: wenn der Empfänger einen Wunsch erfüllt bekommt, der ihm selbst bislang noch gar nicht bewusst war. Dazu muss meistens der Geber besonders viel wissen. Wenn zum Beispiel ein Literaturkenner einem guten Freund ein Buch aussucht, das diesem selbst nie in den Sinn gekommen wäre; oder ein Musikkenner eine CD.

All dies zeigt: Schenken macht Mühe. Menschen sind ziemlich anspruchsvoll, wenn sie ein Geschenk bekommen. Knallhart bewerten sie, ob es ihnen gefällt, und lassen sich dann, wenn es sie kaltlässt, allenfalls von der Geste freundlich stimmen. Wenn das Geschenk nicht ganz den Geschmack trifft, ist die Freude schon wieder kleiner. Das alte Sprichwort »Einem geschenkten Gaul guckt man nicht ins Maul« ist vielleicht nur deshalb entstanden, damit enttäuschte Beschenkte es sich selbst vorbeten können. Denn die Enttäuschung kommt schnell und manchmal ziemlich unerwartet.

Wer würde zum Beispiel damit rechnen, dass ein zusätzliches Geschenk die Freude verringern kann? Tatsächlich ist das gar nicht so unwahrscheinlich.

Wer es zum Beispiel gut meint und zum großen Heim-
kinosystem noch ein paar Süßigkeiten dazulegt, hat ganz
schnell einen Fauxpas begangen. Diese Falle nennt ein Team
amerikanischer Psychologen um Kimberlee Weaver »Ge-
schenke-Paradox«: Eine zusätzliche Kleinigkeit kann die
Freude über das gesamte Geschenk deutlich verringern.

Getestet haben das die Psychologen mit einem iPod.
Der iPod selbst wäre Amerikanern in einer Umfrage rund
240 Dollar wert gewesen. Wenn es den iPod aber nicht allein
gab, sondern noch ein Musikdownload dazukam, schrumpfte
der Wert für die Beschenkten auf rund 175 Dollar.

Ähnlich reagierten die Menschen übrigens im Fall von
Hotelwerbung. Die Hoteliers sollten darin nur die besten
Ausstattungsdetails ihrer Zimmer angeben, denn der Hin-
weis auf weitere Ausstattungsgegenstände entwertete die
Zimmer eher. Selbst für juristische Plädoyers gilt laut den
Ergebnissen der Forscher der Ratschlag, dass man auf die
schwächeren Argumente lieber verzichten sollte.

Weil das Schenken so schwierig ist, liegen Enttäuschungen also wirklich nahe. Vermutlich käme es ständig zum
Streit, wenn nicht die Leute, die etwas verschenken, in vielen
Fällen so großmütig wären. Ihnen kommt es meistens tatsächlich nur darauf an, möglichst viel Freude zu machen.

Das zeigt sich an der Frage, ob man unbeliebte Geschenke weiterverschenken darf. Da gehen die Meinungen
weit auseinander, und zwar oft im selben Kopf. Wer ein Geschenk bekommen hat, hält es typischerweise für ziemlich
unhöflich, ebenjenes weiterzuverschenken. Beim Empfänger
einer hässlichen Sammeltasse beispielsweise bleibt das Gefühl, der Schenker habe noch ein gewisses Anrecht auf diese
Tasse – und wenn's blöd läuft, stellt der Empfänger künftig
vor jedem Besuch ebenjene Sammeltasse prominent in den
Schrank.

Dabei sind die Menschen gar nicht so, zumindest nicht, wenn sie selbst etwas verschenken. Dann haben sie gar nicht so viel dagegen, dass die Empfänger das Geschenk weitergeben. In einer Umfrage der Londoner Forscherin Gabrielle Adams mussten die Schenker auf einer Skala von 1 bis 5 Punkten angeben, wie beleidigt sie in einem solchen Fall wären. Im Durchschnitt blieben sie noch unter einem Wert von zwei Punkten. Die Empfänger dagegen schätzten die Beleidigung auf einen Wert von fast drei Punkten.

Deshalb schlugen Gabrielle Adams und ihre Kollegen einen Weiterschenk-Tag vor, an dem jeder dazu aufgerufen wird, seine ungeliebten Geschenke weiterzugeben. In den Vereinigten Staaten bildete sich sogar eine Initiative, die diesen Tag propagierte und den dritten Donnerstag im Dezember zum jährlichen Weiterverschenk-Tag ausrief. Warum ausgerechnet diesen Kalendertag? Offenbar weil an ihm in besonders vielen amerikanischen Betrieben Weihnachtsfeiern angesetzt werden. Und die Initiative hatte in einer Umfrage festgestellt, dass bei betrieblichen Weihnachtsfeiern besonders viele alte Geschenke einen neuen Besitzer finden.

Und wer das weiß, der kapiert auch etwas anderes sehr schnell: warum der Brauch des Wichtelns in deutschen Unternehmen so beliebt ist.

Das Geschenke-Paradox

Der Fehler: Menschen mögen Geschenke lieber, wenn sie nur eines bekommen. Wenn sie ein größeres und ein kleineres Geschenk zusammen erhalten, schmälert oftmals das kleine Geschenk die Freude über das große.

Die Gefahr: Wer ein Geschenk macht, meint es oft zu

gut, kauft zu viele Sachen und verringert so die Freude des Beschenkten.

Die Abhilfe: Gute Geschenke passen zur Persönlichkeit des zu Beschenkenden. Sie sind entweder mit viel Zeitaufwand erdacht und beschafft oder mit großer Kenntnis ausgewählt.

Patrick Bernau

AUF DIE VERLIERER KOMMT ES AN!

Im Zweiten Weltkrieg schickten die Engländer fast täglich Bomber über den Ärmelkanal – ein Unterfangen, von dem viele Piloten nicht zurückkehrten. Um die Überlebenschancen ihrer Piloten zu verbessern, beschlossen die englischen Ingenieure, ihre Maschinen besser zu panzern. Aber an welchen Stellen?

Die Ingenieure gingen pragmatisch vor: Sie untersuchten die von den Einsätzen zurückgekehrten Flieger. An den Stellen, an denen sie die meisten Einschusslöcher fanden, brachten sie zusätzliche Schutzschilder an. Unglücklicherweise steigerte dies die Überlebenswahrscheinlichkeit der Piloten nicht. Auf der Suche nach dem Grund dafür mutmaßten die Ingenieure, dass die Flugzeuge durch die Panzerung zu schwer geworden waren und sich deshalb nicht mehr so leicht manövrieren ließen.

Dann kam der Mathematiker Abraham Wald und machte einen merkwürdigen Vorschlag. Er riet den Ingenieuren, die Flieger nicht dort zu panzern, wo viele Einschusslöcher waren, sondern dort, wo es keine gab. Sein Gedanke: Maschinen, die mit Einschusslöchern nach Hause zurückkehrten, hatten offenbar nur dort Einschüsse, wo diese kaum Schaden anrichteten. Die Flugzeuge hingegen, die an den Stellen getroffen wurden, an denen die Heimkehrer keine Einschusslöcher aufwiesen, kehrten nicht nach Hause zurück. Die Einschusslöcher bei den Heimkehrern befanden sich also an harmlosen Stellen und nicht dort, wo sie zum sofortigen Absturz des Flugzeugs führten. Der Irrtum der Ingenieure war so fatal, dass Statistiker ihm den Namen *survivorship bias* gaben – frei übersetzt: »Verzerrung zugunsten der Überlebenden«.

Es ist ein Spezialfall der verzerrten Stichprobe, die wir bereits kennengelernt haben. Vereinfacht gesagt bedeutet er, dass man nur die Überlebenden wahrnimmt, aber nicht diejenigen berücksichtigt, die gescheitert sind. Deshalb bekommt man einen falschen Eindruck von der Überlebenswahrscheinlichkeit. Beispiele für diese Verzerrung gibt es viele: Menschen werden Schauspieler, Musiker, Schriftsteller oder Sportler, weil die Medien nur über die erfolgreichen Schauspieler, Musiker, Schriftsteller und Sportler berichten. Dass jedoch hinter jedem Star wohl Hunderte von gescheiterten Möchtegern-Stars stehen, registriert man nicht und überschätzt dadurch grandios die Wahrscheinlichkeit, es selbst nach ganz oben zu schaffen.

Ein anderes Beispiel sind zahlreiche Beratungsbücher, die Strategien für den Berufserfolg verraten und deren Überlegenheit anhand von Beispielen dokumentieren. Das Problem an diesen Ratgebern: Sie verraten nichts darüber, in wie vielen Fällen die propagierten Strategien nicht funktioniert haben.

Auch auf den Finanzmärkten findet sich der *survivorship bias*, beispielsweise in der Fondsbranche: Berechnet man die Wertentwicklung einer Fondsklasse über mehrere Jahre und klammert man dabei die Verluste derjenigen Fonds aus, die nicht überlebt haben, dann überschätzt man systematisch die Rendite. Der Unterschied kann sich, je nach Methode und Datenbasis, rasch auf 0,22 bis 1,57 Prozentpunkte pro Jahr summieren.

Ein ähnlicher Effekt zeigt sich, wenn man die Entwicklung des Wertes neu herausgegebener Wertpapiere über einen längeren Zeitraum betrachtet und dabei diejenigen Unternehmen vernachlässigt, die pleitegegangen sind. Diese Unterlassung führt dazu, dass die Wertentwicklung überschätzt wird, weil die aufgelösten Unternehmen die Statistik nicht mehr nach unten ziehen.

Auch die Wertentwicklung eines Aktienindex leidet unter dieser Verzerrung, und zwar dadurch, dass Aktien, die wegen ihrer schlechten Wertentwicklung aus dem Index herausgenommen werden, bei späteren Berechnungen nicht mehr einbezogen werden. Ein Aktienindex berücksichtigt immer nur die erfolgreichsten Aktien – das sind sozusagen all die Kampfflieger, die den Einsatz am Himmel überstanden haben.

Wer also 1989 in den DAX in seiner damaligen Zusammensetzung investiert hat, sollte darum nicht überrascht sein, wenn er heute nicht die optimistische Rendite ausgezahlt bekommt, die sich aus der Rückrechnung eigentlich ergeben müsste. Woran das liegt, lässt sich am Beispiel des DAX-Gründungsmitglieds Deutsche Babcock AG verdeutlichen: Nachdem das Unternehmen 1995 aus dem DAX flog, notiert die Aktie der gesellschaftsrechtlichen Resthülle Babcock Borsig heute bei 0,01 Euro. Dieser Absturz schlägt sich seit 1995 nicht mehr in der Wertentwicklung des DAX nieder. Die Verluste all jener Unternehmen, die heute nicht mehr im DAX vertreten sind, spiegeln sich also im Index nicht mehr wider.

Und genau hier schlägt das Ausblenden von Verlierern wieder zu: In den historischen Daten fehlen alle Aktien, die vom Kurszettel gefegt wurden. Man testet seine Strategie also nur an den erfolgreichen Aktien. Das ist ungefähr so, als würde man den Erfolg einer Lehrmethode nur an guten Schülern testen und nicht auch an den Sitzenbleibern.

Einmal erkannt, kann der *survivorship bias* vor Fehlentscheidungen bewahren: Wer nicht nur nach erfolgreichen Vorbildern fragt, sondern auch die Gescheiterten betrachtet, kann die eigenen Erfolgschancen besser einschätzen. Auch von Verlierern kann man viel lernen, zum Beispiel, welche Strategien nicht funktionieren. Wer Erfolg haben will, fragt darum auch die Verlierer.

Die Ausblendung von Verlierern

Der Fehler: Wir achten zu sehr auf diejenigen, die es geschafft haben, und zu wenig auf die Verlierer, die ausgeschieden sind.

Die Gefahr: Auf diese Weise erhalten wir einen falschen Eindruck von Chancen und Risiken. Wer bei Aktien nur die Renditen der Unternehmen berücksichtigt, die erfolgreich waren, der rechnet sich den Durchschnitt systematisch schön, weil er die Verluste gescheiterter Firmen ausklammert.

Die Abhilfe: Fragen Sie immer nach den Verlierern. Man muss gegenläufig denken und auch die Leistung derjenigen berücksichtigen, die es nicht geschafft haben. Dies sagt oft mehr aus als die Leistung der Erfolgreichen.

Hanno Beck

EIN HOCH AUF VERLIERERAKTIEN

Die Bilder aus Fukushima im März 2011 erinnerten viele an die Atomkatastrophe in Tschernobyl. Schlimmer noch: Abends in der Tagesschau verfolgten Millionen Deutsche, wie hilflos die japanischen Feuerwehrmänner versuchten, die überhitzten Brennstäbe zu kühlen, um eine Kernschmelze im Reaktor zu verhindern. Vor allem in Deutschland schien vielen Anlegern schnell klar, dass spätestens in diesem Moment die große Zukunft der erneuerbaren Energien begonnen hatte. Sie investierten in deutsche Solaraktien und verkauften gleichzeitig ihre Versorgeraktien von E.ON und RWE, die bislang viel Geld mit Atomkraftwerken verdient hatten.

Der Öko-DAX stieg von knapp 200 Punkten binnen weniger Tage auf mehr als 246. Die Aktienkurse von E.ON und RWE brachen drastisch ein. Der folgende Atomausstieg der Bundesregierung schien vielen als Beleg, dass sie auf die richtigen Pferde umgesattelt hatten. Ein Jahr später zeigte sich dennoch ein etwas anderes Bild: Der Öko-DAX war auf unter 100 Punkte gefallen. Die Aktien von RWE und E.ON lagen zwar noch immer deutlich unter den Kursen vor Fukushima, hatten aber zumindest einen kleinen Teil der Verluste wieder ausgeglichen.

Nach den Erkenntnissen von Verhaltensökonomen ist das gar nicht untypisch. Oft seien gravierende Kursanstiege und -abstürze das Ergebnis einer Überreaktion der Anleger auf neue, spektakuläre Nachrichten. Die Preisverzerrung löse sich dann im Laufe der Zeit auf, bis der neue, aufgrund der Leistungsfähigkeit des Unternehmens gerechtfertigte Kurs erreicht sei.

Erstmals gelang es den beiden Ökonomen Werner de Bondt und Richard Thaler im Jahr 1985, die praktische Bedeutung solcher Überreaktionen nachzuweisen. Ihre Thesen lauteten: Extremen Kursausschlägen folgt oft eine allmähliche Gegenbewegung. Und je größer der anfängliche Kursausschlag ist, desto größer auch die spätere Anpassung.

Um ihre Überlegung mit Fakten zu untermauern, untersuchten die beiden Ökonomen die Kursverläufe der amerikanischen Aktien an der New Yorker Börse. Sie knöpften sich dabei einen langen Zeitraum vor und wählten die Jahre zwischen 1930 und 1977, weil für diese Jahre genug Daten zur Verfügung standen. Diese Zeit teilten sie in 16 nicht überlappende Dreijahresperioden ein. Ihr Gedanke war: Wenn die These von der Überreaktion stimmt, dann sollten die Gewinneraktien einer Periode tendenziell zu Verliereraktien der Folgeperiode werden.

Die Forscher berechneten die Renditen der Aktien und stellten für jede Periode eine Rangliste auf. Die 35 renditeschwächsten Aktien wurden gekauft und ins »Verliererportfolio« eingestellt. Die spannende Frage lautete, ob diese Aktien nach drei Jahren wieder mit Gewinn verkauft werden konnten. Mit den 35 stärksten Aktien verfuhren sie genau umgekehrt, das heißt, sie setzten auf fallende Kurse der Aktien im »Gewinnerportfolio«.

Tatsächlich bestätigten die Ergebnisse der Studie ihre Vermutung. Zudem stellten die Forscher fest, dass die Gegenbewegung des Verliererportfolios meist größer war als die des Gewinnerportfolios. Ihre Ergebnisse veröffentlichten sie in der renommierten amerikanischen Fachzeitschrift *Journal of Finance*. Der Titel ihres Aufsatzes fragte provokant: »Reagiert der Aktienmarkt über?«. Und allen Lesern schallte ein lautes Ja entgegen.

Die Fachwelt blieb dennoch skeptisch, denn eigentlich durfte es so etwas nach der klassischen ökonomischen Theorie nicht geben. Logisch denkende, auf ihren Gewinn bedachte Investoren, so das Argument, stünden jederzeit bereit, aus kleinsten Abweichungen vom »wahren« Kurs Kapital zu schlagen. Daher könne es keine großen Übertreibungen geben. Sicherlich handle nicht jeder Investor rational. Dieser Einwurf sei aber banal, denn es genüge, wenn wenigstens ein Teil der Investoren rational entscheide. Der könne das Fehlverhalten der anderen umgehend zu seinem Vorteil nutzen. Größere Übertreibungen könne man daher ausschließen.

Doch Thaler und de Bondt ließen sich nicht beirren. Sie hatten nicht mehr das Bild vom rationalen Investor vor Augen, sondern sahen in allen Anlegern Menschen mit psychologischen Bedürfnissen, die nicht davor gefeit sind, in allerlei Arten von Fallen zu tappen. Seien es verzerrte Wahrnehmung, Herdenverhalten, Eitelkeit, Selbstüberschätzung oder Selbstzweifel. Und das gelte nicht nur für Kleinanleger, sondern auch für Profis. Überreaktion lasse sich nicht verleugnen.

Der Hauptgrund für Überreaktionen am Aktienmarkt sei, dass Anleger neue Informationen deutlich wichtiger nehmen als ältere. Werde eine neue, überraschend schlechte Nachricht über ein Unternehmen bekannt, so würden die Medien umfassend berichten und Anleger sehr empfindlich reagieren. Dabei würden sie dazu neigen, zu vergessen, was zuvor an Gutem berichtet wurde. Dieses Muster bietet sich vor allem dann an, wenn die neuen Informationen so spektakulär und anschaulich sind wie etwa im Fall von Fukushima.

Menschen verdrängen leicht ältere, eher abstrakte Informationen, die bedeutsamer sein können, aber in einem gegebenen Moment schlichtweg übersehen werden. So vergaßen die Anleger nach dem Atomunglück in Fukushima, dass es schon lange zuvor Berichte gegeben hatte, denen zufolge Solarpaneele in China deutlich günstiger hergestellt werden konnten als in Deutschland. Deshalb machten sie sich nicht klar, dass Solaraktien unter Druck geraten würden.

Der Aufsatz von de Bondt und Thaler blieb nicht ohne Folgen. Kritiker bemängelten, die These sei viel zu schwammig und letztlich beliebig: »Psychologen haben zu viele Antworten und keine Theorie«, lästerte der amerikanische Finanzökonom Stephen Ross. Wer lange genug in alten Daten herumschnüffle, finde im Nachhinein immer eine Anlagestrategie, die ihren Anwender reich gemacht hätte, wendeten andere ein. Zudem hätten auch viele verhaltensökonomische Untersuchungen Schlagseite, weil Unternehmen, die pleitegehen, aus der Datenbank verschwinden und daher gar nicht berücksichtigt werden.

Tatsächlich entpuppte sich die Sache in der Praxis als schwierig. Wie soll man vorgehen, wenn man Überreaktion nutzen will? Exakt so, wie es de Bondt und Thaler gezeigt hatten. Oder ändert sich die Welt, wenn solches Wissen bekannt wird? Lernt sie daraus? Oder Nutzen dann andere Leute die Überreaktion schon aus, bevor man es selbst tun kann?

Bisher ist der Überreaktions-Fehler nicht verschwunden, besser gelernt haben es die Anleger schon mal nicht. Auch nach einiger Zeit zeigten Untersuchungen, dass Anleger, die ähnlich vorgehen, tatsächlich im Durchschnitt recht gute Ergebnisse erzielten. Eine Garantie fürs Reichwerden ist das allerdings nicht. Denn die Ergebnisse schwankten im Einzelnen heftig.

Überreaktion

Der Fehler: Anleger lassen sich von neuen und spektakulären Nachrichten blenden und vernachlässigen ältere Informationen.

Die Gefahr: Aufgrund der verzerrten Wahrnehmung kommt es zur Überreaktion. Anleger kaufen Aktien, die längst schon zu teuer sind. Oder sie verkaufen Titel, die unterbewertet sind und das Potenzial haben aufzuholen.

Die Abhilfe: Messen Sie neuen Informationen nicht zu viel Gewicht bei. Spektakuläre Nachrichten sind nicht zwingend wichtiger als tiefgründige ältere Informationen.

Tillmann Neuscheler

DER VERFLUCHTE DRANG ZU HANDELN

Konfrontiert mit mehrdeutigen und riskanten Situationen, neigen Menschen gelegentlich zu Aktionismus. Sie lassen Taten sprechen. Das ist aber nicht immer die beste Wahl. Manchmal wäre es besser, nichts zu tun, um aus einer schwierigen Situation bestmöglich herauszufinden. Die nicht immer rationale Neigung zu Taten heißt in der Fachwelt Aktionismusfalle *(action bias)*.

In diese Falle tappen Anleger, die schlimme Nachrichten über Griechenland hören. Sie droht Polizisten, die Rempeleien vor einer Diskothek beobachten und überlegen, ob sie einschreiten sollen oder nicht. Und sie tritt bei bestimmten Mannschaftssportlern auf, die das Beispiel liefern, dem die folgenden Zeilen gewidmet sind. Das Beispiel entstammt der Welt des Profifußballs. Israelische Wissenschaftler haben ein ganz besonderes Ereignis im Fußball einer genaueren Betrachtung unterzogen: den Elfmeter. Interessant ist die Frage, wie sich ein Torwart bei Elfmetern gewöhnlich verhält. Denn jeder Elfmeter zwingt den Torleuten eine Entscheidungssituation auf.

Gewöhnlich entscheiden sie sich für die Handlung. Statt ruhig und bedrohlich in der Mitte stehen zu bleiben, springen sie in rund 95 Prozent der Fälle in die linke oder rechte Ecke. Das scheint somit die Norm zu sein. Dabei wäre es vernünftig, in rund 28 von 100 Fällen einfach in der Mitte stehen zu bleiben, wie eine Studie belegt. Denn so häufig landen die Elfmeterschüsse genau dort. Warum also verhalten sich Torhüter nicht entsprechend der Wahrscheinlichkeiten, mit der Torschüsse in unterschiedliche Zonen des Tores geschossen werden?

Die Anreize für den Tormann, das Optimale herauszuholen, sind eigentlich gewaltig: Erstens sind Strafstoßtore wichtig, weil pro Spiel in den Eliteligen nur rund 2,5 Tore geschossen werden. Jeder Strafstoß kann also spielentscheidend sein. Zweitens klären sich wichtige, prestigeträchtige internationale Duelle häufig im Elfmeterschießen. Der siegenden Mannschaft winken hohe Erlöse, den Kickern saftige Erfolgsboni. Man darf also davon ausgehen, dass die Torhüter in Elfmetersituationen hochmotiviert sind.

Ein Informationsproblem dürfte es eigentlich auch nicht geben: Big Data hat längst Einzug in die Welt des Profifußballs gehalten. Und viele Mannschaften leisten sich Torwarttrainer, in der Regel Altprofis, von denen man allerdings nicht genau weiß, ob sie Statistiken verstehen, pflegen und vermitteln.

Was Torhüter offenlegen, ist ihr Drang zur Aktion, ihr Bedürfnis, in schwierigen Situationen zu handeln, statt ruhig zu bleiben. Was ist die Erklärung dafür? Torhüter fühlen sich immer mies, wenn sie einen Elfmeterschuss passieren lassen mussten. Aber sie fühlen sich noch schlechter, wenn sie einen Ball passieren lassen, nachdem sie ruhig stehen geblieben sind. Verstehen kann man das. Ein Torhüter, der in der Mitte seines Gehäuses regungslos stehend einen Ball passieren lassen muss, erscheint leicht als Trottel. Das unterscheidet ihn von seinem Kollegen, der sich für den eleganten Sprung in eine Ecke entscheidet. Letzterer transportiert das Bild des Entschlossenen, der allein am Schicksal scheiterte. Ersterer dagegen erscheint als teilnahmslos und gottergeben. Pfeifkonzerte sind dann programmiert.

Dass die Kundschaft zu Aktivitäten drängt, erleben auch Vermögensverwalter, die nach jeder abrupten Bewegung auf den Kapitalmärkten lange am Telefon sitzen, um ihre Kunden zu beruhigen. Kunden von Vermögensberatern hassen offenbar den Gedanken, dass ihr Verwalter auf ihrem Geld sitzt und nichts tut, während die Kurven an den Kapitalmärkten ausschlagen, als litten sie unter Fieberschüben.

Hier wird es paradox für den Vermögensberater. Es kann manchmal aus seiner Sicht sinnvoll sein, mit den Papieren seiner Kunden zu handeln, allein um sie an sich zu binden, selbst wenn Käufe oder Verkäufe seiner Vermögensstrategie für den Kunden im Prinzip widersprechen. Tatsächlich sind die großen Vermögen an den Kapitalmärkten vor allem von jenen gemacht worden, die lange an guten Werten festhielten.

Noch komplizierter wird es für Vermögensberater, wenn wir berücksichtigen, dass es Anlageobjekte gibt, deren Daseinsgrund im Nichtstun besteht. Gemeint sind die an den Börsen gehandelten Investmentfonds, die die Märkte nachbilden – die sogenannten Exchange Traded Funds (ETF). Wer also eine Geldanlage vorzieht, die nicht vom *action bias* bedroht ist, der kauft ETF-Anteile und findet damit die Zustimmung der Ökonomen. Denn die singen nahezu im Chor, dass wirklich niemand die Märkte dauerhaft schlagen kann.

Wie zügelt man also den Drang zum Handeln? Und wann wird das Nichthandeln zur Unterlassungssünde? Erfahrung mag helfen, wie das Beispiel von Polizisten zeigt, die Handgreiflichkeiten vor Nachtlokalen beobachten. Ältere Polizisten blieben einer britischen Studie zufolge lange cool und griffen erst ein, wenn von den Rempeleien viele unbeteiligte Gäste in Mitleidenschaft gezogen wurden. Jüngere Kollegen dagegen versuchten, die Schlägereien im Frühstadium zu unterbinden, und trugen damit eher zur Verschärfung der Situation bei. In unerwarteten, komplizierten Situationen mit schwer kalkulierbaren Folgen gilt es also, besonnen zu bleiben – ein ebenso trivialer wie erfolgversprechender Ratschlag.

Angela Merkel sei der Leitstern der Geldanleger, Polizisten und Torhüter. Nichts tun oder nicht sofort handeln, das kann ein Ausdruck besonderer Souveränität sein.

Aktionismus

Der Fehler: Wenn Menschen plötzlich komplizierten Situationen ausgesetzt sind, neigen sie stark dazu, Aktivitäten zu entfachen. Dass es besser sein könnte, nichts zu tun oder abzuwarten, kommt ihnen nicht in den Sinn.

Die Konsequenzen: Wer zum Beispiel als Anleger auf jede abrupte Veränderung auf dem Kapitalmarkt mit Käufen und Verkäufen reagiert, stellt sich in der Regel schlechter, als wenn er selbst in brenzligen Situationen einen kühlen Kopf behält und besonnen bleibt.

Die Abhilfe: Die Befreiung vom Drang zur Tat ist eine besondere Herausforderung, weil der Öffentlichkeit dauernd echte und erdachte Persönlichkeiten als Helden präsentiert werden, die durch ihr Handeln Situationen entschärfen. Es gibt kaum Helden des Nichtstuns. Ausnahmen sind John Franklin aus dem Roman *Die Entdeckung der Langsamkeit* von Sten Nadolny und *Der kleine Hase Baldrian* von Janosch. Nehmen Sie sich Figuren wie diese zum Vorbild. Versuchen Sie, wenn es ernst wird, Ihren Drang zur Aktivität auf andere Weise zu lösen: Rennen Sie lieber um den Block, anstatt Ihre Facebook-Aktien vorschnell zu verkaufen.

Winand von Petersdorff

NUR DIE RUHE BEWAHREN

Meistens dauert es gar nicht lange. Wer sein Geld etwas anspruchsvoller anlegt als auf dem Tagesgeldkonto und dem Sparbuch, der stößt früher oder später auf eine alte Börsenregel: Wenn du reich werden willst, dann kaufe Aktien, nimm eine Schlaftablette und sieh erst zehn Jahre später nach, was aus ihnen geworden ist. Es ist die berühmteste Börsenweisheit des legendären Spekulanten André Kostolany. Er wollte die Deutschen dazu bringen, ihre Geldanlage schlicht liegen zu lassen, und zwar nach dem Motto: Auf Dauer wird sich das Wirtschaftswachstum schon auszahlen. Doch seit einigen Jahren steht die Regel in Zweifel.

Der Blick auf den DAX, den Deutschen Aktienindex, zeigt nämlich etwas ganz anderes. Seit zwölf Jahren wechseln sich steigende und sinkende Kurse ab, ohne den alten Rekord aus dem Jahr 2001 nennenswert zu übertreffen. Kostolany selbst kann nicht mehr antworten, er weilt seit 1999 nicht mehr unter den Lebenden. An seine Stelle treten Bankberater und Fondsmanager. Sie werden nicht müde zu betonen, Kostolanys Regel habe ausgedient. Aktionäre müssten heute viel lebhafter und beweglicher sein als früher und ihre Aktien viel häufiger wechseln.

Doch Kostolanys Rat verdient einen genaueren Blick, und zwar aus zwei Gründen. Erstens verdienen die meisten seiner Verfechter ihr Geld damit, dass sie den Anlegern Entscheidungen ganz abnehmen. Und zweitens wirkt der Rat zunächst einmal sehr überzeugend, denn er spricht gleich zwei Denkfehler an, die auch Themen dieses Buches sind: die Aktionismusfalle – wir lehnen uns ungern zurück, um passiv zu sein – und den Wiederholungsfehler – wir glauben auch den größten Unsinn, wenn er nur oft genug wiederholt wird.

Wie also hat sich die Kostolany-Regel zuletzt geschlagen? Wenn Sie vor genau zehn Jahren, also im Jahr 2003, den DAX gekauft hätten, hätten Sie Ihren Einsatz bis heute verdreifacht. Das war aber eine Ausnahme. Denn vor zehn Jahren stand der DAX fast an seinem Tiefpunkt. Wer hätte da schon Aktien gekauft? Kaum einer. Und das wird nachher noch wichtig.

Erst einmal lohnt es sich festzuhalten, dass die meisten Zehnjahreszyklen der vergangenen Zeit für die Investoren im DAX wenig erfreulich waren. In vielen Fällen bekamen sie nach zehn Jahren gerade knapp so viel Geld heraus, wie sie hineingesteckt hatten. Davon wird man nicht reich.

Wie fahren die Investoren aber mit der Alternative zur Kostolany-Regel? Wenn sie also Aktien kaufen und verkaufen, zum Beispiel je nach der Marktlage? Das wird tatsächlich nachgerechnet, zumindest in den Vereinigten Staaten. Schon in den Neunzigerjahren untersuchten die Finanzforscher Brad Barber und Terrance Odean die Depots einer Discountbank und rechneten aus, wie viel Geld die Kunden der Bank tatsächlich verdienten. Sie stellten fest: Während der Aktienmarkt als Ganzes insgesamt 17,9 Prozent Rendite gebracht hätte, schafften die durchschnittlichen Kunden nur 16,4 Prozent – und die eifrigsten Händlernaturen sogar nur 11,4 Prozent.

Das hat sich auch in der Zwischenzeit nicht geändert. Bis heute rechnet die Firma Dalbar aus, wie viel Geld Amerikas

Privatanleger tatsächlich verdienen, indem sie untersucht, wann die Amerikaner tatsächlich Fonds kaufen oder verkaufen. Dann errechnen sie die tatsächliche Rendite. Für 2011 war das ein Verlust von 5,7 Prozent – während Amerikas Aktienindex S&P 500 im selben Jahr immerhin ein Plus von 2,1 Prozent brachte. Dafür hat die Firma folgende Erklärung: »Die Investoren haben ihren Ängsten nachgegeben«, schreiben die Forscher, »sie haben lieber Verluste in Kauf genommen, als noch weitere Rückschläge zu riskieren. Unglücklicherweise haben sie das gemacht, gerade bevor die Märkte sich wieder erholt haben – wie so oft.« Zwischen 1990 und 2010 haben die Privatanleger mit Käufen und Verkäufen im Durchschnitt eine Rendite von 3,8 Prozent pro Jahr erzielt. Der Aktienindex brachte es auf durchschnittlich 9,1 Prozent.

Die Deutschen sind nicht anders. Nehmen wir das Jahr 2003, in dem die Aktienkurse auf dem Tiefpunkt waren. Damals wären Aktien attraktiv gewesen, doch die Deutschen hatten die Nase voll. Einige kauften zwar noch zusätzliche Aktien, wie Zahlen des Deutschen Aktieninstituts zeigen, doch die meisten verabschiedeten sich von den Kapitalmärkten und verkauften sogar ihre Fonds.

Sicher ist also: Mit Schlaftablette vermehrt sich das Geld eher als ohne. Wache und agile Aktionäre schichten zwar ständig ihre Papiere um, aber sie verdienen unterm Strich trotzdem weniger Geld als jemand, der seine Investments möglichst lange liegen lässt.

Offen bleibt die Frage, welche Aktien man vor der Einnahme der Schlaftablette kaufen sollte. Klar ist: Je besser das Geld verteilt ist, umso sicherer ist der Gewinn. Wer sein Geld in unterschiedliche Länder auf der ganzen Welt schickt, der hat bessere Chancen, dass nach zehn Jahren tatsächlich etwas daraus geworden ist. Das bleibt riskant, und darum legen die meisten Leute einen Teil ihres Geldes sicherer an. Welche Aufteilung dafür richtig ist, dabei können nun wirklich Berater helfen.

Die Missachtung von Kostolanys Regel

Der Fehler: André Kostolany riet Anlegern, Aktien zu kaufen und für lange Zeit zu behalten. Dann würden sie reich. Doch die Renditen waren viele Jahre lang sehr gering. Darum glauben viele Anleger nicht mehr an Kostolanys Regel.

Die Gefahr: Anleger versuchen, selbst die Chancen und Risiken von Aktien abzuschätzen. Doch daran scheitern sie meist.

Die Abhilfe: Wenn das Geld gut auf verschiedene Wertpapiere verteilt ist, kann man es getrost zehn Jahre oder länger liegen lassen. In der Zwischenzeit braucht man sich keine allzu großen Gedanken über sein Portfolio zu machen.

Patrick Bernau

WIR SIND DUMM

DER FEHLER MIT DEN PROZENTEN

Wenn bei einer Frau der Brustkrebstest positiv ist, hat sie dann tatsächlich Brustkrebs? Schätzen Sie bitte einmal: Haben 90 von 100 Frauen mit positivem Befund Brustkrebs, oder nur 50 von 100?

Und was antworten Sie, wenn Sie außerdem noch Folgendes über den Test wissen: 1 Prozent aller Frauen hat Brustkrebs. In 90 Prozent aller Brustkrebsfälle schlägt der Test positiv an, aber auch bei 9 Prozent aller gesunden Frauen. Wie wahrscheinlich ist es, dass eine positiv getestete Frau wirklich krank ist?

Die Antwort ist verblüffend: Legt man die oben genannten Zahlen zugrunde, so hat nur rund eine von zehn positiv getesteten Frauen tatsächlich Brustkrebs. Die Wahrscheinlichkeit beträgt also weder 90 Prozent noch 50 Prozent, sondern lediglich rund 10 Prozent. Aber nicht viele Menschen sind in Wahrscheinlichkeitsrechnung geschult und gelangen zu diesem korrekten Ergebnis. Die meisten hingegen schätzen die Wahrscheinlichkeiten falsch ein. Der Denkfehler wäre aber nicht so schlimm, wenn wenigstens die Experten Bescheid wüssten. Doch er ist auch bei Profis verbreitet, wie Wissenschaftler des Max-Planck-Instituts für Bildungsforschung herausgefunden haben. Und das beschert Patienten und Krankenkassen zu viele Vorsorgeuntersuchungen.

Der Psychologe Gerd Gigerenzer und seine Kollegen haben Frauenärzte knobeln lassen. Die Hälfte von ihnen sah die Krankheitswahrscheinlichkeit einer positiv getesteten Frau bei 90 Prozent. Nur rund jeder Fünfte traf die richtige Zahl. Damit waren die Ärzte in jenem Test sogar noch etwas schlechter, als hätten sie die Antwort schlicht geraten.

Die Fachleute sprechen bei diesem Denkfehler von einer *base rate fallacy*, das heißt von Täuschung durch die Basis. Dem Gehirn leuchtet sofort ein, dass 90 Prozent der kranken Frauen positiv getestet werden. Und dass nur 9 Prozent der gesunden Frauen positiv getestet werden. Aber das Gehirn vergisst meistens komplett, dass es viel weniger kranke Frauen als gesunde gibt.

Gegen die Folgen des Denkfehlers der falschen Ausgangsbasis kämpft Psychologe Gigerenzer schon lange. Früherkennungstests würden überbewertet, sagt er. Sie würden nur wenigen Menschen helfen, weil nur wenige krank sind. Stattdessen würden viele unnötig verängstigt und zu Folgeuntersuchungen getrieben, die nicht nur unangenehm sind, sondern die außerdem die Krankenkassen viel Geld kosten.

Solche Krankheitstests sind aber nicht die einzige Situation, in der der Basisratenfehler Menschen Angst macht. Im Jahr 1995 warnten britische Behörden die Menschen davor, dass eine Gruppe von Verhütungspillen das Risiko einer Thrombose um 100 Prozent steigert, also verdoppelt.

Was bedeutete die Steigerung des Thromboserisikos um 100 Prozent? Von 7000 Frauen, die die Pille nahmen, erkrankte nicht eine an Thrombose, sondern zwei. Der Anteil stieg also von rund 0,14 Promille auf rund 0,28 Promille. Doch diese Zahlen rechneten die meisten Briten nicht aus. Aus Angst vor dem Risiko setzten viele Frauen die Pille ab, im Folgejahr wurden 26000 mehr Frauen schwanger als sonst, doch es gab auch 13000 zusätzliche Abtreibungen, die viel

Leid brachten und das britische Gesundheitssystem darüber hinaus rund 46 Millionen Pfund kosteten.

Besser verstehen die Menschen den Brustkrebstest vom Anfang übrigens, wenn man ihn so formuliert: Unter 1000 Frauen haben zehn Brustkrebs. Von den zehn kranken Frauen werden neun zu Recht positiv getestet. Von den 990 gesunden Frauen werden 89 zu Unrecht positiv getestet.

Wenn man immer in absoluten Zahlen denkt, ist die Basis nicht mehr so wichtig. So lässt sich der Fehler umgehen.

Missachtung der Ausgangsbasis

Der Denkfehler: Menschen können nicht mit Wahrscheinlichkeiten umgehen. Besonders oft vergessen sie, wie unwahrscheinlich ein Ereignis als solches ist. Das verfälscht ihre Rechnungen.

Die Folge: Menschen ängstigen sich angesichts der Ergebnisse von Früherkennungstests, zum Beispiel für Krebs – und vergessen dabei, wie unwahrscheinlich die Krankheit, der vorgebeugt werden soll, tatsächlich ist.

Die Abhilfe: Es hilft, Wahrscheinlichkeiten nicht in Prozentzahlen anzugeben, sondern in absoluten Zahlen. Wenn Sie prozentuale Wahrscheinlichkeiten richtig einschätzen wollen, dann sollten Sie immer nach den Zahlen fragen, die hinter ihnen stehen.

Patrick Bernau

KNAUSERN MIT GROSSEN SCHEINEN

Es gibt Hinweise darauf, dass die junge Disziplin der Verhaltensökonomik den Volksweisheiten aus aller Welt eine Menge zu verdanken hat. So sagt ein mexikanisches Sprichwort, ein jeder möge auf sein Kleingeld gut achtgeben, während die großen Geldscheine auf sich selbst aufpassen könnten.

In der Ökonomie hielt das im Sprichwort aufgespießte Phänomen Einzug unter dem englischen Begriff *denomination effect*, auf Deutsch »Nennwerteffekt«. Dieser Effekt spielt sich folgendermaßen ab: Menschen geben einen bestimmten Geldbetrag schneller aus, wenn er ihnen in vielen kleinen Scheinen oder Münzen anstatt in wenigen größeren zur Verfügung steht. Ein 100-Euro-Schein macht knauseriger als fünf 20-Euro-Scheine, wie Forscher in Feldversuchen herausfanden.

Ist es in einzelne Münzen oder kleine Banknoten gestückelt, so empfinden Menschen den Wert von Geld als geringer. Ältere Studien haben schon gezeigt, dass die Leute dazu neigen, mehr auszugeben, wenn sie die Freiheit haben, verschiedene Zahlungsmethoden einzusetzen, zum Beispiel Zahlung mit Bargeld, Kreditkarte oder EC-Karte. Dazu passt, dass die ohnehin im weltweiten Vergleich als geizig geltenden Deutschen lieber bar zahlen als mit Kreditkarte. Der Grund: Barzahlungen haben den Vorteil, dass sie ohne gro-

ßen Aufwand den Überblick über die eigenen Ausgaben er-
möglichen. Deshalb zahlen vor allem Käufer mit bescheide-
nen Mitteln nur selten mit Kredit- oder Bankkarte.

Andere Untersuchungen zeigen, dass Leute ein Geschäft
positiv bewerten, wenn der Kaufpreis zum Beispiel mit
»1 Dollar pro Tag« statt mit »365 Dollar im Jahr« umschrie-
ben wird.

Aber warum verführen kleine Scheine und Kleingeld eher
zum Ausgeben als Banknoten, die auf hohe Beträge lauten?
Eine ältere Erklärung lautet: Große Banknoten sind leichter
zu entschlüsseln, man weiß auf einen Blick, was man hat. Das
schlägt sich, so zumindest die Theorie, in einer höheren
Wertschätzung nieder. Das wiederum führt zur Überbewertung großer Banknoten beziehungsweise zur Unterbewer-
tung des Kleingeldes. Eine andere Deutung lautet: Für die
Leute ist die Hergabe eines großen Geldscheins immer
mit Schmerz verbunden, unabhängig von der Höhe des
Wechselgeldes. Weil die Leute sich dessen aber bewusst sind,
statten sie sich mit großen Scheinen aus, um ihr Ausgabeverhalten zu kontrollieren. Das erinnert dann doch an die Varian-
ten der »mentalen Buchführung«: Man setzt sich Ausgabe-
grenzen, indem man zum Beispiel festlegt, Kneipenbesuche
nur durch Extraeinnahmen zu finanzieren.

Der Denkfehler des Nennwerteffekts liegt darin, dass
100 Euro 100 Euro bleiben, egal, ob sie in hundert 1-Euro-
Münzen daherkommen oder in einer einzigen Banknote. In
der Folge geht man gelegentlich zu freigebig und gelegentlich zu geizig mit Geld um, allerdings nur auf den ersten
Blick.

Denn gleichzeitig liefert die Deutung den Hinweis, dass
die Leute sich dann mit großen Geldscheinen ausstatten,
wenn sie sparen wollen oder müssen. Dass die Wahl großer
Scheine der Selbstkontrolle dient, konnten die Marketing-

Professoren der New Yorker Stern-Business-School Priya Raghubir und Joydeep Srivastava durch Versuche bestätigen.

Das klingt ziemlich vernünftig. Die Konsumenten steuern selbst ihre Bereitschaft, sich der Konsumlust hinzugeben, durch die Auswahl der Banknoten, die sie mit sich tragen: Das ist eher bewusstes Kalkül als ein Denkfehler.

Der beim Nennwerteffekt einkalkulierte Spielraum für unlogisches Verhalten lässt eine weitere interessante Verhaltensweise zu, die unter dem Namen *What-the-hell-effect* Eingang in die Literatur der Verhaltenspsychologen gefunden hat. Manchmal schlägt man eben doch über die Stränge, frei nach dem Motto: Zur Hölle mit den guten Vorsätzen. Tatsächlich haben die Versuche der beiden Professoren gezeigt, dass Leute, die sich selbst mit großen Geldscheinen ausgestattet haben, dann über die Stränge schlagen, wenn sie sich erst einmal dazu entschieden haben, fünfe gerade sein zu lassen.

Ohne Tücken ist der Nennwerteffekt nicht, denn man kann ihn nutzen. Unternehmen berücksichtigen den Effekt in ihrer Preispolitik und indem sie Zahlung in Raten anbieten.

Aber auch für die Wirtschaftspolitik ist der Effekt nutzbar. Will sie eine Wirtschaftsflaute dadurch überwinden, dass sie die Bevölkerung zur Erhöhung des Konsums anstachelt, so wird sie versuchen, den Schmerz des Geldausgebens zu verringern.

Die amerikanische Regierung verteilte im Jahr 2009 unter dem Präsidenten Georg W. Bush und 2010 unter seinem Nachfolger Barack Obama Schecks im Wert von 250 Dollar an die Bevölkerung. So wollte sie das Volk zum Einkaufen bringen und die Krise abwenden. Ökonomen haben die Wirkung dieser Wirtschaftspolitik heftig diskutiert. Dabei ging es auch um die grundsätzliche Frage, wie Konsumenten mit

Geld umgehen, das sie unversehens in die Hände bekommen: Wie viel davon geben sie aus, und wie viel sparen sie?

Der Nennwerteffekt fügt dieser Diskussion einen neuen Aspekt hinzu: Hätte es die Kauflust der Konsumenten gesteigert, hätte man ihnen anstelle des Schecks fünfzig 5-Dollar-Noten überreicht?

Der Nennwerteffekt

Der Fehler: Gleiche Geldbeträge werden unterschiedlich bewertet, je nachdem, ob sie in vielen kleinen oder in wenigen großen Scheinen verfügbar sind.

Die Wirkung: Manchmal vermeidet man Ausgaben, nur weil man einen großen Geldschein nicht anbrechen will. Manchmal konsumiert man zu verschwenderisch, weil die Geldbörse mit kleinen Scheinen gefüllt ist. Beide Male stellt man sich schlechter, als wenn man nüchtern rechnen würde.

Die Abhilfe: Wenn Sie sparen müssen, dann legen Sie nur große Scheine in Ihre Geldbörse. Wenn Sie sich etwas gönnen wollen, dann stückeln Sie Ihr Geld. Wenn Sie Ihr Ausgabeverhalten eher kritisch sehen, dann verzichten Sie auf Kredit- und Bankkarten als Zahlungsmittel.

Winand von Petersdorff

VORSICHT, GEHALTSERHÖHUNG!

Wenn es eine Konstante in unserem Leben gibt, dann ist es die Tatsache, dass wir praktisch ständig besteuert werden. Steuern begleiten uns von der Wiege bis zur Bahre. Ob wir etwas kaufen, etwas vererben, verschenken oder ob wir Einkommen erzielen – Vater Staat ist immer dabei. Er sorgt dafür, dass die Waren, die wir kaufen, teurer werden, und dafür, dass wir nicht den Marktpreis für unsere Arbeit erhalten, sondern nur das, was die Besteuerung davon übrig lässt.

Angesichts der Tatsache, dass wir ein Leben lang tagtäglich Steuern zahlen, sollte man eigentlich annehmen, dass wir gelernt haben, damit umzugehen. Kurz gesagt: Wir sollten brutto und netto auseinanderhalten können. Beispielsweise sollten wir beim Einkauf immer nur den Bruttopreis beachten, denn das ist der Preis, den wir an der Kasse entrichten müssen. Wie viel davon in die Staatskasse fließt, sollte uns bei der Kaufentscheidung eigentlich kaltlassen.

Es spricht tatsächlich vieles dafür, dass sich die meisten Menschen nicht für die Höhe der Steuer interessieren, die sie gerade zahlen, wenn sie an der Supermarktkasse stehen oder dem Tankwart die Kreditkarte reichen. Oder wissen Sie, wie viel Steuern Sie im vergangenen Monat als allgemeine oder spezielle Verbrauchsteuer gezahlt haben? Warum sollte einen das auch interessieren?

So wenig wir beim Konsum auf die Steuersätze achten müssen, weil für uns nur der Bruttopreis wichtig ist (und der steht in aller Regel auf dem Etikett), so sehr sollten wir allerdings auf den Steuersatz achten, wenn wir entscheiden, wie viel wir arbeiten wollen. Denn nicht nur die Preise für Pullover und Kaffee sind in aller Regel als Bruttogrößen ausgewiesen, sondern auch Löhne und Gehälter. Das ist auch notwendig, denn was nach Abzug der Steuern übrig bleibt, hängt von den jeweiligen persönlichen Einkommensverhältnissen ab.

Wenn man also wissen will, was man mit seiner Arbeit verdient, dann sollte man die Steuern beachten. Das ist nicht so einfach wie bei der Umsatzsteuer, denn wir haben schließlich einen progressiven Einkommensteuertarif. Der hat zur Folge, dass beispielsweise eine Gehaltssteigerung von 100 Euro bei einem Jahreseinkommen von 20 000 Euro anders zu Buche schlägt als bei einem Jahreseinkommen von 80 000 Euro. Der sogenannte Grenzsteuersatz steigt mit dem Einkommen. Das heißt: Beim niedrigen Gehalt bleiben von den zusätzlichen 100 Euro mehr übrig als beim hohen. Für die Entscheidung, ob sich zusätzliche Arbeit lohnt, ist es wichtig, dies zu beachten. Technisch gesprochen muss man bei der Entscheidung über das Arbeitsangebot immer den Grenzsteuersatz beachten und nicht den Durchschnittssteuersatz, der in den meisten Fällen deutlich niedriger ist.

Aber beherrschen Menschen den Umgang mit Steuern? Schätzen sie die Steuerhöhe richtig ein? Eine ganze Reihe von experimentellen Befunden weckt Zweifel daran. Schon 1995 beispielsweise zeigte sich in einem Experiment des amerikanischen Ökonomen Charles de Bartolomé, dass Menschen nicht in der Lage sind, Grenz- und Durchschnittssteuersatz auseinanderzuhalten. Weiteres Ergebnis: Bei der Entscheidung darüber, wie viel sie arbeiten möchten, orientieren sie sich eher am Durchschnitts- als am Grenzsteuersatz.

Nun kann man einwenden, dass wir einen ziemlich komplizierten Steuertarif haben und es sicherlich nicht jedermanns Sache ist, sich mit eher unerfreulichen Dingen wie der Einkommensteuer zu befassen. Da kann es schon passieren, dass man solche Feinheiten wie den Unterschied zwischen Grenz- und Durchschnittssteuersatz übersieht.

Allerdings hat ein Team um den Harvard-Ökonomen Raj Chetty in einem 2009 vorgestellten Feldexperiment gezeigt, dass auch eine deutlich einfachere Art der Besteuerung für Verwirrung sorgen kann. Es konnte zeigen, dass die Kaufentscheidungen amerikanischer Verbraucher stark davon abhingen, ob die Waren mit Brutto- oder Nettopreisen ausgezeichnet waren. Obwohl die Versuchspersonen wussten, dass an der Kasse die Steuer auf den Nettopreis aufgeschlagen wurde, schenkten sie der Steuer nur dann wirklich Beachtung, wenn sie auf dem Preisschild ausdrücklich aufgeführt war.

Eine Gruppe von Ökonomen aus Berlin und Magdeburg hat nun untersucht, ob wenigstens eine einfache Besteuerung von Arbeitseinkommen richtig wahrgenommen wird. Zu diesem Zweck wurden Magdeburger Bürger, die einer regelmäßigen Beschäftigung nachgingen, zu einem einfachen Versuch eingeladen. Im Labor mussten sie Briefe falten und in Umschläge stecken. Dabei konnten sie selbst entscheiden, wie intensiv und wie lange sie arbeiten wollten. Eine Gruppe erhielt für jeden gefalteten Brief 9 Cent. Eine zweite Gruppe bekam 12 Cent pro Brief und die Information, dass von diesen 12 Cent 25 Prozent als Steuer abzuführen seien. Der Nettolohn für die zweite Gruppe betrug also ebenfalls 9 Cent. Eine dritte Gruppe bekam einen Bruttolohn von 18 Cent und einen Steuersatz von 50 Prozent genannt, sodass alle drei

Gruppen ihre Arbeit zum selben Nettolohn verrichteten. Eigentlich sollte sich deshalb auch kein nennenswerter Unterschied zwischen den Gruppen zeigen.

Das erstaunliche Ergebnis des Experiments: Diejenigen, die 25 oder 50 Prozent an Steuern abführen mussten, arbeiteten deutlich mehr als die Teilnehmer, die keine Steuern zahlen mussten. Die Versuchspersonen mit höherem Bruttolohn blieben also länger im Labor und falteten außerdem mehr Briefe pro Minute.

Offensichtlich schätzten die Versuchspersonen die Wirkung der Steuer falsch ein. Vermutlich betrachteten sie zumindest einen Teil der Steuer als Bestandteil ihres Nettolohns. Sie unterlagen also einer Art »Nettolohnillusion«. Dieser Befund ist insofern erstaunlich, als es nicht schwer gewesen wäre, die Steuer zu beachten und den Nettolohn auszurechnen. Denn es war klar, dass ein Viertel oder die Hälfte der verdienten Cents abzugeben waren. In weiteren Versuchen zeigte sich, dass die Nettolohnillusion sich tatsächlich sogar abschwächte, wenn kompliziertere Steuertarife eingesetzt wurden.

Es sieht so aus, als neigten Menschen gerade bei einfachen Steuersystemen besonders dazu, die Steuer nicht zu beachten und in gewisser Weise zu übersehen. Die Folge: Wir arbeiten mehr, als wir eigentlich wollen. Das wäre eine Wirkung, die dem Finanzminister nur recht sein kann. Er besteuert uns, und die Last der Steuer hält uns eben nicht von der Arbeit ab. Stattdessen nehmen wir sie als Ansporn, mehr zu arbeiten, als wir es ohne Steuer tun würden.

Die Nettolohnillusion

Der Fehler: Wir nehmen Steuern oft nicht in der Stärke wahr, mit der sie uns tatsächlich treffen. Das gilt besonders beim Gehalt.

Die Gefahr: Da wir die Steuerbelastung falsch einschätzen, treffen wir falsche Entscheidungen. Bei steigendem Bruttogehalt beispielsweise neigen wir sogar dann dazu, mehr zu arbeiten, wenn das Nettogehalt sich nicht erhöht.

Die Abhilfe: Wenn Sie der Nettolohnillusion nicht erliegen wollen, dann rechnen Sie nach! Jeder Arbeitnehmer sollte die eigene Steuerbelastung genau kennen und sich stets über die wahren Nettopreise im Klaren sein.

Joachim Weimann

IM DICKICHT DER INFORMATIONEN

Die Furcht vor einem Fehlkauf scheint uns Deutschen in die Wiege gelegt. Gut ist nur wenigen gut genug – und wer will schon Mittelmaß? Deshalb wälzen wir vor einem größeren Kauf tagelang Testberichte, suchen Alternativen, klicken uns durchs Internet und fragen Freunde. Bei einem Staubsauger mag das noch recht einfach sein, aber wie sieht es beim Hauskauf, bei der Lebensversicherung und bei der Geldanlage aus? Informieren, informieren, informieren! So schallt es uns allenthalben entgegen. Nie war es so einfach wie heute! Nutze das!

Unstrittig ist: Wer entscheidet, braucht dazu solide Fakten. Allerdings sollten wir nicht dem Irrtum erliegen, jede zusätzliche neue Information sei so wertvoll, dass es sich lohnt, nach ihr zu suchen. Verhaltensökonomen nennen das *information bias*. Gemeint ist damit eine übertriebene Neigung zum Sammeln neuer Fakten. Oft suchen wir selbst dann noch nach weiteren Hinweisen, wenn diese bedeutungslos sind oder wenn wir es gar nicht mehr schaffen, den Wust an Daten vernünftig auszuwerten. Die zusätzlichen Erkenntnisse, die uns neue Informationen bringen, sind dann bestenfalls dürftig, und schlimmstenfalls verwässern sie unsere mühsam erarbeitete Wissensessenz.

Der Denkfehler ist weit verbreitet. »Die Zahl derer, die durch zu viele Informationen nicht mehr informiert sind, wächst«, spottete der Journalist Rudolf Augstein schon vor vielen Jahren. Und der amerikanische Medienkritiker Neil Postman diagnostizierte bereits Anfang der Neunzigerjahre, dass unsere Abwehrmechanismen gegen die Informationsschwemme zusammengebrochen seien: »Unser Immunsystem gegen Informationen funktioniert nicht mehr. Wir leiden unter einer Art von kulturellem Aids.«

Seither hat sich die Lage verschärft. Das Internet bietet unendlich viele Möglichkeiten, schnell noch ein wenig weiter zu graben: E-Mails, Websites, Blogs, RSS-Feeds, Twitter und Facebook. Viele gute Informationen, aber allein der Masse wegen sind wir im Kampf gegen die Verstopfung auf gute Filter gegen die Datenflut angewiesen. Oft will alles durch – und nichts kommt an.

Die Versuchung ist allgegenwärtig: Der Hang zum Sammeln rührt daher, dass wir den Wert zusätzlicher, noch unbekannter Information überschätzen und die Kosten und Mühen unterschätzen, diese Informationen zu beschaffen und zu verarbeiten. Klar, es gibt sinnvolle und wenig sinnvolle Informationen (»Info-Lärm«). Wenn wir es vorher wüssten, würden wir nur die guten sammeln. Dummerweise weiß man erst hinterher, ob es sich gelohnt hat. Wir müssen also unter Unsicherheit entscheiden, ob wir uns weiter abmühen oder ob wir es wagen sollen, auf neue Information bewusst zu verzichten.

Selbst wenn das Weitersammeln sachlich korrekte Fakten zutage fördert, ist es nicht sicher, ob uns dies überhaupt weiterhilft. Der Schriftsteller Jorge Luis Borges hat das am Fall von Landkarten illustriert: In einer Kurzgeschichte beschreibt er ein Land, in dem die Kunst der Kartografie es erlaubt, dass Landkarten zunehmend detaillierter gezeichnet werden. Irgendwann werden sie die Welt im Maßstab 1:1 abbilden. Solche Karten würden allerdings niemandem mehr helfen, auch wenn sie mehr Informationen enthielten als alles

290

vorher Dagewesene. Denn die Kraft liegt gerade in der Beschränkung aufs Wesentliche.

Prasseln zu viele Informationen auf uns ein, so greifen wir in unserer Not unbewusst auf vereinfachende Faustregeln zurück. Wir setzen sogenannte Heuristiken ein, um mit der Flut der Informationen fertig zu werden. Sie verhelfen uns mit geringem Aufwand schnell zu einem oft guten, aber nicht zwingend vortrefflichen Ergebnis. Die Einschätzung wird oft etwas verzerrt: So werden neue, anschauliche und unsere Gefühle ansprechende Informationen stärker gewichtet als trockene, abstrakte Daten.

Das unablässige Suchen ist oft auch die Flucht davor, sich dem zu widmen, was wirklich wichtig ist – und zwar mit ungeteilter Aufmerksamkeit. Und manchmal scheint es der Versuch zu sein, Entscheidungen hinauszuschieben, vor denen wir uns drücken wollen. Aus der Politik kennen wir das: Wenn es brenzlig wird und eine wichtige Entscheidung ansteht, wird ein Ausschuss oder ein Arbeitskreis gebildet. Dann werden neue Gutachten angefordert, auch wenn die Fakten längst auf dem Tisch liegen. Das Ergebnis sind Studien, die das wiedergeben, was wir ohnehin schon wissen – das aber auf mindestens 500 Seiten.

Juristen wissen schon lange, wie zusätzliche, unsinnige Information verwirren kann. Und sie wissen die Desinformation strategisch zu nutzen: Auf einfache Anfragen der Gegenseite wird mit hundertseitigen Dossiers geantwortet. Dort mögen dann zwar die erfragten Informationen enthalten sein, doch sie werden in einem Wust von Belanglosem versteckt. Auch Banken wissen das. Und sie helfen uns dann gerne – und wohl meist nicht ganz uneigennützig –, den Wust zu sortieren.

Die gute Nachricht ist: Wir können auf die Informationen locker verzichten. Der Psychologe Gerd Gigerenzer vom

Berliner Max-Planck-Institut plädiert schon seit Jahren für mehr Bauchentscheidungen, weil wir dabei von einem hocheffizienten Mechanismus der Informationsverarbeitung profitieren.

Auch der amerikanische Psychologe Timothy Wilson und sein Kollege Jonathan Schooler machen Mut. Schnelle Entscheidungen, so ihre Meinung, machen die Menschen glücklicher als ein ewiges Abwägen zwischen verschiedenen Möglichkeiten. Davon war weiter oben in diesem Buch schon die Rede. Und sie haben noch einen weiteren Grund: Wer Vor- und Nachteile sorgfältig durchdenkt, der kennt am Ende auch die Nachteile des Angebots, für das er sich entschieden hat. Und die Vorteile der Angebote, die er verpasst hat.

Trotzdem ist das schwer zu glauben. Doch es gibt einen praktischen Test: Die beiden Forscher gaben ihren Studenten – vorgeblich als Dank für die Teilnahme an einem Experiment – Poster mit nach Hause, die sie dort aufhängen durften. Die Hälfte der Studenten sollte in Ruhe nachdenken, in einem Fragebogen die Argumente für und gegen die einzelnen Poster aufzählen – erst danach sollten sie sich für eines entscheiden. Die anderen mussten sich spontan überlegen, welches sie mitnehmen wollten.

Wer traf die bessere Wahl? Einige Wochen später überprüften die beiden Psychologen das. Und sie stellten fest: Die Studenten, die ihr Poster nach reiflicher Überlegung ausgesucht hatten, konnten es schon ein paar Wochen später nicht mehr sehen. Wer sein Bild spontan ausgewählt hatte, war dagegen deutlich glücklicher damit – und ließ es länger hängen. Das funktioniert nicht nur mit Kunst. Wilson und Schooler haben ähnliche Effekte auch bei Marmelade gefunden, bei Autos, Ikea-Sesseln und sogar bei Wohnungen.

Leider lässt sich nicht allgemeingültig sagen, wann der Punkt erreicht ist, besser mit dem Sammeln aufzuhören. Lohnt es sich noch, oder übertreibt man schon? Das hängt vom Ziel ab: Notfallärzte sind angehalten, am Unglücksort nur die allerwichtigsten Informationen zu sammeln und alles andere beiseitezuschieben, um sich voll auf die Lebensrettung zu konzentrieren. Später im Krankenhaus ist das anders. Hier haben ausführliche Fragen und Nachbohren ihren Platz. Jede Informationstiefe hat eben ihre Zeit.

Ausloten muss jeder selbst. Vielleicht hilft uns dabei das Gelassenheitsgebet: Gott, gib mir den Mut, Dinge zu ändern, die ich ändern kann. Und gib mir die Gelassenheit, Dinge hinzunehmen, die ich nicht ändern kann. Aber gib mir vor allem die Weisheit, das eine vom anderen zu unterscheiden.

Das nicht enden wollende Verlangen nach Informationen

Der Fehler: Wir lassen uns von der leichten Verfügbarkeit von Informationen dazu verleiten, immer weitere neue Fakten zu suchen und zu sammeln. Dabei nutzen wir schon vorhandene Informationen gar nicht mehr richtig aus.

Die Wirkung: Wir sammeln Informationen auch dann noch, wenn wir sie gar nicht mehr sinnvoll verarbeiten können. Irgendwann fühlen wir uns in der Informationsflut verloren.

Die Abhilfe: Schwierig! Wenn Sie Informationen einholen, dann machen Sie sich immer wieder klar, zu welchem Zweck Sie es tun. Oft genügt es, vorhandene Informationen richtig zu nutzen. Nicht die Menge an Informationen, sondern die Qualität ihrer Nutzung macht den Unterschied.

Tillmann Neuscheler

DER BAUCH BESTIMMT DIE ANLAGE

Zu viel Denken kann auch schaden. In einigen Fällen leistet das Bauchgefühl bessere Dienste. In den vergangenen Jahren hat es einige Experimente gegeben, die genau darauf hindeuten: Mit Vernunft allein kommen wir nicht zum Ziel, selbst wenn wir uns noch so sehr bemühen. Der gesunde Menschenverstand sagt uns, dass irgendwann Schluss sein muss mit dem Informieren und Überlegen, ansonsten fällt nie eine Entscheidung. Kein Mensch kann jemals »vollständig informiert« sein. Das vorige Kapitel hat sogar gezeigt: Es ist gar nicht nötig. Stattdessen können wir uns auch auf unseren Bauch verlassen. Intuition ist gefühltes Wissen, das wir (noch) nicht in Worte fassen und begründen können. Sie ist dem bewussten Denken oft überlegen. Das gilt vor allem dann, wenn es komplex wird.

Dann helfen Daumenregeln, mit denen Menschen gut umgehen können. Wissenschaftler bezeichnen solche einfachen Regeln als Heuristiken. Die können zwar auch in die Irre führen, aber meistens funktionieren sie sehr gut.

Das wissen Fußballer nur zu gut. Keiner von ihnen berechnet die Flugbahn des Balles mithilfe von mathematischen Gleichungen. Stürmer beobachten, rennen und köpfen, ohne lang zu überlegen. In ihrem Kopf spielt sich dabei einiges ab, aber bewusstes Denken hilft nicht. Gute Fußballer spielen »aus dem Bauch heraus«. Aber es gilt auch: Die Intuition ist umso besser, je mehr man sie vorher trainiert hat. Denn sie greift auf unsere bisherigen Erfahrungen zurück. Ein kluger Bauch will geschult sein.

Heuristiken brauchen wir auch bei der Geldanlage. Natürlich könnten wir so viele Informationen wie möglich sammeln, Anlegermagazine wälzen und Kennzahlen vergleichen. Doch vielen Menschen ist das zu kompliziert. Sie empfinden die Vielfalt als unüberschaubar und geben auf. Dabei kann niemand alles bis ins Detail durchschauen. Dann kommt der Bauch ins Spiel.

Das hat der Psychologe Gerd Gigerenzer mehrfach gezeigt. Er berichtet von einer Studie, in der Privatanleger gegen professionelle Fondsmanager und Analysten antraten. Die Studie zeigte, dass die Vorhersagen der Laien deutlich besser waren als die der Profis.

Wie im Fußball gilt allerdings auch beim Geld: Der Bauch muss geübt sein. Sparer müssen mit den verschiedenen Anlageformen einigermaßen vertraut sein. Es schadet auch nicht, den Finanzteil der Zeitung zu lesen. Doch bei der tatsächlichen Auswahl der Geldanlagen reicht es meist, wenn die grobe Linie stimmt. Viele Menschen wenden unverhältnismäßig viel Zeit für die kleinen Entscheidungen auf, zwischen einer Aktie und der anderen, und zu wenig für die großen. Sie missachten wider besseres Wissen die Grundregel, ihr Vermögen gut zu streuen. Sie vergleichen stundenlang Preise von Stromanbietern, parken aber den Großteil ihres Geldes auf dem Sparbuch und verschenken Hunderte Euro an Zinsen, weil sie größere Entscheidungen der Geldanlage scheuen und vor sich herschieben.

Dabei ist es gar nicht so schwer: Bei der Geldanlage ist die wichtigste Entscheidung, auf welche Anlageklassen (Aktien, Anleihen, Fonds) man sein Vermögen aufteilt. Und das kann ganz einfach gehen. Zum Beispiel ein Drittel Aktien, ein

Drittel Anleihen, ein Drittel Immobilien. Wir fällen unsere Entscheidungen immer aufgrund von unvollständigen Informationen. Das ist völlig normal. Ob der DAX im kommenden Jahr fällt oder steigt, kann auch kein mit unzähligen Informationen gefütterter Computer berechnen.

Manchmal geht es sogar ganz einfach. Gerd Gigerenzer legte Laien in Deutschland und Amerika schlicht die Namen von Aktien vor und fragte sie, von welchen sie schon gehört hatten. Hätte ein Fondsmanager die so festgelegten, bekanntesten Aktien gewählt, so hätte er mindestens so viel Geld verdient wie mit dem Dow Jones und dem DAX.

Für hartgesottene Rationalisten mag sich das Gerede vom Bauchgefühl gerade bei Finanzentscheidungen ein wenig esoterisch anhören, aber die Kraft der Eingebung hat inzwischen viele nüchterne Wissenschaftler auf ihrer Seite. Der amerikanische Neurobiologe António Damásio glaubt, dass ohne Gefühle gar keine rationalen Gedanken möglich sind. Denken lässt sich im Gehirn vom Fühlen oft nicht trennen.

Das Bauchgefühl vernachlässigen

Der Fehler: Menschen denken zu viel nach, bevor sie handeln, und schenken ihrem Bauchgefühl kein Vertrauen.

Die Gefahr: Sie lehnen brauchbare Faustregeln ab, deren Befolgung sie oft weiter bringt als aufwendige Berechnungen und Abwägungen.

Die Abhilfe: Oft reicht es aus, wenn Sie sich an grundlegende Regeln halten. Die Ausnahmen stehen in diesem Buch.

Tillmann Neuscheler

DIE MISCHUNG MACHT'S

Gegen manche Denkfehler sind selbst Nobelpreisträger nicht gefeit. Harry Markowitz erhielt den Wirtschafts-Nobelpreis, weil er eine komplizierte Rechenregel dafür aufgestellt hatte, wie man sein Erspartes auf unterschiedliche Geldanlagen verteilen soll – und zwar so, dass es möglichst sicher und rentierlich untergebracht ist. Und dann gestand er, dass er sich selbst überhaupt nicht an die Regel gehalten hatte. Seine Geldaufteilung hatte er einfach über den Daumen gepeilt.

Dabei ist im Prinzip klar: Wer sein Geld sichern will, sollte es auf möglichst viele unterschiedliche Flecken verteilen. So, wie auch manche Firmen ihre Vorstände in unterschiedlichen Flugzeugen zur Auslandsreise schicken. Wenn dann ein Flugzeug abstürzt, ist immerhin nicht die komplette Führungsriege in den Unfall verwickelt.

Bei der Geldanlage bringt das Verteilen sogar oft richtig gute Gewinne. Das liegt daran, dass die einträglichsten Geldanlagen oft zugleich die riskantesten sind. Ein Beispiel bieten Aktien aus fernen Ländern, die gerade erst am Anfang eines Wirtschaftsaufschwungs stehen. Vorher weiß niemand, wie sich solche Aktien entwickeln werden. Wahrscheinlich werden sie eine hohe Rendite bringen. Aber eben nicht alle. Manche bringen enorm viel Geld ein, mit anderen erleidet man einen hohen Verlust. Und das Verlustrisiko mögen Menschen gar nicht.

Dagegen hilft gutes Verteilen. Die Fachleute sprechen von »Diversifikation«. Wer sein Geld auf viele verschiedene Aktien aufteilt, der wird mit manchen hohe Gewinne erzielen und mit anderen hohe Verluste. Das Geld insgesamt wird aber wahrscheinlich im Durchschnitt einen zufriedenstellenden Gewinn abwerfen. Die Gefahr, richtig viel zu verlieren, ist also deutlich kleiner, wenn wir diversifizieren.

Das Prinzip ist leicht verständlich. Doch der Teufel liegt, wie so oft, im Detail, etwa wenn es um die Wahl der Aktien geht. Sollen es nur solche aus den unterschiedlichsten Schwellenländern sein? Das mag viel Rendite bringen – aber was passiert, wenn eine neue Asienkrise ausbricht und in vielen Schwellenländern die Wirtschaft einbricht? Dann steht man doch wieder da wie ein begossener Pudel.

Was die meisten Leute noch sehen, wenn sie an die Schwellenländer denken, das entgeht vielen beim Kauf von Aktien aus Deutschland vollständig. BMW ist doch ein tolles Unternehmen, denken sie. Volkswagen auch. Und Daimler erst! Das sind zwar drei verschiedene Aktien, aber alle werden von der nächsten Autokrise erwischt.

Der fortgeschrittene Anleger kauft darum den kompletten DAX, zum Beispiel über einen Indexfonds, der an der Börse gehandelt wird (der Fachbegriff hierfür lautet Exchange Traded Fund oder ETF). Doch darin ist die Autoindustrie immer noch übergewichtet. Und weil im DAX wertvolle Aktien immer besonders stark vertreten sind, sind DAX-Käufer auch von Blasen einzelner Branchen besonders betroffen. Betrachten wir zum Beispiel die Bankenblase: Während die Kurse anstiegen, kauften Anleger immer weitere Bankaktien zu immer höheren Preisen – und just in dem Moment, als viele Anleger viele Bankaktien in ihren Depots hielten, brachen die Kurse dieser Aktien ein.

300

Aber auch Anleger, die sich dieser Gefahr bewusst waren, waren in der Vergangenheit vor Verlusten nicht sicher. Hätte man zum Beispiel vor einigen Jahren noch das Depot um eine spanische Bank und einen griechischen Telekommunikationskonzern ergänzt, so hätten heute die Auswirkungen der Eurokrise das Geld verschlungen.

Es kommt also nicht nur darauf an, das Geld zu verteilen. Man muss es auch gut verteilen. Doch daran scheitern die meisten Sparer. Und zwar schon bei einem viel einfacheren Problem. Das hat ein Experiment der beiden Finanzforscher Shlomo Benartzi und Richard Thaler gezeigt. Sie führten eine Umfrage unter Universitätsangestellten in Kalifornien durch, also unter recht schlauen Leuten. Aber selbst dort wurde es mit der richtigen Verteilung nichts.

Die Forscher stellten jeweils zwei Fonds vor und wollten wissen, wie die Befragten ihr Geld für die Altersvorsorge zwischen diesen beiden Fonds aufteilen würden. Unterschiedlichen Befragten wurden unterschiedliche Fonds vorgeschlagen. Das heißt: Um eine Geldanlage mit gleichem Risiko zu bekommen, mussten unterschiedliche Leute ihr Geld unterschiedlich aufteilen. Sollten Universitätsangestellte so etwas nicht verstehen? Diese Illusion platzte schnell. Den meisten Universitätsangestellten war es egal, welche Fonds zur Wahl standen: Sie gaben an, dass sie einfach die eine Hälfte des Geldes in den einen Fonds und die andere Hälfte in den anderen stecken würden. Sie teilten ihr Geld also zufällig auf, ohne besonders auf die Art der Anlagen zu achten. Wie die Forscher feststellten, verhielten sie sich in höchstem Maße naiv.

Zum Glück braucht man keine komplizierte Formel, so wie jene von Harry Markowitz. Für sein eigenes Vermögen wählte Markowitz eine einfache Regel: Die Hälfte des Geldes in Aktien, die andere in verzinsliche Wertpapiere. Inzwischen hat die Forschung auch gezeigt, dass solche einfachen Regeln genauso gut sein können wie Markowitz' komplizierte Formel. Man muss allerdings darauf achten, was man kauft.

Das ist das Ergebnis einer Untersuchung des Mannheimer Finanzforschers Martin Weber und einer Studie eines britisch-amerikanischen Forscherteams. Beide haben herausgefunden: Zu viel zu rechnen bringt nichts. Es ist schon in Ordnung, das Geld einfach gleichmäßig auf verschiedene Anlageobjekte aufzuteilen. Deshalb heißt das Konzept »Naive Diversifikation«. Das klingt ziemlich simpel und ist es auch. Keine Angst davor, dass es zu einfach werden könnte. Die Forscher überprüfen ihre Ergebnisse immer wieder mit den neuesten Daten von den Börsen und kommen immer wieder zu dem Schluss, dass einfache Daumenregeln für die Aufteilung des Geldes hervorragend funktionieren. Wichtig sind aber die Anlageobjekte als solche. Sie sollten sich möglichst deutlich voneinander unterscheiden: ein Topf für Aktien aus Europa, einer für Aktien aus Asien, große und kleine Länder sollten dabei sein, junge und alte Firmen, dann kommt ein Topf für Bundesanleihen hinzu, einer für Immobilien und so weiter.

Die nächste Entscheidung gilt dann der Frage, wie groß die Töpfe jeweils sein sollten, das heißt, wie die verschiedenen Positionen im Portfolio zu gewichten sind, um das Risiko auf das gewünschte Niveau zu bringen. Dabei helfen Berater. Wer mit mehreren spricht, kann besser beurteilen, welcher Rat sinnvoll ist und welcher nicht.

Naive Streuung des Vermögens

Der Fehler: Wenn verschiedene Geldanlagen zur Auswahl stehen, verteilen Menschen ihr Geld oft gleichmäßig. Sie achten nicht darauf, mit welchen Geldanlagen sie es zu tun haben. Oft erwischen sie Anlagen, die einander sehr ähnlich sind, zum Beispiel kaufen sie mehrere Autoaktien oder sie kaufen den kompletten DAX, der ebenfalls viele Autofirmen enthält.

Die Gefahr: Im Depot entsteht eine Schlagseite zugunsten von sehr ähnlichen Geldanlagen. Plötzlich ist das Vermögen einem höheren Risiko ausgesetzt als gewünscht.

Die Abhilfe: Sie müssen keine komplizierten Formeln benutzen. Es reicht, wenn Sie Ihr Geld gleichmäßig auf verschiedene Töpfe aufteilen. Als Sparer müssen Sie nur darauf achten, dass die Töpfe mit unterschiedlichen Inhalten gefüllt sind.

Patrick Bernau

DAS SPIEL MIT WAHRSCHEINLICHKEITEN

Sie sind auf einer langweiligen Party? Hier ist ein Tipp, wie Sie eine wundervolle Diskussion vom Zaun brechen können. Erzählen Sie die Geschichte von der Monty-Hall-Show, die in den Sechzigerjahren im amerikanischen Fernsehen zu sehen war. Am Ende dieser Show bekam ein Kandidat die Chance, ein teures Auto zu gewinnen, indem er die richtige von drei Türen wählte. Hinter den beiden falschen Türen standen Ziegen.

Der Kandidat wählte also eine der drei Türen. So weit, so wenig interessant. Aber dann kam der eigentliche Clou der Show. Nehmen wir an, ein Kandidat wählt die Tür mit der Nummer 1. Der Showmaster öffnet eine der beiden verbleibenden Türen – sagen wir, Tür 2; er wählt immer eine, hinter der eine Ziege steht. Dann stellt er die Frage, an der sich die Gemüter der Partygäste erhitzen werden: »Bleiben Sie bei Tür 1, oder wollen Sie zu Tür 3 wechseln?« Die Sache scheint klar zu sein: Es sind noch zwei Türen geschlossen, hinter der einen steht das Auto, hinter der anderen die Ziege. Da der Kandidat keine Ahnung hat, welches die richtige Tür ist, sollte es gleichgültig sein, ob er wechselt oder nicht. In jedem Fall gewinnt er mit einer Wahrscheinlichkeit von 50 Prozent, werden die meisten Partygäste sagen.

Aber jetzt kommt Ihr Moment. Sie überraschen die Partygemeinde mit der Behauptung, dass sich durch Wechseln die Gewinnwahrscheinlichkeit verdoppeln lässt! Seien Sie sicher, Sie werden Protest ernten. Am Ende liefern Sie eine Erklärung für Ihre Behauptung, die die meisten Partygäste überzeugen wird (aber nicht alle).

Die Erklärung geht so: Der Kandidat hat Tür 1 gewählt. Jetzt sind drei Fälle gleich wahrscheinlich: Der erste – das Auto steht hinter Tür 1. Dann wäre es die richtige Entscheidung, nicht zu wechseln. In den beiden anderen Fällen aber bekommen Sie vom Quizmaster eine Information über das Auto. Der zweite Fall ist nämlich, dass das Auto hinter Tür 2 steht. Jetzt ist der Quizmaster gezwungen, Tür 3 zu öffnen, und er zeigt Ihnen, indem er die Tür 2 nicht öffnet, wo das Auto stehen könnte. Sie sollten wechseln. Im dritten Fall steht das Auto hinter Tür 3. Wieder müsste der Quizmaster die Tür mit dem Auto geschlossen halten und Tür 2 öffnen. Auch jetzt sollten Sie wechseln. Das bedeutet: Beim Wechseln der Tür gewinnen Sie in zwei von drei Fällen, ohne Wechsel nur in einem von dreien.

Mit sehr hoher Wahrscheinlichkeit werden Sie nicht alle Partygäste mit dieser Erklärung überzeugen. Seien Sie gewarnt, solche Diskussionen können auch gute Freundschaften ernsthaft gefährden. Aber Ihr Argument ist vollkommen korrekt, auch wenn es unserer Intuition komplett widerspricht. Was man leicht übersieht, ist eben, dass der Showmaster uns durch das Öffnen der Tür zusätzliche Informationen verschafft – jedenfalls in zwei von drei Fällen. Es geht also darum, dass wir diese zusätzliche Information richtig verarbeiten, wenn wir in der Monty-Hall-Show die richtige Entscheidung treffen wollen. Aber genau darum geht es eben nicht nur dort, sondern bei vielen wichtigen Entscheidungen. Zuvor sammeln wir in aller Regel Informationen. Aber gehen wir damit auch richtig um?

Dazu müssten wir wissen, wie man von der sogenannten A-priori-Wahrscheinlichkeit (lateinisch: »vom Früheren her«) zu der A-posteriori-Wahrscheinlichkeit (»vom Späteren her«) kommt. Ein Beispiel: Sie überlegen sich, ob Sie eine Aktie kaufen sollen. Sie sind sehr optimistisch und erwarten, dass der Kurs mit einer Wahrscheinlichkeit von 95 Prozent im nächsten Quartal steigt. Einen Verlust befürchten Sie nur mit einer Wahrscheinlichkeit von 5 Prozent. Das sind die A-priori-Wahrscheinlichkeiten, die Sie kennen. Jetzt kommt ein bekannter Analyst und sagt voraus, dass der Aktienkurs fallen wird. Nehmen wir an, Sie wissen aus Erfahrung, dass der Analyst in 80 Prozent der Fälle recht hat. Sollten Sie jetzt die Aktie nicht kaufen, weil sie viel zu riskant ist?

Wenn Sie die Information des Analysten richtig verarbeiten und die A-posteriori-Wahrscheinlichkeit dafür berechnen, mit der Aktie einen Verlust zu erleiden, dann werden Sie zu dem Ergebnis kommen, dass auch nach der pessimistischen Prognose des Experten die Verlustwahrscheinlichkeit nur knapp über 17 Prozent liegt. Wie gesagt, wenn Sie richtig gerechnet haben. Dazu müssen Sie eine Regel anwenden, die sich aus dem berühmten Satz von Thomas Bayes ableitet und mit dem man die bedingte Wahrscheinlichkeit ausrechnen kann, dass der Kurs fällt – unter der Annahme, Sie beobachten das Signal des Analysten und kennen die Wahrscheinlichkeit dafür, dass es richtig ist.

Selbst Profis vergessen jedoch häufig, den Satz von Bayes anzuwenden. Dass es alles andere als leicht ist, Informationen richtig zu verarbeiten, zeigt ja gerade das Drei-Türen-Beispiel. Aber mit der Rechenregel von Bayes können wir ausrechnen, dass die Gewinnwahrscheinlichkeit bei zwei Dritteln liegt, wenn man wechselt, und bei einem Drittel, wenn man bei der ersten Tür bleibt. Wir sind es nicht gewohnt, mit Wahrscheinlichkeiten umzugehen. Aber genau das müssen wir tun, wenn wir Entscheidungen unter Unsicherheit auf der

Basis von Informationen treffen, die eben nur mit einer gewissen Wahrscheinlichkeit zutreffen.

Das ist der Normalfall, nicht nur beim Aktienkauf und in Fernsehshows. Auch Ärzte sind permanent mit diesem Problem konfrontiert, denn sie müssen wissen, wie ein neuer Befund (beispielsweise das Auftreten eines bestimmten Symptoms) die Wahrscheinlichkeit für das Vorliegen einer bestimmten Krankheit verändert. Man kann als Patient darum nur hoffen, dass die Ärzte den Satz von Bayes gut kennen. Als Anleger hat man es selbst in der Hand, richtig zu rechnen. Unten steht, wie es geht.

Das Ziegenproblem –
Wahrscheinlichkeiten ändern sich

Der Fehler: Wir verarbeiten die Informationen, durch die wir unsere Unsicherheit verringern könnten, nicht richtig.

Die Gefahr: Wir verlassen uns auf unser spontanes Urteil, anstatt nachzurechnen, und kommen zu grob falschen Einschätzungen.

Die Abhilfe: Da hilft nur Rechnen. Der Satz von Bayes zum sogenannten Ziegenproblem ist allerdings etwas für Experten. Die bedingte Wahrscheinlichkeit dafür, dass ein Ereignis x1 (das Auto steht hinter Tür 1) eintritt, vorausgesetzt, man hat das Signal y3 beobachtet (der Showmaster hat Tür 3 geöffnet), ist gleich der A-priori-Wahrscheinlichkeit für x1 (also 1/3), multipliziert mit der bedingten Wahrscheinlichkeit dafür, dass y3 beobachtet wird, wenn x1 der Wahrheit entspricht (also 1/2 – wenn das Auto hinter Tür 1 steht, öffnet der Showmaster nämlich mit einer jeweiligen Wahrscheinlichkeit von 50 Prozent entweder Tür 2 oder 3), dividiert durch die totale Wahrscheinlichkeit dafür, dass y3 beobachtet wird (also 1/2). In Kurzform: Wahrscheinlichkeit von x1, wenn y3 = 1/3 mal 1/2 durch 1/2 = 1/3. Folglich beträgt die Gegenwahrscheinlichkeit, dass das Auto *nicht* hinter Tür 1 steht, dass es also sinnvoll ist, die gewählte Tür zu wechseln, zwei Drittel.

Joachim Weimann

LOTTO SPIELEN, ABER RICHTIG

Es stimmt zwar, dass die Hälfte aller deutschen Lottoeinsätze von den verschiedenen regionalen Lottogesellschaften einkassiert wird – und damit indirekt vom Staat. So bleibt für die Spieler nur die andere Hälfte aller Einsätze übrig. Deshalb kann man Lotto als eine Art freiwillige Steuer betrachten, die man sogar noch gern bezahlt. Nicht ohne Grund hat hier der Staat das Monopol. Aber auch bei Steuern gilt: Einige zahlen viel, andere wenig, und wieder andere bekommen sogar noch etwas heraus.

Anders als Roulette oder die bekannten Klassenlotterien ist Lotto kein reines Glücksspiel. Denn beim Lotto hängt der Gewinn auch vom Verhalten der anderen Spieler ab. Im Spielkasino erhält man beim Setzen auf einfache Chancen (Rot, Schwarz, Gerade, Ungerade) bei Gewinn das Doppelte des Einsatzes zurück. Und zwar unabhängig vom Gesamteinsatz und davon, wie viele andere ebenfalls auf Rot oder was auch immer gesetzt haben. Ein Spielkasino kann deshalb auch pleitegehen.

Beim Lotto hängt die Höhe der Auszahlung im Fall eines Gewinns entscheidend davon ab, wie viele andere Spieler in derselben Gewinnklasse gelandet sind. Lotto wird damit zum strategischen Glücksspiel und ist eher mit dem Pokern zu vergleichen.

Natürlich spielt beim Zahlenlotto 6 aus 49 das Glück in

Gestalt des Zufalls mit, aber der Zufall bestimmt die Gewinne nicht allein. Er bestimmt allein die Wahrscheinlichkeit, dass eine bestimmte Zahlenkombination eintritt. Die ist etwa für sechs Richtige bei einer einzigen abgegebenen Tippreihe in der Tat vernachlässigbar gering. Sie beträgt rund 1 zu 14 Millionen und ist damit sogar noch kleiner als die Wahrscheinlichkeit, beim Weg zur Annahmestelle vom Bus überfahren oder Opfer eines Verkehrsunfalls zu werden. Und nimmt man noch die Superzahl hinzu, so verringert sich diese ohnehin schon kleine Zahl nochmals um den Faktor zehn.

Was die Lottospieler aber weitgehend selbst bestimmen können, ist die Quote, das heißt die Höhe des Gewinns, sofern man denn gewinnt. Denn in den meisten Gewinnklassen wird die gesamte zur Auszahlung anstehende Summe durch die Zahl der Gewinner geteilt. Und je mehr Gewinner, desto weniger bekommt der Einzelne von dieser Summe ab. So wie am 25. April 1984. Damals tippten 69 Spieler die Gewinnzahlen 1, 3, 5, 9, 12 und 25; jeder davon erhielt für diese sechs Richtigen weniger als umgerechnet 10000 Euro. Das ist für das deutsche Samstagslotto der bisherige Negativrekord.

Sogar 222 Gewinner gab es bei der dritten Ziehung des Jahres 1988. Hier waren die Gewinnzahlen schön symmetrisch in der Mitte des Kastens aufgereiht: 24, 25, 26, 30, 31, 32.

Daraus folgt sofort eine simple Handlungsempfehlung: Vermeide beliebte Kombinationen, das heißt solche, die von vielen anderen bevorzugt werden. Rund 40000 Lottospieler wählen regelmäßig etwa die Zahlen 1 bis 6. Fast genauso viele kreuzen die Diagonale oder die Ränder des Tippquadrats an. Sehr beliebt sind auch arithmetische Muster wie die ersten sechs Primzahlen oder die Quadratzahlen 1, 4, 9, 16,

25, 36. Wer im Fall der Fälle nicht mit diesen 40 000 teilen möchte, tippt diese Zahlen eben nicht. (Am 10. April 1999 wären die Zahlen 1 bis 6 beinahe allesamt gezogen worden. Die Gewinnzahlen dieses Wochenendes lauteten 2, 3, 4, 5, 6 und 26; es gab 38 000 Lottospieler mit fünf Richtigen, jeder erhielt 380 Mark.)

Stattdessen wählt man die Waisenkinder unter den 14 Millionen Sechserkombinationen aus. Und davon gibt es erstaunlich viele. Solche Waisenkinder zeichnen sich durch Muster aus, die kaum Regelmäßigkeiten aufweisen; sie enthalten vorzugsweise Zahlen über 30 (da viele Lottospieler ihre Geburtstagszahlen tippen), es kommt darin keine 19 vor (die 19 ist in fast allen Geburtstagen enthalten), und vor allem: Sie wurden bis jetzt noch nie gespielt. Noch heute etwa kreuzen mehrere Dutzend deutsche Lottospieler die sechs Gewinnzahlen der ersten bundesländerübergreifenden Lottoziehung vom 9. Oktober 1955 an. Für alle Nostalgiker: Es waren – in dieser Reihenfolge – die 13, die 41, die 3, die 23, die 12 und die 16.

Am leichtesten zu finden sind Waisenkinder dann, indem man den Zufall nachahmt: Schreiben Sie die Zahlen 1 bis 49 auf Papierschnipsel, schließen Sie die Augen, ziehen Sie sechs der Schnipsel, und überprüfen Sie am Ende, ob die oben aufgeführten Ausschlusskriterien greifen. Wenn ja, dann ziehen Sie nochmals.

Nach Berechnungen eines Schweizer Statistikkollegen kann man mit dieser Strategie einen langfristigen Gewinn erzielen, der die Einsätze übersteigt. Mit anderen Worten: Die klugen Lottospieler beuten die dummen aus.

Aber natürlich nur auf lange Sicht. Und diese lange Sicht ist je nach Spielweise sehr lang. Gibt man jeden Samstag nur eine einzige Sechserreihe ab, so wartet man bis zum ersten Hauptgewinn im Durchschnitt mehr als 200 000 Jahre.

Und noch eine andere Warnung ganz am Schluss: Diese Strategie hat nur dann Erfolg, wenn weiterhin die Mehrheit aller Spieler den bekannten Mustern folgt und damit zugleich die Lücken im Tippschein-Teppich offen hält.

Sollten alle deutschen Lottospieler diesen Beitrag lesen und nach den Empfehlungen verfahren, so verteilen sich die getippten Kombinationen gleichmäßig über alle 14 Millionen Möglichkeiten, und der erwartete Gewinn für alle Spieler ist wieder gleich – nämlich für jeden eingesetzten Euro 50 Cent.

Geburtstag gewinnt

Der Fehler: Viele Lottospieler tippen ihr eigenes Geburtsdatum oder das ihrer Familienmitglieder. Andere tippen Muster oder die Diagonalen des Zahlenkästchens. Sie setzen zu Recht voraus, dass jede Kombination die gleiche Wahrscheinlichkeit hat, gezogen zu werden. Allerdings vergessen sie, dass im Gewinnfall alle Spieler, die auf dieselbe Kombination gesetzt haben, den Gewinn teilen müssen.

Die Folge: Enttäuschende Gewinnsummen stellen sich ein, wenn viele dieselben Zahlen tippen.

Die Abhilfe: Zunächst wählen Sie rund zehn Zahlen zufällig. Im zweiten Schritt sondern Sie die Geburtstagszahlen so weit wie möglich aus: Streichen Sie die 19 heraus und verwenden Sie alle Zahlen unter 32 nur selten.

Walter Krämer

DIE TRAGIK VON MONTE CARLO

Am 18. August 1913 ereignete sich in Monte Carlo Bemerkenswertes. In dem legendären Spielkasino, in dem sich die Oberschicht halb Europas in Frack und Abendgarderobe ein Stelldichein gab, landete die Kugel des Roulettes stolze 26 Mal hintereinander auf Schwarz. Ungefähr nach dem fünfzehnten oder sechzehnten Mal soll es in der erlesenen Spielerschar zu geradezu »chaotischen Zuständen« und »ungezügeltem Setzen« gekommen sein, wie glaubhaft überliefert ist. Immer mehr Hinzukommende wollten auf Rot setzen, weil sie glaubten, irgendwann müsste diese Serie doch ein Ende haben. Einige waren davon sogar so überzeugt, dass sie alles setzten und kein Geld mehr hatten, als in der 27. Runde endlich die Farbe Rot gewann. Das Casino verdiente an diesem Tag Millionen.

Die Spieler damals machten einen Denkfehler, der unter dem Namen »Spielerfehlschluss« (*gamblers' fallacy*) in die Wissenschaft eingehen sollte: die Annahme, dass die Häufigkeit, mit der eine bestimmte Farbe schon gewonnen hat, irgendeinen Einfluss darauf haben könnte, welche Farbe als Nächstes gewinnen wird.

Bei vernünftigem Nachdenken – oder unter Zuhilfenahme der mathematischen Wahrscheinlichkeitstheorie – kommt man nämlich zu folgendem Schluss: Bei einem idealen, nicht manipulierten Roulette ist es vor jeder Runde exakt gleich wahrscheinlich, dass Rot oder Schwarz gewinnt. Das gilt ganz unabhängig davon, auf welcher Farbe die Kugel in der vorhergehenden Runde zum Liegen gekommen ist. Die Ereignisse sind nämlich unverbunden und nicht voneinander abhängig. Erst auf Dauer sorgt der ständige Zufall dafür, dass ungefähr gleich oft Rot und Schwarz fallen, weil die anfänglichen Abstände zwischen den Häufigkeiten von Rot und Schwarz immer weniger ins Gewicht fallen.

Doch ihre spontan gebildete Meinung lenkt die Menschen offenkundig in die falsche Richtung. Fjodor Dostojewski beschreibt das in seinem 1866, also schon vor der Gründung des Spielkasinos von Monte Carlo, erschienenen Roman *Der Spieler* als typischen Anfängerfehler. »Man könnte ja zum Beispiel glauben, dass nach sechzehn Mal Rot nun beim siebzehnten Mal sicher Schwarz kommen werde. Auf diese Farbe stürzen sich die Neulinge scharenweise, verdoppeln und verdreifachen ihre Einsätze – und verlieren in schrecklicher Weise.«

Dahinter scheint ein Grundproblem des menschlichen Denkens zu stecken. Wie die Neurobiologie festgestellt hat, kann unser Gehirn mit dem reinen Zufall bestenfalls schlecht umgehen. Das Gehirn möchte Muster erkennen. In willkürlichen Wolkengebilden sieht es Tierfiguren, in Tintenklecksen allerhand Gestalten. Das Gehirn möchte Wirkungszusammenhänge auch in die willkürliche Abfolge von Roulettezahlen bringen. Und gerade dieser Versuch des Gehirns, zufällige Entwicklungen nach Mustern zu deuten, die dem Verstand zugänglich sind, führt bei den Spielern zu irrationalem Verhalten.

Die Wissenschaftler Amos Tversky und Daniel Kahneman haben das 1971 als *cognitive bias*, als grundsätzliche Tendenz zur gedanklichen Fehleinschätzung im Umgang mit Wahrscheinlichkeiten, identifiziert. Die Menschen in Monte

Carlo hatten vermutlich noch nicht erlebt, dass nach so vielen Malen Schwarz ein weiteres Mal Schwarz gewinnen konnte. Deshalb neigten sie dazu, die Wahrscheinlichkeit für geringer zu halten, als sie tatsächlich war. Die Psychologen bezeichnen unsere Gewohnheit, Wahrscheinlichkeiten für künftige Fälle aus Erfahrungen in der Vergangenheit zu konstruieren, als Repräsentativitätsheuristik. Sie ist uns weiter oben in diesem Buch schon begegnet (siehe das Kapitel *Der Zufall ist wild und unberechenbar*). Sie führt schnell in die Irre, wenn die Fälle ein wenig trickreich sind.

Anspruchsvoll ist der Roulette-Fall deshalb, weil es ganz langfristig natürlich schon so ist, dass sich die Anteile von Rot und Schwarz einander angleichen. In unendlich langen Reihen wird sich die prozentuale Häufigkeit von Ereignissen der Wahrscheinlichkeit ihres Eintreffens anpassen, wie der Mathematiker Richard von Mises feststellte.

Doch die Annahme, auch in einer kleinen Stichprobe werde man diese Entwicklung beobachten können, führt in die Irre. Erst recht lässt sich aus der Tatsache, dass langfristig Rot und Schwarz annähernd gleich verteilt sind, für eine einzelne Runde nicht ableiten, dass nach mehrmals Schwarz nun Rot kommen müsse, damit die Gleichverteilung gewahrt bleibt. Wissenschaftler sprechen bei diesem Fehlglauben vom Problem der »Maturität der Chancen«. Damit meinen sie, dass erst in sehr großen Stichproben die prozentualen Häufigkeiten zu aussagekräftigen Wahrscheinlichkeiten »heranreifen«.

Geht man eine Ebene höher und fragt danach, was denn jenseits der mathematischen Wahrscheinlichkeitstheorie eigentlich der Zufall ist, dann wird es allerdings noch ein klein wenig komplizierter. Philosophen seit Aristoteles haben sich damit beschäftigt. Die Meinungen gehen auseinander. Wie kann es überhaupt Zufall geben, wenn alles in der

Welt den Naturgesetzen folgt? Albert Einstein meinte: Dort, wo unsere Berechnungen versagen, haben wie es mit dem Zufall zu tun. Für das Roulette bedeutet das: Auch die Kugel entzieht sich nicht den Naturgesetzen. Natürlich gibt es Gründe dafür, warum sie an einer bestimmten Stelle liegen bleibt. Würden wir alle Kräfte kennen, die auf die Kugel einwirken, ebenso wie die exakte Beschaffenheit von Kugel, Luft und Roulette, so könnten wir vermutlich physikalisch berechnen, welchen Weg die Kugel nehmen wird. Das ist nur in der Praxis schwer umsetzbar. Möglicherweise könnte uns auch der freie Wille des Croupiers, der die Kugel anstößt, einen Strich durch die Rechnung machen.

Jedenfalls ersetzt das Gehirn beim Spielerfehlschluss die rationale Vorhersage, wo die Kugel liegen bleiben wird, auch deshalb durch eine irrationale (»Jetzt müsste doch mal wieder Rot kommen«), weil die vom logischen Denken geleitete viel zu komplex wäre.

Immerhin ist es bei einem echten Roulette – anders als bei einem idealen in der mathematischen Wahrscheinlichkeitstheorie – durchaus nicht ausgeschlossen, dass es kleine Unebenheiten gibt, die die exakte Gleichverteilung aller Zahlen zunichtemachen. Kasinos tauschen deshalb die Zylinder der Roulettegeräte regelmäßig aus.

Manche Spieler schreiben sich alle Zahlen eines Roulettes auf, um zu beobachten, welche häufiger auftauchen als andere. Anders als 1913 in Monte Carlo setzen sie dann aber auf jene Zahlen, die sich besonders oft eingestellt haben: Sie glauben nicht, dass der Eintritt eines Ereignisses dergestalt auf künftige Ereignisse einwirkt, dass es dann seltener auftaucht. Vielmehr rechnen sie mit ungleich verteilten Wahrscheinlichkeiten. Das ist rationaler. Aber auch diese Strategie ist angesichts der Vielzahl unterschiedlicher Einflüsse auf die Roulettekugel selten von Erfolg gekrönt.

Spielerfehlschluss

Der Fehler: Anfänger im Glücksspiel glauben bisweilen, wenn beim Roulette mehrmals hintereinander die Farbe Schwarz gewonnen hat, müsste »endlich einmal wieder« Rot zum Zuge kommen. Und es werde von Mal zu Mal wahrscheinlicher, dass es beim nächsten Mal diese Farbe wird.

Die Wirkung: Wer so denkt und seinen Einsatz entsprechend verdoppelt und verdreifacht, kann schrecklich verlieren, so wie es schon Fjodor Dostojewski in seinem Roman *Der Spieler* beschrieben hat.

Die Abhilfe: Die Mathematik hilft, wo unser Gefühl für Wahrscheinlichkeiten versagt. Ist das Roulette nicht manipuliert, dann sind die Farben Schwarz und Rot in jeder neuen Runde gleich wahrscheinlich.

Christian Siedenbiedel

NICHT IMMER GEWINNT DER KLÜGSTE

Bei einem Schönheitswettbewerb geht es darum, den, die oder das Schönste zu wählen. In manchen dieser Wettbewerbe können auch diejenigen etwas gewinnen, die sich an der Abstimmung beteiligen. Haben sie für den Sieger gestimmt, so nehmen sie an einer Verlosung teil und können einen Preis gewinnen. Das ist beispielsweise bei der Wahl zum Tor des Monats in der *Sportschau* der Fall. Wenn Sie richtig tippen, können Sie ein Auto gewinnen. Ist jemand in dieser Disziplin gut und kommt er bei der Sportschau regelmäßig in die Lostrommel, so bringt er die besten Voraussetzungen für einen erfolgreichen Aktienhändler mit.

Warum das so ist, lässt sich sehr schön mithilfe eines Experiments verdeutlichen, das auf eine in Barcelona lehrende deutsche Wirtschaftsprofessorin zurückgeht. Rosemarie Nagel hat das »Guessing Game« eingeführt, das auch unter dem Namen »Beauty Contest« oder sehr profan als Zahlenwahlspiel bekannt ist.

Für dieses Spiel gilt eine sehr einfache Regel. Eine Gruppe von Spielern, die beliebig groß sein kann, bekommt folgende Aufgabe gestellt: Jeder Spieler nennt eine Zahl von Null bis Hundert, wobei die Null ebenso eingeschlossen ist wie die Hundert. Gewonnen hat derjenige Spieler, dessen Zahl dem Zwei-Drittel-Wert des Durchschnitts aller genannten Zahlen am nächsten liegt. Ein Beispiel: Nehmen wir an, der Mittelwert aller genannten Zahlen ist 21. Zwei Drittel davon sind vierzehn. Gewonnen hat deshalb der Spieler, dessen Zahl der Vierzehn am nächsten liegt. Das ist eine sehr einfache Regel, aber wie würden Sie sich entscheiden? Welche Zahl wählen Sie?

Die Teilnehmer an einem Zahlenwahlspiel befinden sich in einem klassischen strategischen Wechselspiel. Die bestmögliche Wahl hängt davon ab, was die anderen Spieler tun. Gleichzeitig hängt deren optimale Wahl aber auch davon ab, was Sie tun. Für die Analyse solcher verzwickter Entscheidungssituationen gibt es die Spieltheorie. Diese Theorie geht von der Annahme aus, dass sich alle Spieler vollkommen rational verhalten und außerdem wissen, dass sich auch alle anderen Spieler rational verhalten werden. Unter dieser Voraussetzung ist die Ermittlung der bestmöglichen Lösung des Zahlenwahlspiels relativ einfach. Als Erstes überlegt man sich, dass der Durchschnitt aller Zahlen maximal 100 sein kann und deshalb die gesuchte Zahl auf keinen Fall größer als 67 ist, das heißt als das aufgerundete zwei Drittel von 100. Also kommen alle Zahlen zwischen 66 und 100 nicht als Lösung infrage.

Da alle diese Überlegung anstellen, ist klar, dass niemand eine Zahl wählen wird, die größer als 67 ist. Damit kann der maximale Durchschnitt aber nicht größer als 67 werden, und deshalb kann die gesuchte Zahl auch nicht größer als zwei Drittel von 67, also 45, sein. Damit ist aber auch klar, dass niemand eine Zahl zwischen 45 und 67 wählen wird. Sie ahnen, wie es weitergeht. Unter der Voraussetzung, dass niemand eine größere Zahl wählt als die 45, kann die gesuchte Zahl nicht größer als zwei Drittel von 45, das heißt als 30 sein, weshalb niemand eine größere Zahl als 30 angibt und so weiter. Das Ende der Argumentationskette sieht so aus, dass alle Spieler ein und dieselbe Zahl wählen, und zwar die Null.

So weit die Theorie. Kommen wir zur Praxis. Im Jahr 1997 wurde das Zahlenwahlspiel in sehr großem Stil durchgeführt. Gleich in drei verschiedenen Ländern wurden Zeitungsexperimente zu diesem Spiel veranstaltet. In England war es die *Financial Times,* in Deutschland *Spektrum der Wissenschaft* und in Spanien die Zeitung *Expansión,* die ihren Lesern die Regeln des Spiels erklärten und dann baten, eine Zahl zwischen Null und Hundert einzusenden. Der Sieger gewann in allen drei Fällen einen stattlichen Geldpreis. In England nahmen fast 1500, in Deutschland sogar 2700 Leser an der Aktion teil. Spielten alle die Null?

Natürlich nicht. Zwar war in beiden Ländern die Null die am häufigsten gewählte Zahl, aber auch die 22 war sehr stark vertreten, ebenso wie die 33. Fast alle anderen Zahlen kamen ebenfalls vor, allerdings waren alle Zahlen jenseits der Fünfzig sehr selten. In England lag der Durchschnitt bei 18,91, und die Gewinnerzahl war 12,6. In Deutschland war der Durchschnitt 22,08, und die Gewinnerzahl war 14,7. Was lernen wir daraus?

Beim Zahlenwahlspiel gibt es eine Lösung, die jeder errechnen kann, wenn man voraussetzt, dass alle anderen sich strikt rational verhalten. Ermittelt man diese Zahl und wählt dann die Null, so hat man verloren. Bei diesem Spiel gewinnt nicht der, der am besten rechnen kann und das Spiel perfekt durchschaut, sondern der, dem es am besten gelingt, abzuschätzen, was die anderen tun werden.

Bei einem Zeitungsexperiment, das Rosemarie Nagel durchgeführt hat, konnten die Leser Kommentare mitschicken. Eine Leserin brachte dabei die Sache auf den Punkt. Sie schrieb, dass sie einen sehr intelligenten Mann habe, der eine ganze Weile über das Problem nachgedacht habe. Weil sie glaube, dass die anderen Leser auch so schlau sind wie ihr Mann, wähle sie eine Zahl, die genau zwei Drittel der Zahl ihres Mannes entspricht. Die Leserin gewann zwar nicht, aber sie verfehlte den Sieg nur knapp.

Abschätzen, was die anderen tun – darauf kommt es an. Und das gilt beim Zahlenwahlspiel genauso wie bei der Wahl zum Tor des Monats und an der Börse. Wenn man bei der Sportschau das Auto gewinnen will, muss man wissen, was die anderen Zuschauer wählen werden. Es lohnt sich, auf Spieler zu setzen, die beliebt sind und bei Vereinen mit vielen Fans spielen. An der Börse ist es weniger wichtig, sämtliche wirtschaftlichen und finanziellen Daten aller Unternehmen zu kennen. Ein Informationsvorsprung vor anderen Händlern ist wertlos, denn wenn nur wenige ihre Anlageentscheidungen von diesen Daten abhängig machen, geht es ihnen ebenso wie dem, der beim Zahlenwahlspiel auf die Null setzt: Sie verlieren ihr Geld, weil sie so gut informiert sind.

Letztlich geht es an der Börse um Erwartungen, und das Zahlenwahlspiel verrät etwas über die Mechanik, die dahintersteckt. Um erfolgreich zu sein, muss man annehmen, dass sich nicht alle vollständig rational verhalten, und man muss die Abweichungen vom rationalen Verhalten richtig voraussehen.

Gleichzeitig wird klar, warum die Finanzmärkte oft so nervös auf Tagesnachrichten reagieren. Sehr häufig verändern diese Nachrichten nicht wirklich etwas an den Grunddaten der wirtschaftlichen Entwicklung oder der Leistung von Unternehmen und Staaten. Aber die Marktteilnehmer orientieren sich eben nicht – oder zumindest nicht nur – an diesen Fundamentaldaten, sondern an ihren Erwartungen in Bezug auf die Reaktionen der anderen. Wenn alle unterstellen, dass alle andern nervös reagieren, werden alle nervös reagieren. Genau das vorwegzunehmen ist die Kunst – beim Zahlenwahlspiel und an der Börse.

Die Cleverness-Falle

Der Fehler: Wir lassen uns dazu verleiten, uns nach unseren eigenen Informationen zu richten. Diese mögen so gut sein wie nur möglich, doch wenn wir außer Acht lassen, dass es letztlich darauf ankommt, was die anderen Marktteilnehmer glauben, dann treffen wir falsche Anlageentscheidungen.

Die Gefahr: Wir überschätzen die Bedeutung der eigenen Information und unterschätzen die Bedeutung der Entscheidungen anderer.

Die Abhilfe: Denken Sie genau darüber nach, welches Kalkül die anderen Anleger anstellen werden. Welche Informationen werden sie nutzen, welche Erwartungen werden sie bilden?

Joachim Weimann

WIR LERNEN

TRINKGELD UND ANDERE FEHLER

Ist das Trinkgeld ein großer Denkfehler? Im Restaurant, beim Friseur oder im Taxi runden die meisten Deutschen den Rechnungsbetrag nach oben auf, manche geben noch mehr, selbst wenn es ihnen gar nichts nützt. Zwar ist klar: Wer beim Friseur oder in der Stammkneipe großzügig ist, der hat auch selbst etwas davon. Denn Friseur und Kellner werden sich auf Dauer daran erinnern, ob ihr Kunde großzügig ist oder nicht, und ihn entsprechend mehr oder weniger zuvorkommend bedienen.

Schwieriger wird es schon im Taxi, denn den Fahrer trifft man selten wieder. Auf Reisen erst recht. Das Café in Paris betreten die meisten Menschen einmal und dann nie mehr wieder, trotzdem zahlen sie großzügig mehr als verlangt. Mancher nimmt es sogar auf sich, die Trinkgeldsitten im Ausland zu erkunden. Das ist freundlich. Aber Freundlichkeit alleine reicht nicht, um dieses Verhalten zu erklären. Vieles, das nicht zumindest einen indirekten Nutzen hatte, ist in der Menschheitsgeschichte verschwunden. Warum hat sich die Sitte des Trinkgelds gehalten? Und die vielen anderen Denkfehler, die in diesem Buch vorgestellt werden?

Die Erklärung für das Trinkgeld und viele andere Denkfehler finden Biologen und Psychologen bei den ersten Menschen, die es überhaupt gab. Beispiel Trinkgeld: Die Menschen lebten in kleinen Gemeinschaften. Jeder kannte jeden, und es sprach sich schnell herum, wer richtig knauserig und wer besonders großzügig war. Deshalb achteten die Menschen nicht darauf, ob sie für Geschenke und gute Taten direkt eine Gegenleistung erhielten. Wer nett war, konnte sich darauf verlassen, dass das dem eigenen Ansehen hilft und dass seine Großzügigkeit eines Tages auf ihn zurückfallen wird.

Diese Verhaltensweise hat sich in den Genen bis heute gehalten. Heute macht es den Menschen richtig Freude, etwas zu verschenken. Und sie denken immer noch nicht richtig darüber nach, ob sie dafür eine Gegenleistung bekommen. »Wir folgen automatisch den Strategien, die früher für uns vorteilhaft waren«, sagt der Verhaltensökonom Dan Ariely, »das Verhalten wird übergeneralisiert.« Das ist das Stichwort: Übergeneralisierung. Dabei geht es um Verhaltensregeln, die grundsätzlich erfolgreich sind oder zumindest früher einmal erfolgreich waren. Diese Regeln sind tief in Gedanken und Gefühlen verankert und werden allzu sehr verallgemeinert. Deshalb werden sie auch in Situationen angewendet, in denen sie eigentlich gar nicht mehr passen.

Warum aber gibt es Denkfehler überhaupt erst? Wofür sind diese Mechanismen nützlich?

Oft geht es schlicht darum, das vielbeschäftigte Gehirn zu entlasten. Der Psychologe Gerd Gigerenzer hat eine ganze Liste von sogenannten Heuristiken aufgestellt – einfachen Abschätzungsregeln, die den meisten Menschen viel Denkarbeit sparen und manchmal übers Ziel hinausschießen, aber in den meisten Fällen verblüffend wirkungsvoll sind.

Ähnlich ist es mit dem Hang, Risiken am liebsten völlig auszuschließen und dafür enorme Kosten in Kauf zu nehmen. Wer mit diesem Versuch Erfolg hat, wird belohnt: Er muss sich keine Gedanken mehr darüber machen, wie er die Risiken künftig unter Kontrolle hält. Dass viele Risiken heute gar nicht mehr so schlimm sind oder in der arbeitsteiligen Welt von anderen kontrolliert werden, geht unter. Anderes mag einst dem Überleben gedient haben, zum Beispiel die Tendenz, aus geringen Erfahrungen viel zu schnell Schlüsse zu ziehen, Regeln und Muster zu sehen, wo vielleicht keine sind. Im Zweifel war es sicherer, hinter dem Busch ein Tigermuster zu entdecken und sogleich wegzurennen, als zunächst hinter den Busch zu laufen und nachzugucken, ob dort wirklich ein Tiger ist. So erklärt sich mancher Forscher heute den Ursprung dieses Denkfehlers.

In vielen Fällen sind die Menschen ihren Denkfehlern nicht hilflos ausgeliefert. Viele lassen sich mit wachsender Erfahrung abstellen, wenn man nur darüber Bescheid weiß. Andere sitzen so tief in uns, dass wir uns regelrecht selbst überlisten müssen, um sie loszuwerden. Und gegen einige können wir gar nichts tun.

Übergeneralisierung

Der Fehler: Im Lauf der Menschheitsgeschichte haben sich viele Verhaltensregeln herausgebildet, die tief im Menschen verankert sind, weil sie meistens helfen. Aber eben nicht immer. Trotzdem wenden die Menschen diese Regeln unterschiedslos an, das heißt, sie verallgemeinern über die Maßen.

Die Folge: Von Zeit zu Zeit machen Menschen Fehler. In diesem Buch ist die Rede von ihnen.

Die Abhilfe: Auch wenn man Denkfehlern manchmal ausgeliefert bleibt – in vielen Fällen gibt es eine Abhilfe gegen sie. Machen Sie sich kundig über die Denkfehler. Und lernen Sie aus ihnen.

Patrick Bernau

DAS HERZ IST IMMER DABEI

Immer wieder schlägt uns die Psyche ein Schnippchen. Ob es sich um die verzerrte Einschätzung von Risiken oder die Überschätzung der eigenen Fähigkeiten handelt: Das Unbewusste erschwert es uns, Entscheidungen nach rationalen Erwägungen zu treffen, und das kann Geld kosten. Nun könnte man daraus schließen, dass wir zum Beispiel in Fragen der Geldanlage viel bessere Entscheidungen treffen würden, würden wir nur unsere Gefühle aus dem Spiel lassen. Aber das Gegenteil ist der Fall.

Das Forscherehepaar António und Hanna Damásio hat sein gesamtes berufliches Wirken der Emotionsforschung gewidmet. Die von den beiden begründete Theorie der sogenannten somatischen Marker besagt, dass alle Erfahrungen eines Menschen gespeichert und bei neu anstehenden Entscheidungen in ähnlichen Situationen automatisch aufgerufen werden. So werden bestimmte, emotional nicht tragbare Handlungsalternativen durch die oft unbewusst wirkenden somatischen Marker von der bewussten Entscheidungsfindung ausgeschlossen. Damit wird die Entscheidung nicht nur vereinfacht und beschleunigt, sondern überhaupt erst möglich gemacht. In verschiedenen Versuchen und Studien haben António und Hanna Damásio eine erstaunliche Beobachtung gemacht: Menschen, die sich aufgrund von Hirnschädigungen nicht an die Gefühle erinnern können, die sie einst in bestimmten Situationen empfunden haben, sind unfähig, in vergleichbaren Situationen Entscheidungen zu treffen.

Zur Bestätigung der Theorie der somatischen Marker führten António und Hanna Damásio unter anderem ein Glücksspielexperiment durch. An diesem Experiment nahmen gesunde Menschen und Menschen mit einer Schädigung des präfrontalen Cortex teil, also desjenigen Teils des menschlichen Gehirns, der für die gefühlsmäßige Steuerung des Verhaltens verantwortlich ist.

Jeder Versuchsteilnehmer erhielt ein Darlehen von 2000 Dollar mit dem Auftrag, das Geld bestmöglich zu vermehren. Die Probanden konnten Karten von vier Stapeln (A, B, C und D) nehmen. Bei einer Karte aus den Stapeln A oder B gewannen sie 100 Dollar, bei einer Karte der Stapel C oder D dagegen nur 50 Dollar. Nach einer zufällig bestimmten Anzahl von Karten brachte das Aufnehmen einer weiteren Karte bei allen Stapeln einen Verlust. Dieser fiel bei Karten der Stapel A und B mit bis zu 1250 Dollar deutlich höher aus als bei Karten der Stapel C und D mit maximal 100 Dollar. Insgesamt führte das Spielen mit Karten der Stapel A und B langfristig zu Verlusten, während das Spielen mit Karten der Stapel C und D Gewinne abwarf. Zunächst spielten die Probanden beider Versuchsgruppen bevorzugt Karten der Stapel A und B (mit höheren anfänglichen Gewinnen).

Nach etwa dreißig Karten lernten die gesunden Teilnehmer, dass die Verluste die Gewinne überstiegen, und wechselten zu den Stapeln C und D. Die hirnverletzten Personen wechselten dagegen nicht die Stapel, mit der Folge, dass sie nach etwa der halben Spielzeit bankrott waren. Offensichtlich waren die Menschen, deren Gehirn geschädigt war und deshalb keine somatischen Marker besaß, nicht in der Lage, aus dem Spiel zu lernen.

Hanna Damásio konnte zudem nachweisen, dass gesunde Spieler schon sehr früh, das heißt, bevor sie Karten aus den nachteiligen Stapeln zogen, emotional in Form einer Hautleitungsreaktion reagierten. Die gesunden Spieler lernten also, schlechte Ergebnisse vorherzusehen. Diese emotionale Reaktion blieb bei den geschädigten Spielern aus.

Die Theorie der somatischen Marker wird zwar von einigen Wissenschaftlern kritisch diskutiert, generell aber stimmen Emotionsforscher darin überein, dass Rationalität ohne Emotionen nicht möglich ist. Dass unbewusste Prozesse für die schnelle Entscheidungsfindung unerlässlich sind, zeigt sich allein daran, dass von den etwa elf Millionen Impulsen, die pro Sekunde allein von den Sinnesorganen an das Gehirn geleitet und dort verarbeitet werden, nur vierzig bewusst wahrgenommen werden.

Gefühle können also, vereinfacht gesagt, als eine Art hochgradig wirksames menschliches Betriebssystem verstanden werden, das es dem ungleich langsamer arbeitenden, alles Für und Wider abwägenden Verstand überhaupt erst ermöglicht, in angemessener Zeit sinnvolle Entscheidungen zu treffen.

Dennoch kann dieses »Betriebssystem« uns bei Anlageentscheidungen auch in die Irre leiten. Emotionen sind zwar für unser Urteil und unsere Handlungen unerlässlich, sie garantieren aber keineswegs Fehlerfreiheit. Wenn bestimmte Gefühle mit problematischen Erfahrungen verbunden sind, die sich tief ins Gedächtnis eingegraben haben, dann besteht die Gefahr, dass diese Erfahrungen bei anstehenden Entscheidungen wachgerufen werden und zu Fehlern führen. Bestimmte, durchaus vorteilhafte Handlungen werden beispielsweise durch die somatischen Marker von vornherein ausgeschlossen.

Viele der beschriebenen Denkfehler sind dieser Kategorie zuzuordnen. Solche Fehler sind jedoch nicht unvermeidlich, sondern lassen sich durch bewusstes Nachdenken und ausgiebiges und wiederholendes Lernen korrigieren. Ein anderes Problem kann auftreten, wenn die angelegten, durchaus zweckdienlichen Emotionen und die mit ihnen verknüpften Erfahrungen nicht ohne Weiteres abgerufen werden können oder wenn keine Zeit besteht, neue Emotionen im Gehirn zu verankern. Unter belastenden Bedingungen – beispielsweise in einer ausbrechenden Finanzkrise – kann es zu solchen Aussetzern des menschlichen Betriebssystems kommen. Anleger können sich zu falschen Entscheidungen verleiten lassen, weil die somatischen Marker in ihrem Gehirn Eindrücke schlecht filtern. Im schlimmsten Fall werden sie gänzlich entscheidungsunfähig.

Die trügerische Kraft von Gefühlen

Der Fehler: Sind in unserem Gedächtnis psychische Abläufe mit problematischen Gefühlen, Motiven und Handlungsmustern verbunden, so können sich diese nachteilig auf anstehende Entscheidungen auswirken. Beispielsweise kann es sein, dass unser Unbewusstes vorteilhafte Geldanlagen aus unserer Betrachtung ausschließt, weil sie emotional untragbar sind.

Die Gefahr: Je nach Problemlage werden Entscheidungen verzerrt, verzögert oder unterlassen. Dies kann zu Verlusten oder entgangenen Gewinnen führen.

Die Abhilfe: Es ist hilfreich, die eigenen Emotionen und Prägungen nicht als Störenfried des eigenen Verstandes anzusehen, sondern ihnen auf den Grund zu gehen. So kann die Auseinandersetzung mit dem Anlageverhalten der Angehörigen durchaus helfen. Stellen Sie Probleme fest, so können Sie abweichende Verhaltensweisen üben. Wenn Sie bei einer Anlageentscheidung unter Stress stehen, können Sie Fehler vermeiden, indem Sie die Situation mit fachkundigen Personen besprechen, die als Außenstehende die Dinge eher nüchtern sehen. Ganz wichtig ist es aber, dass Sie Ihre Emotionen nicht unterdrücken. Anlageentscheidungen ohne Gefühle sind unmöglich.

Lutz Johanning
Maximilian Trossbach

SO DUMM SIND WIR NUN AUCH WIEDER NICHT

Wir haben in diesem Buch mehr als fünfzig Denkfehler vorgestellt. Rational ist der Mensch also nicht. Richtig blöd aber auch nicht. Denn auch aus seinen Fehlern kann man lernen.

Wir lassen uns durch eigene Erfolge blenden, wir neigen in Notsituationen zu Aktionismus, und selbst an plumpe Werbebotschaften glauben wir. Das sind nur drei von vielen Denkfehlern. Wir verdanken die Entdeckung solcher Fehler einer neuen Disziplin der Wirtschaftswissenschaften: der Verhaltensökonomie.

Die Wissenschaftler dieser Forschungsrichtung hat ein Phänomen nicht ruhen lassen. Regelmäßig weicht das Alltagsverhalten der Menschen von Verhaltensweisen ab, die eigentlich zu erwarten wären von durchschnittlich begabten und zur Vernunft fähigen Leuten, die danach trachten, ihren Nutzen zu maximieren. Das ist an sich schon unschön, weil Fehler Geld oder zumindest die gute Laune kosten. Und dann gibt es da ein elegantes neoklassisches Theoriegebäude, das ein wenig rissig wird. Die Volkswirtschaft, wie sie Studenten (nur) in den ersten Semestern beigebracht wird, arbeitet mit einem modellhaften Wirtschaftssubjekt, dem sogenannten Homo oeconomicus. Das ist ein rationaler, bestinformierter Typ, der stets jene Entscheidungen fällt, die sein eigenes Wohl am besten fördern. Muss dieser Typ nicht gleich über Bord geworfen werden angesichts der zuweilen erschütternden Qualität der Entscheidungen von Menschen in der wirklichen (Wirtschafts-)Welt? Nein, vermutlich nicht. Er taugt zur Erklärung wirtschaftlicher Zusammenhänge immer noch ganz gut.

»Dass die Menschen sich überwiegend nicht vollständig rational verhalten, hat sich mittlerweile auch unter Ökonomen herumgesprochen«, sagt der Magdeburger Ökonom Jochen Weimann. Dennoch halten fast alle ökonomischen Modelle an der Annahme strikter Rationalität fest. »Das liegt daran, dass wir von einer deskriptiv erfolgreichen Theorie eingeschränkt rationalen Verhaltens, die wir als Grundlage für ökonomische Modelle verwenden könnten, noch weit entfernt sind.« Man könnte auch sagen: Es ist noch kein griffiges neues Modell in Sicht, das dem alten überlegen wäre.

Aber es gebe schon Konsens darüber, dass einige der Effekte, die in der Verhaltensökonomie bisher gefunden wurden, Teil eines Alternativmodells zum Homo oeconomicus sein müssten, sagt Martin Kocher, Volkswirtschaftsprofessor der Universität München.

Wie sucht man eine neue Theorie? Die Forschung experimentiert, sie macht Laborversuche. Solche Methoden kannten die alten Ökonomen nicht. Das Problem der in den Experimenten herausgearbeiteten Denkfehler ist, dass sie uns kein einheitliches Bild vermitteln, aus dem sich eine elegante neue Theorie bauen ließe.

Sollen wir dem Bankberater glauben, weil er das Vermögen viel besser strukturieren kann als wir selbst? Das war der Rat am Ende des Kapitels *Die Mischung macht's*. Oder müssen wir ihm misstrauen, weil er Fakten manchmal in den falschen Zusammenhang stellt, wie der Rat im Kapitel *Tricksen mit dem Rahmen* lautete? Die Denkfehler passen nicht alle wie die Teile eines Puzzles zueinander, zumindest nicht auf den ersten Blick. Manchmal wirkt die Sammlung an Denkfehlern, die Forscher in den vergangenen Jahren zusammengetragen haben, ein bisschen beliebig.

Im Fall des Bankberaters ist die Lösung einfach: Sprechen Sie mit mehreren. Aber so einfach ist es nicht immer. Bloß den Bauch entscheiden lassen, empfehlen die Anhänger der sogenannten Heuristiken, der einfachen Denkregeln, die oft verblüffend gut funktionieren. Vor allem wenn wir uns im Thema gut auskennen und die Entscheidung dem Bauch überlassen können. Aber nicht jede Heuristik bringt die Menschen weiter. Die Repräsentativitätsheuristik führt dazu, dass die Leute ihre Schlüsse viel zu schnell ziehen und nach vermeintlichen Wahrheiten handeln, die gar keine sind. Hat ein Basketballspieler eine »heiße Hand«, weil er in drei Spielen hintereinander gut getroffen hat? Schieben wir besser dem Zufall die Hauptrolle zu. Auch im Elektromarkt sollten wir die Entscheidung nicht ganz unserem Bauch überlassen, sonst trickst uns der Verkäufer aus und verkauft uns einen zu teuren Fernseher.

Ein paar grundsätzliche Schwächen der Menschen lassen sich ausmachen: Wir schwanken zwischen Gier und Angst, wir sind überschwänglich. Wir überschätzen uns oft, sind aber manchmal leichtgläubig. Und manchmal schlicht ziemlich dumm. Aber so viel wussten wir schon vorher. Sobald es ins Detail geht, wird die Lage wieder unübersichtlich.

Sicher ist: Der Kopf will sich Denkarbeit ersparen. In vielen Fällen ist das erfolgreich, aber manchmal schießt er übers Ziel hinaus. Theoretisch interessant ist, dass dahinter eine eigene Rationalisierungsstrategie steckt. Praktisch heißt das: Wir müssen uns merken, wo der Kopf faul ist und wo wir den Verstand auch gegen seinen Willen bemühen müssen.

Beim Nachdenken sollten wir in vielen Fällen zu dem Schluss kommen, dass wir lieber gar nichts tun, sondern alles

so lassen, wie es ist. Speziell dann, wenn es um die Geldanlage geht, tun wir oft des Guten zu viel. Und in Auktionen sollten wir etwas früher aufhören mitzubieten, als wir es
gerne täten. Denn oft geht die Begeisterung mit uns durch
und verführt uns zu Geboten, die zu hoch sind.

Allemal hilft es, andere zu fragen. Ein Freund kann uns
helfen, unsere Selbstüberschätzung im Zaum zu halten. Er
kann uns helfen, Disziplin zu gewinnen, wenn wir unangenehme Aufgaben vor uns herschieben. Und selbst beim
Bankberater lohnt es sich, einen zweiten zu fragen. So profitiert man vom Wissen der Berater, ohne sich von einem einzelnen abhängig zu machen.

Hinter diesen Ratschlägen steckt eine Portion Optimismus: Wir vertrauen auf die Lernfähigkeit, wir glauben, dass
der Mensch seine Fehlerhaftigkeit überwinden kann. Mancher zumindest. Gelegentlich. Von ferne winkt ein alter
Schrat: der Homo oeconomicus. Manchmal sind wir zu dumm
für die komplizierte Welt. Aber das ist nicht unser Schicksal.

Patrick Bernau
Winand von Petersdorff

DIE AUTOREN

Hanno Beck lehrt Volkswirtschaftslehre und Wirtschaftspolitik an der Hochschule Pforzheim. Zuvor Studium der Volkswirtschaftslehre und Promotion an der Johannes Gutenberg-Universität Mainz, anschließend Mitglied der Wirtschaftsredaktion der *Frankfurter Allgemeinen Zeitung*. Seit 2006 in Pforzheim. Autor zahlreicher Bücher, zahlreiche Veröffentlichungen in Fachzeitschriften.

Patrick Bernau leitet die Ressorts Wirtschaft und Finanzen Online der *Frankfurter Allgemeinen Zeitung*. Er hat in Köln Volkswirtschaftslehre mit Politik studiert und die Journalistenschule besucht. In der *FAZ* schrieb er die ersten fünf Jahre für die Sonntagszeitung über IT, Börse und Wirtschaftsforschung. Zuletzt von ihm erschienen: *Euro-Tsunami. Europa wird im Geld ertrinken* (Frankfurt am Main 2012).

Walter Krämer, Statistiker und Ökonom, leitet das Institut für Wirtschafts- und Sozialstatistik an der Technischen Universität Dortmund. Er ist bekannt durch sein *Lexikon der populären Irrtümer* und zahlreiche Bücher zur Statistik. Zuletzt erschien von ihm *Die Angst der Woche* (München 2011). Walter Krämer ist Gründer und Vorsitzender des Vereins Deutsche Sprache e. V.

Thorsten Hens ist Professor und Direktor des Departments for Finance and Banking an der Universität Zürich. Zum Forschungsschwerpunkt des deutschen Ökonomen gehört die Frage, wie Geldanleger entscheiden und warum sie Rationalitätsprinzipien verletzen. Der in Bonn habilitierte Wissenschaftler ist verheiratet und hat zwei Kinder.

Lutz Johanning ist Professor für empirische Kapitalmarkt-forschung an der Wissenschaftlichen Hochschule für Unternehmensführung – Otto Beisheim School of Management. Er hat an der Ludwig-Maximilians-Universität München promoviert und habilitiert und war als Professor an der European Business School tätig. Seine Forschungs- und Lehrtätigkeiten liegen in den Bereichen Risikomanagement, Portfoliomanagement und Emotional Finance.

Tillmann Neuscheler ist Wirtschaftsredakteur in der Online-Redaktion der *FAZ*. Er studierte Volkswirtschaftslehre in Tübingen und Freiburg und besuchte die Georg-von-Holtzbrinck-Schule für Wirtschaftsjournalisten in Düsseldorf. Seit 2007 ist er bei FAZ.NET tätig.

Winand von Petersdorff gehört zu den Gründungsredakteuren der *Frankfurter Allgemeinen Sonntagszeitung* und ist heute stellvertretender Ressortleiter der Wirtschaftsredaktion. Sein Buch *Das Geld reicht nie* (zusammen mit Karsten Schreurs, 2. Aufl., Frankfurt am Main 2007), das jungen Leuten die Wirtschaft erklärt, wurde zum Wirtschaftsbuch des Jahres erkoren. Er hat sechs Kinder und lebt in Frankfurt am Main.

Dirk Schmitt ist Investmentmanager bei der Kölner Vermögensverwaltungsgesellschaft Flossbach von Storch. Zuvor arbeitete der promovierte Ökonom und CFA-Charterholder als wissenschaftlicher Mitarbeiter von Ekkehard Wenger an der Universität Würzburg. Dirk Schmitt hat mehrere Beiträge zu Themen der Unternehmensbewertung und Kapitalanlage veröffentlicht.

Christian Siedenbiedel ist Redakteur der *Frankfurter Allgemeinen Sonntagszeitung* und schreibt über Banken, Bahn und Börse. Außerdem gilt sein Interesse der Eurokrise. Er stammt aus dem kleinen niedersächsischen Vechta. In Köln hat er Volkswirtschaftslehre studiert und die Journalistenschule besucht. Seit 1996 arbeitet er bei der *Frankfurter Allgemeinen Zeitung*.

Maximilian Trossbach promoviert seit 2008 an der WHU – Otto Beisheim School of Management in Vallendar zum Thema »Entscheidungsverhalten unter Risiko und Unsicherheit«. An der Johann Wolfgang von Goethe-Universität in Frankfurt am Main hat er Volkswirtschaftslehre studiert. Er verbrachte Forschungs- und Studienaufenthalte in den USA, den Niederlanden und in China.

Joachim Weimann ist Inhaber des Lehrstuhls für Wirtschaftspolitik an der Otto-von-Guericke-Universität Magdeburg. In Bielefeld studierte er Volkswirtschaftslehre, an der Universität Dortmund promovierte er und habilitierte sich. Weimann ist Vorsitzender der Gesellschaft für experimentelle Wirtschaftsforschung, Verfasser mehrerer Bücher und Autor zahlreicher internationaler Veröffentlichungen.

Wie die Politik sich selbst abschafft

Ulf C. Goettges / Martin
Häusler
DU SOLLST DEN
WÄHLER FÜR DUMM
VERKAUFEN
Die 10 ungeschriebenen
Gebote der Politik
240 Seiten
ISBN 978-3-404-60753-2

Mobbing, Bestechlichkeit, Beschlüsse nach Parteiräson und immer wieder Polemik statt Sachverstand: Das Ansehen der Politik ist miserabel. Eine junge Abgeordnete sagt: »Wenn die Menschen wüssten, was wirklich in der Politik gespielt wird, gäbe es eine Revolution.« Viele Insider haben ähnlich ernüchternde Erfahrungen gemacht, sie packen hier aus. Die Politikexperten Ulf C. Goettges und Martin Häusler machen die ungeschriebenen Regeln des Politikbetriebs in 10 empörenden Geboten öffentlich und reden Klartext über unsere Volksvertreter. Doch sie machen auch Vorschläge zur Erneuerung - ein unverzichtbares Buch zum Wahljahr!

Bastei Lübbe

Nuhr für einen Tag

Dieter Nuhr
DAS GEHEIMNIS DES
PERFEKTEN TAGES
312 Seiten
mit zahlreichen
Abbildungen
ISBN 978-3-431-03861-3

Unnachahmlich charmant stellt sich Dieter Nuhr den elementaren Fragen des Daseins: Wie hat man in der Urzeit gelebt ohne QR-Codes, Wetter-App und Wasserwaage im Smartphone? Wieso treffen sich jedes Jahr Menschen, um den „hässlichsten Hund der Welt" zu wählen? Gibt es in der eigenen Art nicht genügend abstoßende Exemplare? In diesem Buch nehmen wir teil an 24 Stunden im Lebens eines fragenden, denkenden und vom Irrsinn des Daseins faszinierten Zeitgenossen. Vom Wachwerden bis zum Wiederwegnicken entstehen absurde Gedanken, exakte Beobachtungen und gefühlte Wahrheiten. Und vielleicht erfährt man am Ende sogar das Geheimnis des perfekten Tages. Wer weiß?

Bastei Lübbe

Lachen ist gesund - vor allem bei der Arbeit!

Raymund Krauleidis
BÜROKRANKHEITEN
Kekskoma,
Vitamin-B-Mangel,
Kundenkontaktallergie-wor-
unter
30 Millionen Angestellte
wirklich leiden
240 Seiten
mit zahlreichen
Abbildungen
ISBN 978-3-7857-6091-8

Burnout war gestern. Wer heute etwas auf sich hält, leidet an ori-
ginelleren Gebrechen wie Floskelie, Chartwahn oder Lästeritis.
Der gemeine Büroalltag ist ein unerbittlicher Kampf gegen
cholerische Vorgesetzte, dilettantische Mitarbeiter und
nerviges Kundenpack. Kein Wunder, dass sich auf diesem Nährboden im Laufe der Zeit die unterschiedlichsten
Krankheitserreger entwickeln konnten. Dumm nur, dass
diese dem gebeutelten Angestellten die Zeit zwischen
Frühstückspause und Feierabend noch mehr zu Hölle machen...
Von A wie Absolutismus bis Z wie Zweckenbiss - die schonungs-
lose Wahrheit über die tückischsten Bürokrankheiten. Frohes
Abschlaffen!

Bastei Lübbe